复变函数与积分变换

黄建雄　李康弟　钱道翠　主编

科学出版社

北　京

内 容 简 介

本书介绍复变函数和积分变换的基本理论和方法. 主要内容包括:复数运算与复变函数、复变函数的积分、级数、留数理论、Fourier 变换和 Laplace 变换.

本书可作为高等院校理工类各专业相关课程的教材或教学参考书,也可供工程技术人员参考使用.

图书在版编目(CIP)数据

复变函数与积分变换/黄建雄,李康弟,钱道翠主编. —北京:科学出版社,2013

ISBN 978-7-03-037360-1

Ⅰ.①复… Ⅱ.①黄…②李…③钱… Ⅲ.①复变函数-高等学校-教材②积分变换-高等学校-教材 Ⅳ.①O174.5②O177.6

中国版本图书馆 CIP 数据核字(2013)第 083179 号

责任编辑:谭宏宇 张志良 李香叶 / 责任校对:鲁 素

责任印制:刘 学 / 封面设计:殷 靓

科学出版社 出版

北京东黄城根北街 16 号

邮政编码:100717

http://www.sciencep.com

广东虎彩云印刷有限公司印刷

科学出版社发行 各地新华书店经销

*

2013 年 6 月第 一 版 开本:B5(720×1000)

2025 年 7 月第十六次印刷 印张:12

字数:250 000

定价: 30.00 元

(如有印装质量问题,我社负责调换)

前　言

复变函数与积分变换是工程类相关专业的一门重要基础课程，对电气工程及其自动化、自动控制工程、通信工程、电子信息工程、计算机科学与技术等专业的理工科大学生的知识、能力和综合素质的培养有着重要的影响.

复变函数与积分变换课程是大学生继高等数学和线性代数课程之后的数学基础课程.通过该课程的学习，不仅能学到复变函数与积分变换的基本理论和一些工程技术领域常用的数学方法，同时可巩固前面所学的数学知识，为后续课程的学习奠定必要的数学基础.

编者参照原国家教育委员会有关教学指导委员会关于复变函数和积分变换两门课程的基本要求，结合多年来的教学实践编写了这本书.本书可供高等院校理工类相关专业大学生使用，同时也可供工程技术人员参考之用.本书在编写过程中，我们力求做到如下特点：

(1) 将复变函数和积分变换融入一体，以利于课程内容的顺利衔接，还可压缩教学学时数.完成本教程约需 48 学时.

(2) 突出基本概念的物理背景，对基础理论的推导循序渐进，适合工科大学生的学习特点.本书加强了 Fourier 变换的物理背景解释，对大学生难以理解的脉冲函数讨论作了一定的改进，作为 Fourier 积分定理在不绝对可积函数情形的完善，我们引进了脉冲函数概念，这样的处理方便学生使用脉冲函数作为工具讨论工程技术领域的问题.

(3) 对部分相关工科类的专业基础课程的相关理论进行了初步的讨论.作为对连续函数的离散化处理，本书讨论工程技术领域常用的离散 Fourier 变换和 Z 变换，可供大学生自学使用.这些讨论力求学生能顺利衔接后续课程的学习.

参加本书编写的人员有刘爱兰、钱道翠(第 1～4 章)和刘家雄(第 5,6 章)，黄建雄、李康弟和钱道翠对本书内容进行了改写和统稿.

编　者

2012 年 10 月

目　　录

第 1 章　复数运算与复变函数

复变函数的基础是复数理论，在初等代数中已对复数性质进行过讨论，本章先回顾一下复数的基本概念和运算性质，然后再讨论复变函数的概念及其性质.

1.1　复数及其运算

1.1.1　复数的概念

我们知道，代数方程 $z^2+1=0$ 在实数域上没有根. 1777 年，著名数学家欧拉(Euler)采用记号

$$\mathrm{i}=\pm\sqrt{-1},$$

规定上述方程有两个复数根 $z=\pm\mathrm{i}$，并将 i 称为虚数单位.

设 x,y 是两实数，则称 $z=x+\mathrm{i}y$ 为一个复数，其中，i 为虚数单位，具有性质 $\mathrm{i}^2=-1$，x,y 分别称为 z 的实部和虚部，记为 $x=\mathrm{Re}z$，$y=\mathrm{Im}z$. 虚部为零的复数 z 就是实数 x；实部为零且虚部不为零的复数称为纯虚数.

如果两复数的实部和虚部分别相等，则称两复数相等，即若记两个复数为 $z_1=x_1+\mathrm{i}y_1$，$z_2=x_2+\mathrm{i}y_2$，则 $z_1=z_2$ 的充分必要条件为 $x_1=x_2$ 且 $y_1=y_2$.

记复数为 $z=x+\mathrm{i}y$，称复数 $\bar{z}=x-\mathrm{i}y$ 为 $z=x+\mathrm{i}y$ 的共轭复数. 特别地，实数的共轭复数是该实数本身；反之，如果一个复数 z 与它的共轭复数 $\bar{z}$ 相等，那么这个复数是一个实数.

1.1.2　复数的表示

复数 $z=x+\mathrm{i}y$ 和平面直角坐标系下的点 $P(x,y)$是一一对应的，所以经常把“复数 z”和“点 z”不加区别. 正因为有了这样的一一对应，复数 $z=x+\mathrm{i}y$ 在几何上也用向量$\overrightarrow{OP}$表示(图 1.1).

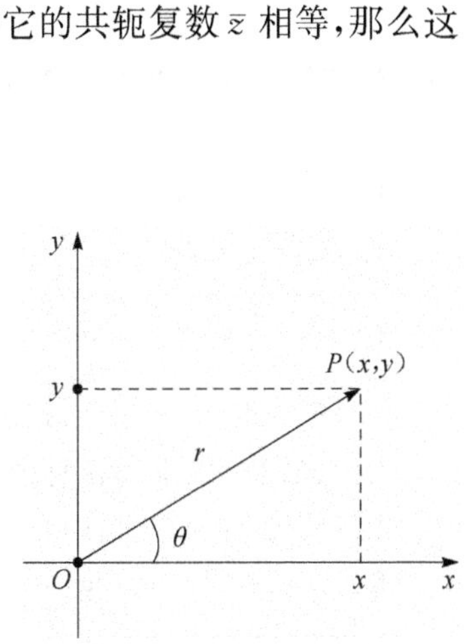

图 1.1

向量$\overrightarrow{OP}$的长度 r 称为复数 $z=x+\mathrm{i}y$ 的模，记为$|z|=r=\sqrt{x^2+y^2}$，x 轴正向到向量的夹角 θ 叫做复数 z 的辐角，记作 $\mathrm{Arg}z$. 复数 0 的模长为 0，辐角是任意的. 任何不为零的复数 z 的辐角

Arg$z$ 均有无穷多个，彼此之间相差 2π 的整数倍. 通常把 Arg$z$ 位于 $(-\pi,\pi]$ 的值 θ_0 称为辐角的主值，记为 arg$z$，于是有 $\mathrm{Arg}z=\arg z+2k\pi, k=0,\pm1,\pm2,\cdots$.

辐角的主值 $\arg z(z\neq0)$ 可以由反正切 $\arctan\dfrac{y}{x}$ 来表示，这里 $-\dfrac{\pi}{2}<\arctan\dfrac{y}{x}<\dfrac{\pi}{2}$.

$$\arg z=\begin{cases}\arctan\dfrac{y}{x}, & \text{当 } x>0,y\geqslant0 \text{ 或 } x>0,y\leqslant0,\\ \pm\dfrac{\pi}{2}, & \text{当 } x=0,y>0 \text{ 或 } x=0,y<0,\\ \arctan\dfrac{y}{x}\pm\pi, & \text{当 } x<0,y>0 \text{ 或 } x<0,y<0,\\ \pi, & \text{当 } x<0,y=0.\end{cases}$$

记 $\theta=\mathrm{Arg}z, r=|z|$，由于 $\begin{cases}x=r\cos\theta,\\ y=r\sin\theta,\end{cases}$ 于是复数 z 又可以表示成

$$z=x+\mathrm{i}y=r(\cos\theta+\mathrm{i}\sin\theta),$$

上式称为复数 z 的三角表示式. 由 Euler 公式

$$\mathrm{e}^{\mathrm{i}\theta}=\cos\theta+\mathrm{i}\sin\theta,$$

可知复数 z 在大量场合又可以表示成

$$z=r\mathrm{e}^{\mathrm{i}\theta} \text{ 或者 } z=|z|\mathrm{e}^{\mathrm{i}\mathrm{Arg}z},$$

这种表达形式称为复数的指数表达式.

利用复数的指数表达式，复数 $z=r\mathrm{e}^{\mathrm{i}\theta}$ 的共轭复数为

$$\bar{z}=r\mathrm{e}^{-\mathrm{i}\theta},$$

由共轭复数的定义及其指数表达式，易知共轭复数有下列性质：

(1) $\bar{\bar{z}}=z$；

(2) $\overline{z_1\pm z_2}=\overline{z_1}\pm\overline{z_2}$；

(3) $\overline{z_1\cdot z_2}=\overline{z_1}\cdot\overline{z_2}$；

(4) $\overline{\left(\dfrac{z_1}{z_2}\right)}=\dfrac{\overline{z_1}}{\overline{z_2}}(z_2\neq0)$，

并且 $z+\bar{z}=2\mathrm{Re}z, z-\bar{z}=2\mathrm{i}\mathrm{Im}z, z\bar{z}=x^2+y^2=|z|^2, |\bar{z}|=|z|$.

例 1.1.1 求下列各复数的模、辐角主值及辐角.

(1)1；(2)i；(3)-1；(4)$-\mathrm{i}$；(5)$1+\mathrm{i}$；(6)$-1+\mathrm{i}$.

解 (1) $|1|=1, \arg1=0, \mathrm{Arg}1=2k\pi$；

(2) $|\mathrm{i}|=1, \arg\mathrm{i}=\dfrac{\pi}{2}, \mathrm{Arg}\,\mathrm{i}=\dfrac{\pi}{2}+2k\pi$；

(3) $|-1|=1,\arg(-1)=\pi,\mathrm{Arg}(-1)=\pi+2k\pi$;

(4) $|-\mathrm{i}|=1,\arg(-\mathrm{i})=-\frac{\pi}{2},\mathrm{Arg}(-\mathrm{i})=-\frac{\pi}{2}+2k\pi$;

(5) $|1+\mathrm{i}|=\sqrt{1^2+1^2}=\sqrt{2},\arg(1+\mathrm{i})=\arctan\frac{1}{1}=\frac{\pi}{4},\mathrm{Arg}(1+\mathrm{i})=\frac{\pi}{4}+2k\pi$;

(6) $|-1+\mathrm{i}|=\sqrt{(-1)^2+1^2}=\sqrt{2},\arg(-1+\mathrm{i})=\arctan\frac{1}{-1}+\pi=-\frac{\pi}{4}+\pi=\frac{3\pi}{4},\mathrm{Arg}(-1+\mathrm{i})=\frac{3\pi}{4}+2k\pi,k=0,\pm1,\pm2,\cdots$.

例 1.1.2 将复数 $z=-1-\sqrt{3}\mathrm{i}$ 分别化为三角表示式和指数表示式.

解 由 $x=-1,y=-\sqrt{3}$,得

$$r=|z|=\sqrt{(-1)^2+(-\sqrt{3})^2}=2,$$

又 z 在第三象限内,有

$$\theta=\arg z=\arctan\frac{-\sqrt{3}}{-1}-\pi=\frac{\pi}{3}-\pi=-\frac{2\pi}{3},$$

故三角表示式为 $z=2\left[\cos\left(-\frac{2\pi}{3}\right)+\mathrm{i}\sin\left(-\frac{2\pi}{3}\right)\right]$,指数形式为 $z=2\mathrm{e}^{\mathrm{i}\cdot\left(-\frac{2\pi}{3}\right)}$.

1.1.3 复数的四则运算

两个复数作四则运算,按照下列方法进行,只要注意到将 i^2 换成 -1 即可. 设 $z_1=x_1+\mathrm{i}y_1,z_2=x_2+\mathrm{i}y_2$,则

$$z_1+z_2=(x_1+\mathrm{i}y_1)+(x_2+\mathrm{i}y_2)=(x_1+x_2)+\mathrm{i}(y_1+y_2),$$
$$z_1-z_2=(x_1+\mathrm{i}y_1)-(x_2+\mathrm{i}y_2)=(x_1-x_2)+\mathrm{i}(y_1-y_2),$$
$$z_1\cdot z_2=(x_1+\mathrm{i}y_1)\cdot(x_2+\mathrm{i}y_2)=(x_1x_2-y_1y_2)+\mathrm{i}(x_1y_2+y_1x_2),$$
$$\frac{z_1}{z_2}=\frac{x_1+\mathrm{i}y_1}{x_2+\mathrm{i}y_2}=\frac{(x_1+\mathrm{i}y_1)(x_2-\mathrm{i}y_2)}{(x_2+\mathrm{i}y_2)(x_2-\mathrm{i}y_2)}=\frac{x_1x_2+y_1y_2}{x_2^2+y_2^2}+\mathrm{i}\,\frac{x_2y_1-x_1y_2}{x_2^2+y_2^2}.$$

复数的四则运算与实数的四则运算一样,也具有交换律、结合律和分配律等性质:

$$z_1+z_2=z_2+z_1,\quad z_1\cdot z_2=z_2\cdot z_1;$$
$$(z_1+z_2)+z_3=z_1+(z_2+z_3),\quad (z_1z_2)z_3=z_1(z_2z_3);$$
$$z_1\cdot(z_2+z_3)=z_1\cdot z_2+z_1\cdot z_3.$$

例 1.1.3 设 $z=-\frac{1}{\mathrm{i}}+\frac{2\mathrm{i}}{1-\mathrm{i}}$,求 $\mathrm{Re}z,\mathrm{Im}z$ 与 $z\bar{z}$.

解
$$z=-\frac{1}{\mathrm{i}}+\frac{2\mathrm{i}}{1-\mathrm{i}}=-\frac{(-\mathrm{i})}{\mathrm{i}(-\mathrm{i})}+\frac{2\mathrm{i}\cdot(1+\mathrm{i})}{(1-\mathrm{i})(1+\mathrm{i})}$$
$$=\mathrm{i}+\frac{2\mathrm{i}-2}{2}=\mathrm{i}+(-1+\mathrm{i})=-1+2\mathrm{i},$$
故 $\mathrm{Re}z=-1,\mathrm{Im}z=2,z\bar{z}=|z|^2=(-1)^2+2^2=5.$

定理 1.1.1 两个复数乘积的模等于它们模的乘积;两个复数乘积的辐角等于它们辐角之和.

证明 设两个复数的三角形式为
$$z_1=r_1(\cos\theta_1+\mathrm{i}\sin\theta_1)=r_1\mathrm{e}^{\mathrm{i}\theta_1},\quad z_2=r_2(\cos\theta_2+\mathrm{i}\sin\theta_2)=r_2\mathrm{e}^{\mathrm{i}\theta_2},$$
有
$$\begin{aligned}z_1\cdot z_2&=r_1(\cos\theta_1+\mathrm{i}\sin\theta_1)\cdot r_2(\cos\theta_2+\mathrm{i}\sin\theta_2)\\&=r_1r_2[(\cos\theta_1\cos\theta_2-\sin\theta_1\sin\theta_2)+\mathrm{i}(\sin\theta_1\cos\theta_2+\cos\theta_1\sin\theta_2)]\\&=r_1r_2[\cos(\theta_1+\theta_2)+\mathrm{i}\sin(\theta_1+\theta_2)]=r_1r_2\mathrm{e}^{\mathrm{i}(\theta_1+\theta_2)}.\end{aligned}$$
于是,$|z_1z_2|=|z_1|\cdot|z_2|,\mathrm{Arg}(z_1z_2)=\mathrm{Arg}z_1+\mathrm{Arg}z_2.$

定理 1.1.2 两个复数商的模等于它们模的商;两个复数商的辐角等于它们辐角之差.

证明 设两个复数是用指数形式表示的复数,$z_1=r_1\mathrm{e}^{\mathrm{i}\theta_1},z_2=r_2\mathrm{e}^{\mathrm{i}\theta_2},z=\frac{z_1}{z_2}=r\mathrm{e}^{\mathrm{i}\theta}$,那么
$$z_1=zz_2=rr_2\mathrm{e}^{\mathrm{i}(\theta+\theta_2)}=r_1\mathrm{e}^{\mathrm{i}\theta_1},$$
因此
$$r=\frac{r_1}{r_2},\quad \theta=\theta_1-\theta_2+2k\pi,\quad k=0,\pm1,\pm2,\cdots,$$
即$\left|\frac{z_1}{z_2}\right|=\frac{|z_1|}{|z_2|},\mathrm{Arg}\,\frac{z_1}{z_2}=\mathrm{Arg}z_1-\mathrm{Arg}z_2.$

例 1.1.4 求复数$\frac{(3+4\mathrm{i})^2}{(1-2\mathrm{i})(3-\mathrm{i})}$的模.

解 $\left|\frac{(3+4\mathrm{i})^2}{(1-2\mathrm{i})(3-\mathrm{i})}\right|=\frac{|(3+4\mathrm{i})^2|}{|1-2i|\cdot|3-i|}=\frac{3^2+4^2}{\sqrt{5}\cdot\sqrt{10}}=\frac{25}{\sqrt{50}}=\frac{5\sqrt{2}}{2}.$

例 1.1.5 化复数$\frac{(1-\sqrt{3}\mathrm{i})(1+\mathrm{i})}{(1-\mathrm{i})(\cos\theta-\mathrm{i}\sin\theta)}$为三角表示式和指数表达式.

解 $1-\sqrt{3}\mathrm{i}=2\left(\frac{1}{2}-\frac{\sqrt{3}}{2}\mathrm{i}\right)=2\left[\cos\left(-\frac{\pi}{3}\right)+\mathrm{i}\sin\left(-\frac{\pi}{3}\right)\right]=2\mathrm{e}^{\mathrm{i}\left(-\frac{\pi}{3}\right)};$

$1+\mathrm{i}=\sqrt{2}\left(\frac{\sqrt{2}}{2}+\mathrm{i}\frac{\sqrt{2}}{2}\right)=\sqrt{2}\left(\cos\frac{\pi}{4}+\mathrm{i}\sin\frac{\pi}{4}\right)=\sqrt{2}\mathrm{e}^{\mathrm{i}\frac{\pi}{4}};$

$$1-\mathrm{i}=\sqrt{2}\left[\cos\left(-\frac{\pi}{4}\right)+\mathrm{i}\sin\left(-\frac{\pi}{4}\right)\right]=\sqrt{2}\mathrm{e}^{\mathrm{i}\left(-\frac{\pi}{4}\right)};$$

$$\cos\theta-\mathrm{i}\sin\theta=\cos(-\theta)+\mathrm{i}\sin(-\theta)=\mathrm{e}^{\mathrm{i}(-\theta)}.$$

因此，

$$\begin{aligned}&\frac{(1-\sqrt{3}\mathrm{i})(1+\mathrm{i})}{(1-\mathrm{i})(\cos\theta-\mathrm{i}\sin\theta)}\\&=\frac{2\sqrt{2}}{\sqrt{2}}\frac{\left[\cos\left(-\frac{\pi}{12}\right)+\mathrm{i}\sin\left(-\frac{\pi}{12}\right)\right]}{\left[\cos\left(-\theta-\frac{\pi}{4}\right)+\mathrm{i}\sin\left(-\theta-\frac{\pi}{4}\right)\right]}\\&=2\left[\cos\left(-\frac{\pi}{12}+\theta+\frac{\pi}{4}\right)+\mathrm{i}\sin\left(-\frac{\pi}{12}+\theta+\frac{\pi}{4}\right)\right]\\&=2\left[\cos\left(\frac{\pi}{6}+\theta\right)+\mathrm{i}\sin\left(\frac{\pi}{6}+\theta\right)\right]=2\mathrm{e}^{\mathrm{i}\left(\frac{\pi}{6}+\theta\right)}.\end{aligned}$$

1.1.4 复数的乘方与开方

设复数 $z=r(\cos\theta+\mathrm{i}\sin\theta)$，当 n 为正整数时，有 $z^n=[r(\cos\theta+\mathrm{i}\sin\theta)]^n=r^n(\cos n\theta+\mathrm{i}\sin n\theta)$；当 $n=0$ 时，上式两端都是 1，等式仍然成立；当 n 为负整数时，定义

$$z^n=\frac{1}{z^{-n}}=\frac{\cos 0+\mathrm{i}\sin 0}{r^{-n}[\cos(-n\theta)+\mathrm{i}\sin(-n\theta)]}=r^n(\cos n\theta+\mathrm{i}\sin n\theta),$$

故对所有整数，都有 $z^n=r^n(\cos n\theta+\mathrm{i}\sin n\theta)$.

若对于复数 z，存在复数 w 满足等式 $w^n=z$（n 为大于 1 的整数），则称 w 为 z 的 n 次方根，记为 $w=\sqrt[n]{z}$. 求方根的运算称为开方运算.

为求出 w，设 $z=r(\cos\theta+\mathrm{i}\sin\theta)$，$w=\rho(\cos\varphi+\mathrm{i}\sin\varphi)$，则

$$w^n=\rho^n(\cos n\varphi+\mathrm{i}\sin n\varphi)=r(\cos\theta+\mathrm{i}\sin\theta),$$

于是，

$$\rho^n=r,\quad \cos n\varphi=\cos\theta,\quad \sin n\varphi=\sin\theta,$$

故 $\rho=\sqrt[n]{r}$，$n\varphi=\theta+2k\pi$，即 $\varphi=\dfrac{\theta+2k\pi}{n}$（$k=0,\pm1,\pm2,\cdots$），其中，$r$ 是复数 z 的模（$r>0$）. 因此，

$$w=\sqrt[n]{r}\left(\cos\frac{\theta+2k\pi}{n}+\mathrm{i}\sin\frac{\theta+2k\pi}{n}\right)(k=0,\pm1,\pm2,\cdots).$$

下面对 z 的 n 次方根 w 作两点说明：

(1) 当 $k=0,1,2,\cdots,n-1$ 时，得到 n 个相异的值，

$$w_0=\sqrt[n]{r}\left(\cos\frac{\theta}{n}+\mathrm{i}\sin\frac{\theta}{n}\right),$$

$$w_1=\sqrt[n]{r}\left(\cos\frac{\theta+2\pi}{n}+\mathrm{i}\sin\frac{\theta+2\pi}{n}\right),$$

$$\cdots\cdots$$

$$w_{n-1}=\sqrt[n]{r}\left[\cos\frac{\theta+(n-1)\cdot 2\pi}{n}+\mathrm{i}\sin\frac{\theta+(n-1)\cdot 2\pi}{n}\right].$$

当 k 以其他整数代入时，这些根又重复出现. 例如，当 $k=n$ 时，

$$w_n=\sqrt[n]{r}\left(\cos\frac{\theta+n\cdot 2\pi}{n}+\mathrm{i}\sin\frac{\theta+n\cdot 2\pi}{n}\right)=\sqrt[n]{r}\left(\cos\frac{\theta}{n}+\mathrm{i}\sin\frac{\theta}{n}\right)=w_0.$$

由此可见，复数 z 的 n 次方根是多值的，共有 n 个值.

(2) 上述 n 个相异方根的值 $w_k(k=0,1,2,\cdots,n-1)$ 具有相同的模 $\sqrt[n]{r}$，而每两个相邻值的辐角之差为 $\frac{2\pi}{n}$，因此，$\sqrt[n]{z}$ 的 n 个值就是以原点为圆心，$\sqrt[n]{r}$ 为半径的圆的内接正 n 边形的 n 个顶点.

例 1.1.6 求 $\sqrt[4]{1+\sqrt{3}\mathrm{i}}$.

解 由 $1+\sqrt{3}\mathrm{i}=2\left(\cos\frac{\pi}{3}+\mathrm{i}\sin\frac{\pi}{3}\right)$，得

$$\sqrt[4]{1+\sqrt{3}\mathrm{i}}=\sqrt[4]{2}\left(\cos\frac{\frac{\pi}{3}+2k\pi}{4}+\mathrm{i}\sin\frac{\frac{\pi}{3}+2k\pi}{4}\right)\quad(k=0,1,2,3),$$

即

$$w_0=\sqrt[4]{2}\left(\cos\frac{\pi}{12}+\mathrm{i}\sin\frac{\pi}{12}\right),$$

$$w_1=\sqrt[4]{2}\left(\cos\frac{7\pi}{12}+\mathrm{i}\sin\frac{7\pi}{12}\right),$$

$$w_2=\sqrt[4]{2}\left(\cos\frac{13\pi}{12}+\mathrm{i}\sin\frac{13\pi}{12}\right),$$

$$w_3=\sqrt[4]{2}\left(\cos\frac{19\pi}{12}+\mathrm{i}\sin\frac{19\pi}{12}\right).$$

这四个根是内接于圆心在原点、半径为 $\sqrt[4]{2}$ 的圆的正方形的四个顶点上，并且每两个相邻顶点的辐角相差 $\frac{\pi}{2}$.

从例 1.1.6 来看，在复数的乘、除、乘方、开方等运算中，利用复数的指数表达式或三角表达式来进行运算有较大的优势，这个特点望读者在后续的学习中加以体会和熟练运用.

复数四则运算性质和实数相类似.但实数有大小关系(数学理论中称为序关系),而复数则没有序关系这一性质.

1.2 复变函数及其连续性

1.2.1 复平面上的区域

将函数概念由实数域推广到复数域,那么自变量的取值范围就是复平面上的区域(通常称为定义域),一般说来,平面上的开区域 D 是由边界曲线 L 所包围的区域(不含边界曲线),如图 1.2 所示.但给区域作出严格定义,则需要下列的基本概念.

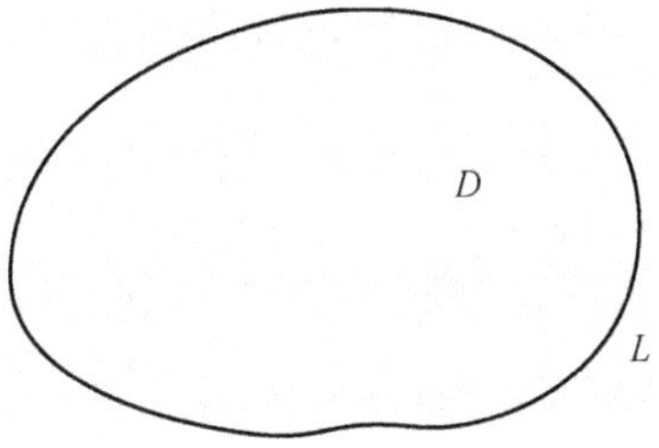

图 1.2

(1) z_0 的 δ 邻域:复平面上以点 z_0 为圆心、以正数 δ 为半径的圆的内部所有点的集合,称为 z_0 的 δ 邻域,记为 $N_\delta(z_0)$,即 $N_\delta(z_0)=\{z\,|\,|z-z_0|<\delta\}$.而称集合 $\{z\,|\,0<|z-z_0|<\delta\}$ 为 z_0 的去心 δ 邻域,记为 $\mathring{N}_\delta(z_0)$.

(2) 复平面上的开集:设 G 为平面点集,对任意 z_0,存在 z_0 的一个邻域,使得该邻域属于 G,则称 z_0 为 G 的内点.如果 G 内的每一点都是内点,则称 G 为开集.

(3) 复平面上点集的连通性:如果平面点集 D 中的任意两点都可以用完全属于 D 内的折线连接起来,称 D 为连通的.连通的开集称为区域.

(4) 若区域 D 内的任意一条简单闭曲线都可以在区域 D 内连续地形变成区域 D 内的一点,则称区域 D 是单连通区域,如 $\{z\,|\,|z|<1\}$,$\{z\,|\,\mathrm{Re}(z)>0\}$ 是单连通区域,但 $\{z\,|\,0<|z|<1\}$,$\{z\,|\,1<|z|<2\}$ 是区域,而不是单连通区域,称为多连通区域.

1.2.2 复变函数的概念

设 G 是复数 $z=x+\mathrm{i}y$ 的集合,如果存在一个法则 f,按照这个法则,对于 G 的每一个 z,都有一个(或多个)确定的复数 $w=u+\mathrm{i}v$ 与它对应,那么就称对应法则 f 为集合 G 上的单值(或多值)复变函数,记为 $w=f(z)$.

一般仅考虑单值函数,对于多值函数,通常可以取单值分支,化为单值函数来研究,多值函数的概念这里不多作讨论.由于一个复变量等价于两个实变量,给定了复数 $z=x+\mathrm{i}y$ 就相当于给定了两个实数 x 和 y,而复数 $w=u+\mathrm{i}v$ 也同样对应着一对实数 u 和 v,所以把 w 当成复数 z 来研究也可转化为研究自变量为 x 和 y 的两个实函数 u 和 v,即 $f(z)=u(x,y)+\mathrm{i}v(x,y)$.例如,$w=\bar{z}^2$ 是定义在整个复平面上的函数，对它的研究就可以转化为研究两个实函数，即令 $z=x+\mathrm{i}y$，$w=u+\mathrm{i}v$，则 $w=\bar{z}^2=(x-\mathrm{i}y)^2=(x^2-y^2)-\mathrm{i}\cdot 2xy$，从而，$u=x^2-y^2$，$v=-2xy$. 又如 $w=\frac{1}{z}$ 是定义在除原点外的整个复平面上的复变函数，$w=u+\mathrm{i}v=\frac{1}{z}=\frac{\bar{z}}{z\bar{z}}=\frac{x-\mathrm{i}y}{x^2+y^2}=\frac{x}{x^2+y^2}-\mathrm{i}\frac{y}{x^2+y^2}$，这里的两个实函数为 $u=\frac{x}{x^2+y^2}$，$v=-\frac{y}{x^2+y^2}$.

1.2.3 复变函数的极限

定义 1.2.1 设函数 $w=f(z)$ 在区域 D 内有定义，$z_0\in D$. 如果存在一个确定的数 A，对于任意给定的正数 ε，总存在正数 $\delta(\varepsilon)$，当 $0<|z-z_0|<\delta$ 时，有 $|f(z)-A|<\varepsilon$，则称 A 为当 z 趋向于 z_0 时，函数 $f(z)$ 的极限，记作 $\lim\limits_{z\to z_0}f(z)=A$，或者记作当 $z\to z_0$ 时，$f(z)\to A$.

这个定义的几何意义是，当变量 z 一旦进入 z_0 的充分小的去心 δ 邻域时，它对应的函数值 $f(z)$ 就进入 A 的预先给定的 ε 邻域中. 这一点与一元函数极限的几何意义十分类似，只是这里是二维的圆盘邻域代替了一元函数的一维区间邻域.

虽然复变函数极限的定义与一元实变函数极限的定义在形式上十分相似，但实质上却有很大的差异. 复变函数极限中 $z=x+\mathrm{i}y$ 趋向于 $z_0=x_0+\mathrm{i}y_0$ 的方式是任意的，通俗地说，就是在 z_0 的邻域内，z 要沿着四面八方通向 z_0 的任何路径趋向于 z_0，而一元实变函数 $f(x)$ 的极限 $\lim\limits_{x\to x_0}f(x)$，$x\to x_0$ 是指在 x 轴上，x 只能沿 x_0 的左右两个方向.

由于复变函数通常可表达为实部与虚部两个二元函数，那么复变函数的极限与其实部和虚部极限有下列的关系.

定理 1.2.1 设 $f(z)=u(x,y)+\mathrm{i}v(x,y)$ 在 $0<|z-z_0|<\rho$ 内有定义，$A=u_0+\mathrm{i}v_0$，$z=x+\mathrm{i}y$，$z_0=x_0+\mathrm{i}y_0$，则 $\lim\limits_{z\to z_0}f(z)=A$ 的充分必要条件是

$$\lim_{\substack{x\to x_0\\ y\to y_0}}u(x,y)=u_0,\quad \lim_{\substack{x\to x_0\\ y\to y_0}}v(x,y)=v_0.$$

证明 （充分性）由 $\lim\limits_{\substack{x\to x_0\\ y\to y_0}}u(x,y)=u_0$ 及 $\lim\limits_{\substack{x\to x_0\\ y\to y_0}}v(x,y)=v_0$，对任意给定的 $\varepsilon>0$，存在 $\delta>0$，当 $0<\sqrt{(x-x_0)^2+(y-y_0)^2}<\delta$，有 $|u-u_0|<\frac{\varepsilon}{2}$ 及 $|v-v_0|<\frac{\varepsilon}{2}$，此时，

$$|f(z)-A|=|(u-u_0)+\mathrm{i}(v-v_0)|<\varepsilon,$$

即 $\lim\limits_{z\to z_0}f(z)=A$.

（必要性）设 $\lim\limits_{z\to z_0}f(z)=A$，即对于任意的 $\varepsilon>0$，存在 $\delta>0$，当 $0<|z-z_0|<\delta$

时，即 $0<\sqrt{(x-x_0)^2+(y-y_0)^2}<\delta$ 时，有

$$|f(z)-A|<\varepsilon,$$

也就是 $|(u+\mathrm{i}v)-(u_0+\mathrm{i}v_0)|<\varepsilon$，即

$$\sqrt{(u-u_0)^2+(v-v_0)^2}<\varepsilon,$$

从而 $|u-u_0|<\varepsilon$，$|v-v_0|<\varepsilon$.

这就证明了

$$\lim_{\substack{x\to x_0\\y\to y_0}}u(x,y)=u_0 \text{ 及} \lim_{\substack{x\to x_0\\y\to y_0}}v(x,y)=v_0.$$

类似于一元实函数的极限四则运算法则，可以证明下列定理.

定理 1.2.2 如果 $\lim\limits_{z\to z_0}f(z)=A$，$\lim\limits_{z\to z_0}g(z)=B$，那么

(1) $\lim\limits_{z\to z_0}[f(z)\pm g(z)]=A\pm B$；

(2) $\lim\limits_{z\to z_0}f(z)\cdot g(z)=A\cdot B$；

(3) $\lim\limits_{z\to z_0}\dfrac{f(z)}{g(z)}=\dfrac{A}{B}(B\neq 0)$.

例 1.2.1 证明：函数 $f(z)=\dfrac{\mathrm{Re}z}{z}$ 当 $z\to 0$ 时的极限不存在.

证明 设 $z=x+\mathrm{i}y$，则 $\dfrac{\mathrm{Re}z}{z}=\dfrac{x}{x+\mathrm{i}y}=\dfrac{x^2}{x^2+y^2}+\mathrm{i}\dfrac{-xy}{x^2+y^2}$，于是，$u=\dfrac{x^2}{x^2+y^2}$，而

$$\lim_{\substack{y=kx\\x\to 0}}u(x,y)=\lim_{\substack{y=kx\\x\to 0}}\frac{x^2}{x^2+y^2}=\lim_{x\to 0}\frac{1}{1+k^2}=\frac{1}{1+k^2},$$

随着 k 的取值不同，$\dfrac{1}{1+k^2}$ 也随着不同，故极限 $\lim\limits_{\substack{x\to 0\\y\to 0}}u(x,y)$ 不存在，因此 $\lim\limits_{z\to 0}\dfrac{\mathrm{Re}z}{z}$ 不存在.

例 1.2.2 证明：函数 $f(z)=\dfrac{1}{2\mathrm{i}}\left(\dfrac{z}{\bar{z}}-\dfrac{\bar{z}}{z}\right)$ 当 $z\to 0$ 时的极限不存在.

证明 设 $z=r(\cos\theta+\mathrm{i}\sin\theta)$，则

$$f(z)=\frac{(z+\bar{z})(z-\bar{z})}{2\mathrm{i}z\bar{z}}=\frac{2r\cos\theta\cdot \mathrm{i}2r\sin\theta}{2\mathrm{i}r^2}=\sin 2\theta,$$

从这里可以看出，当变量 z 从不同的角度 θ 趋于原点 $z=0$ 时，函数 $f(z)$ 趋于不同的值，所以 $f(z)$ 当 $z\to 0$ 时的极限不存在.

例 1.2.3 求极限(1) $\lim\limits_{z\to 1+\mathrm{i}}\dfrac{\bar{z}}{z}$；(2) $\lim\limits_{z\to 1}\dfrac{z\bar{z}+2z-\overline{z-2}}{z^2-1}$.

解 (1) $\lim\limits_{z\to 1+\mathrm{i}}\dfrac{\bar{z}}{z}=\dfrac{\lim\limits_{z\to 1+\mathrm{i}}\bar{z}}{\lim\limits_{z\to 1+\mathrm{i}}z}=\dfrac{1-\mathrm{i}}{1+\mathrm{i}}=\dfrac{(1-\mathrm{i})^2}{(1+\mathrm{i})(1-\mathrm{i})}=\dfrac{-2\mathrm{i}}{2}=-\mathrm{i}$；

(2)
$$\lim_{z\to 1}\frac{z\bar{z}+2z-\bar{z}-2}{z^2-1}=\lim_{z\to 1}\frac{\bar{z}(z-1)+2(z-1)}{z^2-1}$$
$$=\lim_{z\to 1}\frac{(\bar{z}+2)(z-1)}{(z+1)(z-1)}=\lim_{z\to 1}\frac{\bar{z}+2}{z+1}=\frac{3}{2}.$$

1.2.4 复变函数的连续性

和一元实函数的连续性类似,可给出复变函数的连续性的定义.

定义 1.2.2 设函数 $w=f(z)$ 区域 D 内有定义,$z_0\in D$. 如果 $\lim\limits_{z\to z_0}f(z)=f(z_0)$,则称 $f(z)$ 在点 z_0 连续;如果 $f(z)$ 在区域 D 内每一点都连续,则称 $f(z)$ 在区域 D 内连续.

由定理 1.2.1 可得下面的定理.

定理 1.2.3 $f(z)=u(x,y)+\mathrm{i}v(x,y)$ 在 $z_0=x_0+\mathrm{i}y_0$ 连续的充分必要条件为实部 $u(x,y)$ 和虚部 $v(x,y)$ 在点 (x_0,y_0) 连续.

例 1.2.4 讨论函数 $f(z)=\ln(x^2+y^2)+\mathrm{i}(x^2-y^2)$ 的连续性.

解 $f(z)=\ln(x^2+y^2)+\mathrm{i}(x^2-y^2)$ 在复平面内除原点外处处连续. 这是因为 $u(x,y)=\ln(x^2+y^2)$ 除原点外处处连续,而 $v(x,y)=x^2-y^2$ 是处处连续的.

下面的定理说明连续函数的四则运算及复合函数仍旧为连续函数.

定理 1.2.4 (1) 如果 $f(z)$ 和 $g(z)$ 在 z_0 连续,则 $f(z)\pm g(z)$,$f(z)\cdot g(z)$,$\dfrac{f(z)}{g(z)}(g(z_0)\neq 0)$ 在 z_0 也连续.

(2) 如果函数 $h=g(z)$ 在 z_0 连续,函数 $w=f(h)$ 在 $h_0=g(z_0)$ 连续,那么复合函数 $w=f[g(z)]$ 在 z_0 也连续.

上述定理及本书 1.4 节中讨论的基本初等函数的性质保证了初等函数在定义域内具有连续性质.

1.3 函数的可导性与解析性

复变函数研究的主要对象是解析函数,本节主要研究复变函数的导数定义和求导法则,并在此基础上介绍解析函数的概念,接着给出判断复变函数可导和解析的充分必要条件,最后把高等数学中我们熟知的初等函数推广到复变函数上来,并研究其性质.

1.3.1 复变函数的导数及其性质

类似于实函数的导数定义,引入复变函数的可导性概念及导数定义.

定义 1.3.1 设 $w=f(z)$ 是定义在区域 D 上的单值函数,点 $z_0\in D$,$z\in D$,并

记 $\Delta z=z-z_0$，$\Delta w=f(z)-f(z_0)$，如果极限

$$\lim_{\Delta z\to 0}\frac{\Delta w}{\Delta z}=\lim_{\Delta z\to 0}\frac{f(z_0+\Delta z)-f(z_0)}{\Delta z}=\lim_{z\to z_0}\frac{f(z)-f(z_0)}{z-z_0}$$

存在，则称 $f(z)$ 在 z_0 处可导，这个极限值称作为 $f(z)$ 在点 z_0 处的导数，记作 $f'(z_0)$ 或 $\left.\frac{\mathrm{d}w}{\mathrm{d}z}\right|_{z=z_0}$，$\left.\frac{\mathrm{d}f}{\mathrm{d}z}\right|_{z=z_0}$.

如果 $w=f(z)$ 在区域 D 内的每一点都可导，就说 $f(z)$ 在区域 D 内可导，这样 D 内的每一点都对应于 $f(z)$ 的一个导数值，因而在 D 内定义了一个函数，称为 $f(z)$ 在 D 内的导函数，记作 $f'(z)$，$f'(z)=\lim\limits_{\Delta z\to 0}\frac{f(z+\Delta z)-f(z)}{\Delta z}$. 显然，$f'(z_0)=\left.f'(z)\right|_{z=z_0}$.

例 1.3.1 求 $f(z)=z^2$ 的导数.

解

$$\begin{aligned}\lim_{\Delta z\to 0}\frac{f(z+\Delta z)-f(z)}{\Delta z}&=\lim_{\Delta z\to 0}\frac{(z+\Delta z)^2-z^2}{\Delta z}\\&=\lim_{\Delta z\to 0}\frac{2z\cdot\Delta z+(\Delta z)^2}{\Delta z}=\lim_{\Delta z\to 0}(2z+\Delta z)=2z,\end{aligned}$$

故 $f'(z)=2z$.

例 1.3.2 讨论 $f(z)=\bar{z}$ 的可导性.

解 对于复平面 C 上任意一点 z，有

$$\frac{\Delta w}{\Delta z}=\frac{f(z+\Delta z)-f(z)}{\Delta z}=\frac{\overline{(z+\Delta z)}-\bar{z}}{\Delta z}=\frac{\overline{(\Delta z)}}{\Delta z}=\frac{\Delta x-\mathrm{i}\Delta y}{\Delta x+\mathrm{i}\Delta y}.$$

从这里可以看出，当动点 $z+\Delta z$ 沿平行于实轴的方向趋于 z 时，即 $\Delta y=0$ 且 $\Delta x\to 0$ 时，有 $\lim\limits_{\substack{\Delta x\to 0\\ \Delta y=0}}\frac{\Delta w}{\Delta z}=\lim\limits_{\substack{\Delta x\to 0\\ \Delta y=0}}\frac{\Delta x}{\Delta x}=1$；当动点 $z+\Delta z$ 沿平行于虚轴的方向趋于 z 时，即 $\Delta x=0$ 且 $\Delta y\to 0$ 时，有 $\lim\limits_{\substack{\Delta x=0\\ \Delta y\to 0}}\frac{\Delta w}{\Delta z}=\lim\limits_{\substack{\Delta y\to 0\\ \Delta x=0}}\frac{-\mathrm{i}\Delta y}{\mathrm{i}\Delta y}=-1$. 由此可知，当动点 $z+\Delta z$ 沿着不同的方向趋于 z 时，$\frac{\Delta w}{\Delta z}$ 趋于不同的数值，极限 $\lim\limits_{\Delta z\to 0}\frac{\Delta w}{\Delta z}$ 不存在，故 $f(z)=\bar{z}$ 在复平面上处处不可导.

例 1.3.3 讨论函数 $w=x+2y\mathrm{i}$ 的可导性.

解

$$\begin{aligned}\frac{\Delta w}{\Delta z}&=\frac{f(z+\Delta z)-f(z)}{\Delta z}\\&=\frac{f[(x+\Delta x)+\mathrm{i}(y+\Delta y)]-f(x+\mathrm{i}y)}{\Delta x+\mathrm{i}\Delta y}\\&=\frac{(x+\Delta x)+2(y+\Delta y)\mathrm{i}-(x+\mathrm{i}2y)}{\Delta x+\mathrm{i}\Delta y}\end{aligned}$$

$$=\frac{\Delta x+\mathrm{i}2\cdot\Delta y}{\Delta x+\mathrm{i}\Delta y},$$

故当动点 $z+\Delta z$ 沿平行于实轴的方向趋于 z 时,即 $\Delta x\to 0$ 且 $\Delta y=0$ 时,有 $\lim\limits_{\Delta z\to 0}\frac{\Delta w}{\Delta z}=\lim\limits_{\substack{\Delta x\to 0\\ \Delta y=0}}\frac{\Delta x}{\Delta x}=1$;当动点 $z+\Delta z$ 沿平行于虚轴的方向趋于 z 时,即 $\Delta x=0$ 且 $\Delta y\to 0$ 时,有 $\lim\limits_{\Delta z\to 0}\frac{\Delta w}{\Delta z}=\lim\limits_{\substack{\Delta y\to 0\\ \Delta x=0}}\frac{\mathrm{i}2\cdot\Delta y}{\mathrm{i}\Delta y}=2$,所以,$z+\Delta z$ 沿着不同的方向使 $\Delta z\to 0$ 时,$\frac{\Delta w}{\Delta z}$趋于不同的数值. 因此,函数 $w=x+2y\mathrm{i}$ 的导数处处不存在.

由于复变函数的导数定义与一元实变函数中的导数定义在形式上完全一样,而且复变函数中的极限运算法则和实变函数中的一样,因而,实变函数中的求导法则都可以不加更改地推广到复变函数中,下面给出复变函数的求导法则和公式.

(1) 常数的导数:$(c)'=0$,c 为复常数.

(2) 幂函数的导数:$(z^n)'=nz^{n-1}$,n 为整数.

(3) 和与差的导数:若单值函数 $f(z)$和 $g(z)$在点 z 处可导,则单值函数 $f(z)\pm g(z)$也在点 z 处可导,且有$[f(z)\pm g(z)]'=f'(z)\pm g'(z)$.

(4) 积的导数:若单值函数 $f(z)$和 $g(z)$在点 z 处可导,则单值函数 $f(z)\cdot g(z)$也在点 z 处可导,且有$[f(z)\cdot g(z)]'=f'(z)g(z)+f(z)\cdot g'(z)$.

(5) 商的导数:若单值函数 $f(z)$ 和 $g(z)$ 在点 z 处可导,则单值函数$\frac{f(z)}{g(z)}$ $(g(z)\neq 0)$也在点 z 处可导,且$\left[\frac{f(z)}{g(z)}\right]'=\frac{f'(z)\cdot g(z)-f(z)\cdot g'(z)}{g^2(z)}$.

(6) 复合函数的导数:设单值函数 $h=g(z)$在点 z 处可导,函数 $w=f(h)$在点 h 处可导,其中 $h=g(z)$,则复合函数 $w=f[g(z)]$在点 z 处可导,且$\frac{\mathrm{d}w}{\mathrm{d}z}=\left.\frac{\mathrm{d}w}{\mathrm{d}h}\right|_{h=g(z)}\cdot\frac{\mathrm{d}h}{\mathrm{d}z}$.

(7) 反函数的导数:设函数 $w=f(z)$与 $z=f^{-1}(w)$互为反函数,单值函数$f(z)$在点 z 处可导,则$\frac{\mathrm{d}w}{\mathrm{d}z}=\frac{1}{\left.\frac{\mathrm{d}z}{\mathrm{d}w}\right|_{w=f^{-1}(z)}}$,其中,$\left.\frac{\mathrm{d}z}{\mathrm{d}w}\right|_{w=f^{-1}(z)}\neq 0$.

例 1.3.4 已知 $f(z)=\frac{2z}{1-z}$,求 $f'(0)$及 $f'(\mathrm{i})$.

解
$$f'(z)=\left(\frac{2z}{1-z}\right)'=\frac{2(1-z)-2z(-1)}{(1-z)^2}=\frac{2}{(1-z)^2},$$

故 $f'(0)=2$,$f'(\mathrm{i})=\frac{2}{(1-\mathrm{i})^2}=\mathrm{i}$.

例 1.3.5 已知 $f(z)=\frac{1}{z}$,$z\neq 0$,求 $f'(z)$.

解 $z\neq 0$ 时，$f'(z)=\left(\dfrac{1}{z}\right)'=-\dfrac{1}{z^2}$.

在一元实变函数中，可导一定连续，但连续却不一定可导；在复变函数中，这个结论仍然成立. 例如，函数 $w=x+2y\mathrm{i}$ 在复平面上处处连续，但它在复平面上却处处不可导.

事实上，由 $f(z)$在点 z_0 处可导的定义知，$\lim\limits_{\Delta z\to 0}\dfrac{f(z_0+\Delta z)-f(z_0)}{\Delta z}=f'(z_0)$，则 $\Delta w=f'(z_0)\cdot\Delta z+\alpha\cdot\Delta z$，其中，$\lim\limits_{\Delta z\to 0}\alpha=0$. 故当 $\Delta z\to 0$ 时，有 $\Delta w\to 0$，因此，$f(z)$在点 z_0 连续.

类似于实函数微分的定义，可给出复变函数微分的定义.

定义 1.3.2 设函数 $w=f(z)$在点 z_0 处的增量可表达为

$$\Delta w = f(z_0+\Delta z)-f(z_0) = A\cdot\Delta z+\alpha\cdot\Delta z,$$

其中，A 为复数，$\lim\limits_{\Delta z\to 0}\alpha=0$，则称函数 $w=f(z)$在点 z_0 处可微，且称 $A\Delta z$ 是函数 $w=f(z)$在点 z_0 处的微分，记作 $\mathrm{d}w=A\Delta z$ 或 $\mathrm{d}w=A\mathrm{d}z$.

类似一元实函数的性质，有下列性质.

定理 1.3.1 函数 $w=f(z)$在点 z_0 处可微的充分必要条件为函数 $w=f(z)$在点 z_0 处可导，且 $\mathrm{d}w=f'(z_0)\mathrm{d}z$.

证明 当函数 $w=f(z)$在点 z_0 处可导时，由

$$\lim_{\Delta z\to 0}\frac{f(z_0+\Delta z)-f(z_0)}{\Delta z}=f'(z_0),$$

得

$$\frac{f(z_0+\Delta z)-f(z_0)}{\Delta z}=f'(z_0)+\alpha,$$

其中，$\lim\limits_{\Delta z\to 0}\alpha=0$. 故 $\Delta w=f(z_0+\Delta z)-f(z_0)=f'(z_0)\cdot\Delta z+\alpha\cdot\Delta z$，其中，$\lim\limits_{\Delta z\to 0}\alpha=0$. 因此，函数 $w=f(z)$在 z_0 可微，且 $\mathrm{d}w=f'(z_0)\mathrm{d}z$.

另外，当函数 $w=f(z)$在点 z_0 处可微时，有

$$\Delta w = f(z_0+\Delta z)-f(z_0) = A\cdot\Delta z+\alpha\cdot\Delta z,$$

其中，A 为复数，$\lim\limits_{\Delta z\to 0}\alpha=0$，此时有

$$\frac{f(z_0+\Delta z)-f(z_0)}{\Delta z}=A+\alpha,$$

即

$$\lim_{\Delta z\to 0}\frac{f(z_0+\Delta z)-f(z_0)}{\Delta z}=A,$$

因此，函数 $w=f(z)$ 在点 z_0 处可导，且导数 $f'(z_0)=A$.

由此知道，在复变函数中，可微性与可导性是等价的，且微分 $\mathrm{d}w=f'(z_0)\mathrm{d}z$ 或 $f'(z_0)=\left.\dfrac{\mathrm{d}w}{\mathrm{d}z}\right|_{z=z_0}$.

1.3.2 函数解析的概念

复变函数理论和实函数理论的重要不同点在于下面函数的解析性概念.

定义 1.3.3 如果函数 $f(z)$ 在 z_0 及其在点 z_0 处的某邻域内处处可导，那么称 $f(z)$ 在点 z_0 处解析. 如果 $f(z)$ 在区域 D 内每一点都解析，那么称 $f(z)$ 在 D 内解析，也称 $f(z)$ 是 D 内的一个解析函数（或称为全纯函数或正则函数）. 如果 $f(z)$ 在点 z_0 处不解析，称点 z_0 为函数 $f(z)$ 的奇点.

例 1.3.5 $f(z)=\dfrac{1}{z}$ 中的 $z=0$ 就是该函数的奇点. 因为 $f(z)=\dfrac{1}{z}$ 在复平面内除点 $z=0$ 外处处可导，所以它在除点 $z=0$ 外的复平面上处处解析，而 $z=0$ 是它的一个奇点.

例 1.3.6 讨论函数 $f(z)=|z|^2$ 的可导性质和解析性质.

解

$$\frac{f(z_0+\Delta z)-f(z_0)}{\Delta z}=\frac{|z_0+\Delta z|^2-|z_0|^2}{\Delta z}$$

$$=\frac{(z_0+\Delta z)(\overline{z_0}+\overline{\Delta z})-z_0\overline{z_0}}{\Delta z}=\overline{z_0}+\overline{\Delta z}+z_0\frac{\overline{\Delta z}}{\Delta z},$$

可以看出，当 $z_0=0$ 时，$\lim\limits_{\Delta z\to 0}\dfrac{f(z_0+\Delta z)-f(z_0)}{\Delta z}=\lim\limits_{\Delta z\to 0}\overline{\Delta z}=0$，即 $f(z)=|z|^2$ 在点 $z=0$ 处可导，且 $f'(0)=0$；而当 $z_0\neq 0$ 时，由例 1.3.2 的讨论可知，极限 $\lim\limits_{\Delta z\to 0}\dfrac{\overline{\Delta z}}{\Delta z}$ 不存在，故 $\lim\limits_{\Delta z\to 0}z_0\dfrac{\overline{\Delta z}}{\Delta z}$ 不存在，因此

$$\lim_{\Delta z\to 0}\frac{f(z_0+\Delta z)-f(z_0)}{\Delta z}=\lim_{\Delta z\to 0}\left(\overline{z_0}+\overline{\Delta z}+z_0\frac{\overline{\Delta z}}{\Delta z}\right)$$

不存在，从而，$f(z)=|z|^2$ 在点 $z_0\neq 0$ 处不可导.

由此得到函数 $f(z)=|z|^2$ 仅在点 $z=0$ 处可导，而在其他点处都不可导. 因此，函数 $f(z)=|z|^2$ 在点 $z=0$ 处可导，但函数 $f(z)=|z|^2$ 在点 $z=0$ 处不解析.

从定义可以看出在区域内解析和可导是等价的. 但是，在一点处解析和一点处可导是不同的概念，就是说，在一点处解析，意味着在该点处可导；但在一点可导，不一定在该点处解析，函数在一点处解析比在该点可导的要求要高得多.

类似可导运算性质，有下列判定函数解析的方法：

(1) 设 $f(z)$ 和 $g(z)$ 是在点 z_0 处解析的两个单值函数，则 $f(z)\pm g(z)$，$f(z)\cdot g(z)$，

$\frac{f(z)}{g(z)}$(除去分母为零的点外)在点 z_0 处也解析.

(2) 设单值函数 $h=g(z)$ 在点 z_0 处解析,$w=f(h)$ 在点 h_0 处解析,且 $h_0=g(z_0)$,则复合函数 $w=f[g(z)]$ 在点 z_0 处解析.

由此可以得到,所有多项式函数在复平面上处处解析,任何有理分式函数 $\frac{P(z)}{Q(z)}$ 在不含分母为零的点的区域内是解析的,而使分母为零的点是函数的奇点.

1.3.3 函数可导的充分必要条件

由前面的讨论可知,复变函数 $f(z)$ 的极限和连续性等价于两个实函数 $u(x,y)$,$v(x,y)$ 的讨论,但复变函数的可导性与实函数 $u(x,y)$,$v(x,y)$ 的偏导数存在的关系则需要下列的定理来判别.

定理 1.3.2 设函数 $f(z)=u(x,y)+\mathrm{i}v(x,y)$ 在点 $z=x+\mathrm{i}y$ 的邻域内有定义,则 $f(z)$ 在点 z 处可导的充分必要条件是 $u(x,y)$ 和 $v(x,y)$ 在点 (x,y) 可微,且满足柯西-黎曼(Cauchy-Riemann)方程 $\frac{\partial u}{\partial x}=\frac{\partial v}{\partial y},\frac{\partial u}{\partial y}=-\frac{\partial v}{\partial x}$.

证明 (充分性)设 $z=x+\mathrm{i}y$,函数 $u(x,y)$ 和 $v(x,y)$ 在点 (x,y) 可微,且满足

$$\frac{\partial u}{\partial x}=\frac{\partial v}{\partial y},\quad \frac{\partial u}{\partial y}=-\frac{\partial v}{\partial x},$$

则

$$\begin{aligned}\Delta w &= f(z+\Delta z)-f(z)\\ &= [u(x+\Delta x,y+\Delta y)+\mathrm{i}v(x+\Delta x,y+\Delta y)]-[u(x,y)+\mathrm{i}v(x,y)]\\ &= \Delta u+\mathrm{i}\Delta v.\end{aligned}$$

由 $u(x,y)$ 和 $v(x,y)$ 在点 (x,y) 处可微,有

$$\Delta u=\frac{\partial u}{\partial x}\cdot\Delta x+\frac{\partial u}{\partial y}\cdot\Delta y+o(\rho),\quad \Delta v=\frac{\partial v}{\partial x}\cdot\Delta x+\frac{\partial v}{\partial y}\cdot\Delta y+o(\rho),$$

其中,$\rho=\sqrt{(\Delta x)^2+(\Delta y)^2}$,$o(\rho)$ 为 ρ 的高阶无穷小,即 $\lim\limits_{\rho\to 0}\frac{|o(\rho)|}{\rho}=0$.

故

$$\begin{aligned}\Delta w &= f(z+\Delta z)-f(z)\\ &= \left(\frac{\partial u}{\partial x}+\mathrm{i}\cdot\frac{\partial v}{\partial x}\right)\Delta x+\left(\frac{\partial u}{\partial y}+\mathrm{i}\cdot\frac{\partial v}{\partial y}\right)\Delta y+[o(\rho)+\mathrm{i}\cdot o(\rho)]\\ &= \left(\frac{\partial u}{\partial x}+\mathrm{i}\cdot\frac{\partial v}{\partial x}\right)\Delta x+\left(\frac{\partial u}{\partial y}+\mathrm{i}\cdot\frac{\partial v}{\partial y}\right)\Delta y+o(\rho).\end{aligned}$$

将柯西-黎曼条件 $\frac{\partial v}{\partial y}=\frac{\partial u}{\partial x},\frac{\partial u}{\partial y}=-\frac{\partial v}{\partial x}$ 代入上式,得

$$\Delta w=\left(\frac{\partial u}{\partial x}+\mathrm{i}\cdot\frac{\partial v}{\partial x}\right)(\Delta x+i\Delta y)+o(\rho),$$

从而，

$$\frac{\Delta w}{\Delta z}=\frac{f(z+\Delta z)-f(z)}{\Delta x+\mathrm{i}\Delta y}=\left(\frac{\partial u}{\partial x}+\mathrm{i}\cdot\frac{\partial v}{\partial x}\right)+\frac{o(\rho)}{\Delta z},$$

由 $\left|\frac{o(\rho)}{\Delta z}\right|=\frac{|o(\rho)|}{|\Delta z|}=\frac{|o(\rho)|}{\rho}\to 0(\Delta z\to 0)$，得

$$\lim_{\Delta z\to 0}\frac{\Delta w}{\Delta z}=\frac{\partial u}{\partial x}+\mathrm{i}\,\frac{\partial v}{\partial x},$$

即函数 $f(z)$在点 z 处可导，且 $f'(z)=\frac{\partial u}{\partial x}+\mathrm{i}\,\frac{\partial v}{\partial x}$.

（必要性）设 $f(z)=u(x,y)+\mathrm{i}v(x,y)$在点 $z=x+\mathrm{i}y$ 处可导，则对于充分小的 $|\Delta z|=|\Delta x+\mathrm{i}\Delta y|>0$，有

$$\Delta w=f(z+\Delta z)-f(z)=f'(z)\cdot\Delta z+\alpha\cdot\Delta z,\quad \text{其中}，\lim_{\Delta z\to 0}\alpha=0.$$

记 $\Delta w=\Delta u+\mathrm{i}\Delta v$，$f'(z)=a+\mathrm{i}b$，$\alpha=\rho_1+\mathrm{i}\rho_2$，$\Delta z=\Delta x+\mathrm{i}\Delta y$，则

$$\Delta w=\Delta u+\mathrm{i}\Delta v=(a\Delta x-b\Delta y+\rho_1\Delta x-\rho_2\Delta y)+\mathrm{i}(b\Delta x+a\Delta y+\rho_2\Delta x+\rho_1\Delta y),$$

从而就有

$$\Delta u=a\Delta x-b\Delta y+\rho_1\Delta x-\rho_2\Delta y,\quad \Delta v=b\Delta x+a\Delta y+\rho_2\Delta x+\rho_1\Delta y.$$

由 $\lim\limits_{\Delta z\to 0}\alpha=0$，知 $\lim\limits_{\substack{\Delta x\to 0\\ \Delta y\to 0}}\rho_1=0$ 和 $\lim\limits_{\substack{\Delta x\to 0\\ \Delta y\to 0}}\rho_2=0$. 因此，$u(x,y)$和 $v(x,y)$在点(x,y)可微，而且满足

$$a=\frac{\partial u}{\partial x}=\frac{\partial v}{\partial y},\quad -b=\frac{\partial u}{\partial y}=-\frac{\partial v}{\partial x}.$$

上式就是柯西-黎曼方程.

定理 1.3.2 中的 Cauchy-Riemann 方程$\frac{\partial u}{\partial x}=\frac{\partial v}{\partial y}$，$\frac{\partial u}{\partial y}=-\frac{\partial v}{\partial x}$通常称为柯西-黎曼条件，或简称为 C-R 条件.

许多情形下，当实部和虚部函数可微且满足 C-R 条件时，复变函数的导数可用实部和虚部函数的偏导数来表示，我们有下列推论.

推论 1.3.1 若 $f'(z)$存在，则
$$f'(z)=\frac{\partial u}{\partial x}+\mathrm{i}\,\frac{\partial v}{\partial x}=\frac{\partial u}{\partial x}-\mathrm{i}\,\frac{\partial u}{\partial y}=\frac{\partial v}{\partial y}-\mathrm{i}\,\frac{\partial u}{\partial y}=\frac{\partial v}{\partial y}+\mathrm{i}\,\frac{\partial v}{\partial x}.$$

在复变函数的性质中，我们最关心的是解析性质. 若函数 $w=f(z)$在一点 z_0 的某个邻域内处处可导，则称函数 $f(z)$在 z_0 解析. 由此，解析必然可导，但反之不一定

成立. 例如，$f(z)=|z|^2$ 仅在一点 z_0 处可导，但 $f(z)$在点 $z_0=0$ 处不解析. 判断函数的解析性有两种方法：一是用定义，判断 $f(z)$的可导性，函数 $w=f(z)$导数存在的点集的内点是 $f(z)$的解析点；二是将函数 $w=f(z)$分解为实部 $u(x,y)$、虚部 $v(x,y)$，利用 C-R 条件判断，它的根据是，$w=f(z)$在一个区域 D 内解析的充分必要条件是 $\frac{\partial u}{\partial x},\frac{\partial u}{\partial y},\frac{\partial v}{\partial x},\frac{\partial v}{\partial y}$四个一阶偏导数在区域 D 内处处连续，且满足 C-R 条件.

例 1.3.7 下列函数在何处可导，何处解析？

(1) $f(z)=2xy^2+\mathrm{i}x^2y$； (2) $f(z)=2x^3+\mathrm{i}3y^3$.

解 (1) 由 $u(x,y)=2xy^2,v(x,y)=x^2y$，有

$$\frac{\partial u}{\partial x}=2y^2,\quad \frac{\partial u}{\partial y}=4xy,\quad \frac{\partial v}{\partial x}=2xy,\quad \frac{\partial v}{\partial y}=x^2,$$

这里各偏导数在 z 平面上处处连续，则 $u(x,y)$和 $v(x,y)$是可微函数，故当且仅当 $2y^2=x^2,4xy=-2xy$ 时，即 $x=y=0$ 时，也就是在 $z=x+\mathrm{i}y=0$ 时，$f(z)=2xy^2+\mathrm{i}x^2y$ 才是可导的，在其他点，即 $z\neq0$ 时，$f(z)$都不可导. 因此，$f(z)$仅在点 $z=0$ 处可导，但在复平面上处处不解析.

(2) 由 $u(x,y)=2x^3,v(x,y)=3y^3$，有

$$\frac{\partial u}{\partial x}=6x^2,\quad \frac{\partial u}{\partial y}=0,\quad \frac{\partial v}{\partial x}=0,\quad \frac{\partial v}{\partial y}=9y^2,$$

各偏导数在 z 平面上处处连续，故当且仅当 $6x^2=9y^2$ 时，即只有在直线$\sqrt{6}x=\pm3y$上时，$f(z)$可导，在其他点处 $f(z)$都不可导，因此，$f(z)$在复平面上处处不解析.

例 1.3.8 设函数 $f(z)=x+ay+\mathrm{i}(x+by)$，问常数 a,b 取何值时，$f(z)$复平面上处处解析？

解 由 $u(x,y)=x+ay,v(x,y)=x+by$，有

$$\frac{\partial u}{\partial x}=1,\quad \frac{\partial u}{\partial y}=a,\quad \frac{\partial v}{\partial x}=1,\quad \frac{\partial v}{\partial y}=b$$

处处连续，由 C-R 条件，有 $1=b,a=-1$ 对任意的 x,y 成立. 因此，当 $a=-1,b=1$，此函数在复平面内处处解析.

例 1.3.9 证明函数 $w=x^2-y^2-y+\mathrm{i}(2xy+x)$在复平面上解析，并求其导数.

解 $u(x,y)=x^2-y^2-y,v(x,y)=2xy+x$，有

$$\frac{\partial u}{\partial x}=2x,\quad \frac{\partial u}{\partial y}=-2y-1,\quad \frac{\partial v}{\partial x}=2y+1,\quad \frac{\partial v}{\partial y}=2x,$$

各偏导数在任意点(x,y)连续，且满足

$$\frac{\partial u}{\partial x}=2x=\frac{\partial v}{\partial y},\quad \frac{\partial u}{\partial y}=-2y-1=-\frac{\partial v}{\partial x},$$

因此，$w=u+\mathrm{i}v$ 在 z 平面上解析处处解析，且 $w'=2x+\mathrm{i}(2y+1)$.

例 1.3.10 设 $f(z)=u(x,y)+\mathrm{i}v(x,y)$ 在某区域 D 内解析，且实部、虚部满足方程 $v=u^2$，证明：函数 $f(z)$ 是一常数.

证明 由 C-R 条件知，

$$\frac{\partial u}{\partial x}=\frac{\partial v}{\partial y}=2u\frac{\partial u}{\partial y},\quad \frac{\partial u}{\partial y}=-\frac{\partial v}{\partial x}=-2u\frac{\partial u}{\partial x},$$

从而，$\frac{\partial u}{\partial x}=2u\frac{\partial u}{\partial y}=2u\left(-2u\frac{\partial u}{\partial x}\right)$，即 $(1+4u^2)\frac{\partial u}{\partial x}=0$，故 $\frac{\partial u}{\partial x}=0$，此时，$\frac{\partial u}{\partial y}=-2u\frac{\partial u}{\partial x}=0$，所以 $u(x,y)=c$ 常数，$v=u^2$ 也为常数，因此，$f(z)=u+\mathrm{i}v$ 是一常数.

若复变函数在一点可导，则其实部和虚部满足 C-R 条件. 事实上，对于解析函数，前人已证明下列结论.

定理 1.3.3 复变函数 $f(z)=u+\mathrm{i}v$ 在区域 D 内解析的充分必要条件为

(1) 实部 $u(x,y)$ 和虚部 $v(x,y)$ 在区域 D 内连续；

(2) $u(x,y)$ 和 $v(x,y)$ 满足 C-R 条件.

定理 1.3.3 的必要性证明是定理 1.3.2 的推论，但充分性的证明超出了本书的范围.

1.3.4 解析函数性质——保角映射和保形映射

设复变函数 $w=f(z)$ 在区域 D 内解析，$z_0\in D$，且 $f'(z_0)\neq 0$，L_1，L_2 为过点 z_0 的两条任意简单曲线，方程分别为 $z=z_1(t)$，$z=z_2(t)$，且 $z_1(t_0)=z_0$，$z_2(t_0)=z_0$，L_1 和 L_2 的夹角为 θ.

函数 $w=f(z)$ 是从 z 平面到 w 平面的映射，$w_0=f(z_0)$，L_1，L_2 的像为 L_1'，L_2'，曲线 L_1'，L_2' 的方程分别为 $w=f(z_1(t))$，$w=f(z_2(t))$.

设曲线 L_1 在点 z_0 处的切线对 Ox 轴的倾角为 $\theta_1=\arg z_1'(t_0)$，曲线 L_2 在点 z_0 处的切线对 Ox 轴的倾角为 $\theta_2=\arg z_2'(t_0)$. L_1，L_2 的夹角为 $\theta=\theta_2-\theta_1$，如图 1.3(a) 所示.

曲线 L_1 的像曲线 L_1'：$w=f(z_1(t))$，在点 w_0 处的切线对 Ou 轴的倾角为

$$\theta_1'=\arg\left[\frac{\mathrm{d}}{\mathrm{d}z}f(z_1(t_0))\right]=\arg[f'(z_0)z_0'(t_0)]=\arg[f'(z_0)]+\arg[z_1'(t_0)],$$

曲线 L_2 的像曲线 L_2'：$w=f(z_2(t))$ 在点 w_0 处的切线对 Ou 轴的倾角为

$$\theta_2'=\arg\left[\frac{\mathrm{d}}{\mathrm{d}z}f(z_2(t_0))\right]=\arg[f'(z_0)z_2'(t_0)]=\arg[f'(z_0)]+\arg[z_2'(t_0)].$$

因此如图 1.3(b) 所示，像曲线 L_1'，L_2' 在点 w_0 处的切线夹角为

$$\theta'=\theta_2'-\theta_2'=\{\arg[f'(z_0)]+\arg[z_2'(t_0)]\}-\{\arg[f'(z_0)]+\arg[z_1'(t_0)]\}=\theta.$$

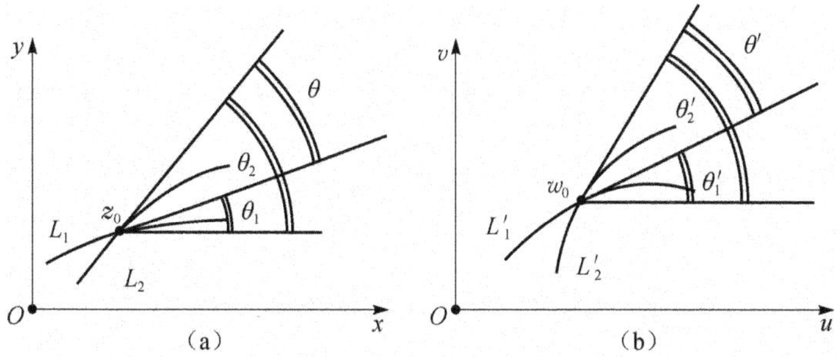

图 1.3

上式说明,用解析函数作映射时,像曲线之间的夹角和原曲线的夹角保持不变,这一性质称为解析函数的保角性质.这一性质告诉我们,解析函数所确定的映射是保角映射.

当函数 $w=f(z)$ 在点 z_0 处解析时,对于点 z_0 小邻域内的三角形,其像为一个小的曲边三角形,曲边三角形的边长约为原三角形的 $|f'(z_0)|$ 倍,夹角保持不变,近似看来,三角形的像和原像相似.此外,函数 $w=f(z)$ 将小圆周 $|z-z_0|=\rho$ 近似地映照为圆周 $|w-w_0|=|f'(z_0)|\rho$,因为这一性质的存在,所以又称解析函数所确定的映射是保形映射.

1.4 初等函数

本节要将微积分中常用的初等函数推广到复变函数的情形,并讨论其解析性质.值得注意的是基本初等函数的定义是由指数函数开始的.

1.4.1 指数函数

对于复变数 $z=x+\mathrm{i}y$,定义

$$f(z)=\mathrm{e}^z=\mathrm{e}^{x+\mathrm{i}y}=\mathrm{e}^x(\cos y+\mathrm{i}\sin y).$$

依此定义,指数函数有下列性质.

(1) 对任意复数 $z=x+\mathrm{i}y$,有 $\mathrm{e}^z\neq 0$.

(2) 模 $|\mathrm{e}^z|=\mathrm{e}^x$,辐角 $\mathrm{Arg}(\mathrm{e}^z)=y+2k\pi, k=0,\pm1,\pm2,\cdots$. 当 z 取实数值 $z=x$ 时,$\mathrm{e}^z=\mathrm{e}^x$,即指数函数 e^z 就是实变函数 e^x 在复平面上的推广.

(3) 指数函数满足加法定理:$\mathrm{e}^{z_1+z_2}=\mathrm{e}^{z_1}\cdot\mathrm{e}^{z_2}$.

(4) 指数函数 $f(z)=\mathrm{e}^z$ 以 $T=2k\pi\mathrm{i}$ 为周期.这是因为

$$\mathrm{e}^{z+\mathrm{i}2k\pi}=\mathrm{e}^z\cdot\mathrm{e}^{\mathrm{i}2k\pi}=\mathrm{e}^z(\cos 2k\pi+\mathrm{i}\sin 2k\pi)=\mathrm{e}^z.$$

(5) 指数函数 e^z 在复平面内处处解析,且 $f'(z)=\mathrm{e}^z$.事实上,

$$u=e^x\cos y,\quad v=e^x\sin y,$$

$$\frac{\partial u}{\partial x}=e^x\cos y,\quad \frac{\partial u}{\partial y}=-e^x\sin y,\quad \frac{\partial v}{\partial x}=e^x\sin y,\quad \frac{\partial v}{\partial y}=e^x\cos y,$$

各偏导数连续，故 $u=e^x\cos y$ 和 $v=e^x\sin y$ 都可微，且 C-R 条件成立. 因此 $e^z=u+iv$ 处处解析，且

$$f'(z)=\frac{\partial u}{\partial x}+i\frac{\partial v}{\partial x}=e^x\cos y+ie^x\sin y=e^z.$$

由 $e^{x+iy}=e^x(\cos y+i\sin y)$ 知，当 $x=0$ 时，得到欧拉公式

$$e^{iy}=\cos y+i\sin y.$$

利用上述公式，当复数 z 的模长为 r，辐角为 θ 时，有复数的指数表达式

$$z=r(\cos\theta+i\sin\theta)=re^{i\theta}.$$

由 $e^{it}=\cos t+i\sin t$，$e^{-it}=\cos t-i\sin t$ 可得工程中常用的实变量三角函数的指数表示式

$$\cos t=\frac{e^{it}+e^{-it}}{2},\quad \sin t=\frac{e^{it}-e^{-it}}{2i}.$$

1.4.2 对数函数

将指数函数的反函数定义为对数函数，即满足方程 $e^w=z(z\neq0)$ 的复数 $w=f(z)$ 为 z 的对数函数，记为 $w=\mathrm{Ln}z$，即

$$e^{\mathrm{Ln}z}=z,$$

上式即为著名的指数对数恒等式.

事实上，设 $w=u+iv$，$z=re^{i\theta}$，则 $e^{u+iv}=re^{i\theta}$. 所以，$e^u=r$，$v=\theta$，因此，$u=\ln r=\ln|z|$，$v=\mathrm{Arg}z$，故 $w=\mathrm{Ln}z=\ln|z|+i\mathrm{Arg}z$. 其中，$\mathrm{Ln}z$ 是一多值函数，其主值记为 $\ln z$，即 $\ln z=\ln|z|+i\arg z$，且 $\mathrm{Ln}z=\ln z+i2k\pi$，$(k=0,\pm1,\pm2,\cdots)$，这里 $\arg z$ 是辐角主值. 在除去原点与负实轴的复平面内，对给定的 $k\in\mathbf{Z}$，$\ln z+i2k\pi$ 被称为是一个单值连续分支. 特别地，当 $z=x>0$ 时，$\mathrm{Ln}z$ 的主值 $\ln z=\ln x$ 是实对数函数.

对数函数具有下列性质：

(1) 运算性质

$$\mathrm{Ln}(z_1z_2)=\mathrm{Ln}z_1+\mathrm{Ln}z_2;$$

$$\mathrm{Ln}\frac{z_1}{z_2}=\mathrm{Ln}z_1-\mathrm{Ln}z_2(z_2\neq0).$$

上式是在多值函数取值集合的意义下成立.

(2) Lnz 的主值支 $\ln z=\ln|z|+\mathrm{i}\arg z$ 在除去原点与负实轴的复平面内的每一点处解析，且 $(\ln z)'=\frac{1}{z}$. 事实上，$w=\ln z$ 满足 $e^w=z$，则由反函数求导法则知

$$\frac{\mathrm{d}w}{\mathrm{d}z}=\frac{1}{\frac{\mathrm{d}z}{\mathrm{d}w}}=\frac{1}{e^w}=\frac{1}{z},$$

得到 $w=\ln z$ 在除去原点与负实轴的复平面内的每一点处解析. 从而，Lnz 的各个单值连续分支在上述区域内也解析，且 $(\mathrm{Ln}z)'=(\ln z+\mathrm{i}2k\pi)'=\frac{1}{z}$.

事实上，就主值支而言 $\ln z=\ln|z|+\mathrm{i}\arg z$，其中，$\ln|z|$ 除原点外在其他点都是连续的，而 $\arg z$ 在原点与负实轴上都不连续. 因为若设 $z=x+\mathrm{i}y$，则当 $x<0$ 时，$\lim\limits_{y\to0^-}\arg z=-\pi$，$\lim\limits_{y\to0^+}\arg z=\pi$. 所以，除去原点和负实轴，在复平面内其他点 $\ln z$ 处处连续.

(3) 负数也有对数.

例 1.4.1 求方程 $1+e^z=0$ 的全部解.

解 由 $1+e^z=0$，有 $e^z=-1$，从而，

$$z=\mathrm{Ln}(-1)=\ln(-1)+\mathrm{i}2k\pi,$$

而 $\ln(-1)=\ln|-1|+\mathrm{i}\arg(-1)=\mathrm{i}\pi$，故

$$z=\mathrm{Ln}(-1)=\mathrm{i}(2k+1)\pi,\quad k\in\mathbf{Z}.$$

例 1.4.2 求 $\mathrm{Ln}(-\mathrm{i})$，$\mathrm{Ln}(-3+4\mathrm{i})$ 和它们的主值.

解

$$\mathrm{Ln}(-\mathrm{i})=\ln(-\mathrm{i})+\mathrm{i}2k\pi,$$

而 $\mathrm{Ln}(-\mathrm{i})$ 的主值为 $\ln(-\mathrm{i})=\ln|-\mathrm{i}|+\mathrm{i}\arg(-\mathrm{i})=\mathrm{i}\left(-\frac{\pi}{2}\right)$，故

$$\mathrm{Ln}(-\mathrm{i})=-\frac{\pi}{2}\mathrm{i}+\mathrm{i}2k\pi,\quad k\in\mathbf{Z}.$$

$$\mathrm{Ln}(-3+4\mathrm{i})=\ln(-3+4\mathrm{i})+\mathrm{i}2k\pi,$$

而 $\mathrm{Ln}(-3+4\mathrm{i})$ 的主值为

$$\begin{aligned}\ln(-3+4\mathrm{i})&=\ln|-3+4\mathrm{i}|+\mathrm{i}\arg(-3+4\mathrm{i})\\&=\ln\sqrt{(-3)^2+4^2}+\mathrm{i}\left[\pi+\arctan\left(\frac{4}{-3}\right)\right]\\&=\ln5+\mathrm{i}\left(\pi-\arctan\frac{4}{3}\right),\end{aligned}$$

故

$$\mathrm{Ln}(-3+4\mathrm{i})=\ln5+\mathrm{i}\left(\pi-\arctan\frac{4}{3}\right)+\mathrm{i}2k\pi,\quad k\in\mathbf{Z}.$$

1.4.3 幂函数

利用实函数的指数对数恒等式,可给出复变量幂函数的定义

$$z^{\alpha} = e^{\alpha \mathrm{Ln} z} = e^{\alpha(\ln z + i2k\pi)}, \quad k \in \mathbf{Z},$$

当 α 为正实数时,补充定义 $0^{\alpha}=0$.

例 1.4.3 求 3^{-2},$(-2)^{\frac{1}{2}}$,$1^{\sqrt{2}}$和 i^{i} 的值.

解 $$3^{-2} = e^{-2\mathrm{Ln}3} = e^{-2(\ln 3 + i2k\pi)} = e^{-2\ln 3} = \frac{1}{9};$$

$$(-2)^{\frac{1}{2}} = e^{\frac{1}{2}\mathrm{Ln}(-2)} = e^{\frac{1}{2}[\ln(-2)+i2k\pi]} = e^{\frac{1}{2}[\ln|-2|+i\pi+i2k\pi]} = e^{\frac{1}{2}\ln 2} e^{i\frac{2k\pi+1}{2}\pi} = \sqrt{2}e^{i\frac{2k\pi+1}{2}\pi}, k \in \mathbf{Z},$$

因此,$(-2)^{\frac{1}{2}}$有两个值$\sqrt{2}i$,$-\sqrt{2}i$;

$$1^{\sqrt{2}} = e^{\sqrt{2}\mathrm{Ln}1} = e^{\sqrt{2}(\ln 1 + i2k\pi)}, \text{其中}, \ln 1 = \ln|1| + i\arg 1 = 0,$$

因此,$1^{\sqrt{2}}=e^{\sqrt{2}(i2k\pi)}=\cos(2\sqrt{2}k\pi)+i\sin(2\sqrt{2}k\pi)$($k\in\mathbf{Z}$)有无穷多个值.

$$i^{i} = e^{i\mathrm{Ln}i} = e^{i(\ln i + i2k\pi)}, \quad \text{其中}, \quad \ln i = \ln|i| + i\arg i = \ln 1 + i\frac{\pi}{2} = \frac{\pi}{2}i,$$

因此,$i^{i}=e^{i\left(\frac{\pi}{2}i+i2k\pi\right)}=e^{-\left(\frac{\pi}{2}+2k\pi\right)}$($k\in\mathbf{Z}$)有无穷多个值.

由上例可知,当指数 α 取整数时,z^{α} 只有一个值;当指数 α 取有理数$\frac{p}{q}$时(其中,$q>0$,p,q 互素),z^{α} 有 q 个值;当 α 取其他值时,z^{α} 有无穷多个值.

利用复合函数求导法则,易于得到当指数 α 取正整数,即 $\alpha=n$ 时,$w=z^{n}$ 在整个复平面内解析,且$(z^{n})'=nz^{n-1}$;当指数 α 取负整数,即 $\alpha=n$ 时,$w=z^{n}$ 在除去原点的复平面内解析,且$(z^{n})'=nz^{n-1}$;当 α 取其他值时,z^{α} 的各个单值连续分支 $w=z^{\alpha}=e^{\alpha\mathrm{Ln}z}=e^{\alpha(\ln z+i2k\pi)}$,($k\in\mathbf{Z}$)在除去原点与负实轴的复平面内解析,且$(z^{\alpha})'=(e^{\alpha\mathrm{Ln}z})'=e^{\alpha\mathrm{Ln}z}\cdot\alpha\cdot\frac{1}{z}=\alpha z^{\alpha-1}$.

1.4.4 三角函数和双曲函数

利用实变函数到复变函数的推广,有三角函数和双曲函数的定义.

余弦函数定义为 $\cos z=\frac{e^{iz}+e^{-iz}}{2}$;正弦函数定义为 $\sin z=\frac{e^{iz}-e^{-iz}}{2i}$. 它们有如下性质.

(1) 对复变函数而言,欧拉公式仍然成立:$e^{iz}=\cos z+i\sin z$.

(2) 正弦函数 $\sin z$、余弦函数 $\cos z$ 仍是以 2π 为周期的函数,即 $\cos(z+2\pi)=\cos z$,$\sin(z+2\pi)=\sin z$. 这是因为 e^{z} 是以 $2\pi i$ 为周期的函数.

(3) 奇、偶性:余弦函数 $\cos z$ 是偶函数,即 $\cos(-z)=\cos z$;正弦函数 $\sin z$ 是

奇函数，即 $\sin(-z)=-\sin z$.

(4) 解析性：正弦函数 $\sin z$ 和余弦函数 $\cos z$ 在复平面内解析，由求导法则可以得到

$$(\cos z)'=-\sin z,\quad (\sin z)'=\cos z.$$

(5) 有关正弦、余弦函数的其他三角公式仍然成立，

$$\cos(z_1+z_2)=\cos z_1\cdot\cos z_2-\sin z_1\cdot\sin z_2;$$
$$\sin(z_1+z_2)=\sin z_1\cdot\cos z_2+\cos z_1\cdot\sin z_2;$$
$$\sin^2 z+\cos^2 z=1.$$

(6) 其他三角函数的定义：

$$\tan z=\frac{\sin z}{\cos z},\quad \cot z=\frac{\cos z}{\sin z},\quad \sec z=\frac{1}{\cos z},\quad \csc z=\frac{1}{\sin z}.$$

它们均在复平面内分母不为零的点处解析，且

$$(\tan z)'=\sec^2 z,\quad (\cot z)'=-\csc^2 z,$$
$$(\sec z)'=\sec z\cdot\tan z,\quad (\csc z)'=-\csc z\cdot\cot z.$$

类似可以定义如下双曲函数：

(1) 双曲余弦函数 $\mathrm{ch}z=\cosh z=\dfrac{e^z+e^{-z}}{2}$;

(2) 双曲正弦函数 $\mathrm{sh}z=\sinh z=\dfrac{e^z-e^{-z}}{2}$;

(3) 双曲正切函数 $\mathrm{th}z=\tanh z=\dfrac{\mathrm{sh}z}{\mathrm{ch}z}$.

显然，$\mathrm{ch}iz=\cos z$，$\mathrm{sh}iz=i\sin z$，其他双曲函数与性质不再一一列出，读者可自行推导.

例 1.4.4 计算函数值：$\cos(\pi+5i)$.

解
$$\cos(\pi+5i)=\frac{e^{i(\pi+5i)}+e^{-i(\pi+5i)}}{2}=\frac{1}{2}(e^{-5+\pi i}+e^{5-\pi i})$$
$$=\frac{e^{-5}}{2}e^{\pi i}+\frac{e^{5}}{2}e^{-\pi i}$$
$$=\frac{e^{-5}}{2}(\cos\pi+i\sin\pi)+\frac{e^{5}}{2}[\cos(-\pi)+i\sin(-\pi)]$$
$$=-\frac{1}{2}(e^{-5}+e^{5}).$$

事实上，$\cos(\pi+5i)=-\cos(5i)=-\dfrac{1}{2}(e^{i\cdot 5i}+e^{-i\cdot 5i})=-\dfrac{1}{2}(e^{-5}+e^{5})$.

1.4.5 反三角函数

利用三角函数的反函数定义可得反三角函数的定义.

设 $z=\sin w$,那么称 w 为 z 的反正弦函数,记作 $w=\mathrm{Arcsin}z$.

由 $z=\sin w=\dfrac{1}{2\mathrm{i}}(\mathrm{e}^{\mathrm{i}w}-\mathrm{e}^{-\mathrm{i}w})$,得 $\mathrm{e}^{\mathrm{i}w}$ 的二次方程

$$\mathrm{e}^{2\mathrm{i}w}-2\mathrm{i}z\mathrm{e}^{\mathrm{i}w}-1=0,$$

它的根为

$$\mathrm{e}^{\mathrm{i}w}=\mathrm{i}z+\sqrt{1-z^2},$$

两端取对数得

$$w=\mathrm{Arcsin}z=-\mathrm{i}\mathrm{Ln}(\mathrm{i}z+\sqrt{1-z^2}).$$

这里的$\sqrt{1-z^2}$应理解为多值函数. 利用链式法则得

$$(\mathrm{Arcsin}z)'=-\mathrm{i}\frac{1}{\mathrm{i}z+\sqrt{1-z^2}}\left(\mathrm{i}-\frac{z}{\sqrt{1-z^2}}\right)=\frac{1}{\sqrt{1-z^2}}.$$

同样方法可得如下函数:

(1) 反余弦函数 $\mathrm{Arccos}z=-\mathrm{i}\mathrm{Ln}(z+\sqrt{z^2-1})$,$(\mathrm{Arccos}z)'=-\dfrac{1}{\sqrt{1-z^2}}$;

(2) 反正切函数 $\mathrm{Arctan}z=-\dfrac{\mathrm{i}}{2}\mathrm{Ln}\dfrac{1+\mathrm{i}z}{1-\mathrm{i}z}$,$(\mathrm{Arctan}z)'=\dfrac{1}{1+z^2}$;

(3) 反双曲正弦函数 $\mathrm{Arsh}z=\mathrm{Ln}(z+\sqrt{z^2+1})$,$(\mathrm{Arsh}z)'=\dfrac{1}{\sqrt{z^2+1}}$;

(4) 反双曲余弦函数 $\mathrm{Arch}z=\mathrm{Ln}(z+\sqrt{z^2-1})$,$(\mathrm{Arch}z)'=\dfrac{1}{\sqrt{z^2-1}}$;

(5) 反双曲正切函数 $\mathrm{Arth}z=\dfrac{1}{2}\mathrm{Ln}\dfrac{1+z}{1-z}$,$(\mathrm{Arth}z)'=\dfrac{1}{1-z^2}$.

上述函数都是多值函数. 由上述反函数的定义,反三角函数和反双曲函数也有相应于三角函数和双曲函数的关系,此处不详细讨论.

例 1.4.5 计算函数值:$\mathrm{Arcsin}\dfrac{1}{2}$,$\mathrm{Arcsin}3$.

解 $\mathrm{Arcsin}\dfrac{1}{2}=-\mathrm{i}\mathrm{Ln}\left(\mathrm{i}\dfrac{1}{2}+\sqrt{1-\left(\dfrac{1}{2}\right)^2}\right)=-\mathrm{i}\mathrm{Ln}\left(\mathrm{i}\dfrac{1}{2}\pm\dfrac{\sqrt{3}}{2}\right)$,

而 $\mathrm{Ln}\left(\mathrm{i}\dfrac{1}{2}+\dfrac{\sqrt{3}}{2}\right)=\mathrm{i}\left(\dfrac{\pi}{6}+2k\pi\right)$,$\mathrm{Ln}\left(\mathrm{i}\dfrac{1}{2}-\dfrac{\sqrt{3}}{2}\right)=\mathrm{i}\left(\dfrac{5\pi}{6}+2k\pi\right)$,因此,

$$\mathrm{Arcsin}\,\frac{1}{2}=\begin{cases}\dfrac{\pi}{6}+2k\pi,\\ \dfrac{5\pi}{6}+2k\pi\end{cases}(k\in\mathbf{Z}).$$

$$\begin{aligned}\mathrm{Arcsin}3&=-\,\mathrm{iLn}(\mathrm{i}3+\sqrt{1-3^2})\\&=-\,\mathrm{iLn}(\mathrm{i}3\pm2\sqrt{2}\mathrm{i})=-\,\mathrm{iLn}[(3\pm2\sqrt{2})\mathrm{i}],\end{aligned}$$

而 $\mathrm{Ln}(3\pm2\sqrt{2})\mathrm{i}=\ln(3\pm2\sqrt{2})+\mathrm{i}(\frac{\pi}{2}+2k\pi)$，因此，

$$\mathrm{Arcsin}3=\left(\frac{\pi}{2}+2k\pi\right)-\mathrm{i}\ln(3\pm2\sqrt{2}),\quad k\in\mathbf{Z}.$$

本章讨论了复变函数的可导、解析两个重要概念，读者应理解上述概念的差别. 在今后的学习过程中，读者应熟练运用指数函数来表达其他函数的方法，这将对在工程中有大量应用的线性系统分析方法的掌握有较大的帮助.

习 题 1

1. 已知方程 $(1+2\mathrm{i})\bar{z}=4+3\mathrm{i}$，求复数 z.

2. 求下列复数的模、辐角以及该复数的指数表示形式和三角表示形式：

   (1) $\dfrac{1}{3+2\mathrm{i}}$；(2) $\dfrac{2\mathrm{i}}{-1+\mathrm{i}}$；(3) $\dfrac{(3+4\mathrm{i})(2-5\mathrm{i})}{2\mathrm{i}}$；(4) $\dfrac{(\cos5\varphi+\mathrm{i}\sin5\varphi)^2}{(\cos3\varphi-\mathrm{i}\sin3\varphi)^3}$.

3. 求 $\dfrac{(2-3\mathrm{i})^2}{(1+\mathrm{i})(2-\mathrm{i})}$ 及 $\dfrac{(3+4\mathrm{i})(1+\mathrm{i})^{12}}{\mathrm{i}^5(2+4\mathrm{i})^2}$ 的模.

4. 求下列各式的值：(1) $(\sqrt{3}-\mathrm{i})^5$；(2) $(1+\mathrm{i})^6$；(3) $\sqrt[6]{-1}$；(4) $\sqrt[3]{1-\mathrm{i}}$.

5. 求极限：(1) $\lim\limits_{z\to\mathrm{i}}\dfrac{\bar{z}+2}{z+1}$；(2) $\lim\limits_{z\to\mathrm{i}}\dfrac{z^2+1}{z-\mathrm{i}}$.

6. 证明：函数 $f(z)=\dfrac{\mathrm{Re}z}{|z|}$ 当 $z\to0$ 时的极限不存在.

7. 设函数 $f(z)=\begin{cases}\dfrac{xy}{x^2+y^2}, & z\neq0,\\ 0, & z=0,\end{cases}$ 证明：$f(z)$ 在原点的极限不存在.

8. 设函数 $f(z)$ 在点 z_0 处连续，证明：$\overline{f(z)}$，$|f(z)|$ 在 z_0 也连续.

9. 下列函数何处可导，何处解析？

   (1) $f(z)=x^2-\mathrm{i}y$；(2) $f(z)=\mathrm{Im}z$.

10. 求下列函数的解析区域，并求出其导数：

    (1) $f(z)=(z-1)^3$；(2) $f(z)=z^3+2\mathrm{i}z$；(3) $f(z)=\dfrac{1}{z^2-1}$.

11. 求下列函数的奇点：(1) $\dfrac{z+1}{z(z^2+1)}$；(2) $\dfrac{z-2}{(z+1)^2(z^2+1)}$.

12. 试证下列函数在 z 平面上处处不解析：

(1) $f(z)=2x+\mathrm{i}y$;(2) $f(z)=x+y$;(3) $f(z)=\mathrm{Re}z$;(4) $f(z)=\dfrac{1}{|z|}$.

13. 如果 $f(z)=u+\mathrm{i}v$ 是全平面上的解析函数,试证:$\overline{f(\bar{z})}$也是解析函数.

14. 设 $f(z)=my^3+nx^2y+\mathrm{i}(x^3+lxy^2)$为解析函数,试确定 l,m,n 的值.

15. 求 Ln3,Ln(−1)以及它们相应的主值.

16. 化简:(1) $\mathrm{e}^{1+\mathrm{i}\pi}+\cos\mathrm{i}$;(2) $\mathrm{ch}\,\dfrac{\pi}{4}\mathrm{i}$;(3) $\cos(\mathrm{i}\ln5)$.

17. 已知 $f(z)=\dfrac{\ln\left(\dfrac{1}{2}+z^2\right)}{\sin\left(\dfrac{1+\mathrm{i}}{4}\pi z\right)}$,求$|f'(1-\mathrm{i})|$及 $\arg f'(1-\mathrm{i})$.

18. 求下列各值:(1) $\mathrm{e}^{1-\frac{\pi}{2}\mathrm{i}}$;(2) $\exp\dfrac{1-\mathrm{i}\pi}{4}$;(3) 3^{i};(4) $(1+\mathrm{i})^{\mathrm{i}}$.

第 2 章　复变函数的积分

本章，我们首先引进复变函数积分的概念，讨论复变函数积分的性质及计算方法，其次建立柯西积分定理、柯西积分公式，得出解析函数的导函数仍然是解析函数这一重要性质，最后给出柯西积分公式的一些重要应用.

2.1　复变函数积分性质与计算方法

2.1.1　复变函数积分的定义

我们讨论复变函数沿复平面上的曲线的积分，这里讨论的曲线均为光滑（或逐段光滑）的简单有向曲线. 在本小节及以后章节讨论中，若积分曲线为闭曲线时，未加注明的都是曲线的正向；若曲线 C 是区域 D 的边界曲线时，则规定闭曲线的正向为当观察者沿曲线方向环行时，区域在观察者的左方，相反的方向为曲线的负向. 如果区域 D 是单连通区域时，曲线 C 的正向就是逆时针方向.

设函数 $w=f(z)$ 定义在区域 D 内，曲线 C 为区域 D 内起点为 A、终点为 B 的一条光滑有向曲线（图 2.1），给曲线 C 一组分点为 $A=z_0,z_1,\cdots,z_{k-1},z_k,\cdots,z_n=B$，且在每个弧段 $\widehat{z_{k-1}z_k}$ $(k=1,2,\cdots,n)$ 上任意取一点 ζ_k，作和式 $S_n=\sum\limits_{k=1}^{n} f(\zeta_k)(z_k-z_{k-1})=\sum\limits_{k=1}^{n} f(\zeta_k)\Delta z_k$，其中，$\Delta z_k=z_k-z_{k-1}$. 记弧 $\widehat{z_{k-1}z_k}$ 的长度为 Δs_k，$\lambda=\max\limits_{1\leqslant k\leqslant n}\{\Delta s_k\}$. 如果 $\lim\limits_{\lambda\to 0}\sum\limits_{k=1}^{n} f(\zeta_k)\Delta z_k$ 存在且不依赖于分点组 $A=z_0,z_1,\cdots,z_{k-1},z_k,\cdots,z_n=B$ 及点 ζ_k 的选取，那么称函数 $f(z)$ 沿曲线 C 可积，记这极限值为函数 $f(z)$ 沿曲线 C 的积分，即 $\int_C f(z)\,\mathrm{d}z=$

$$\lim_{\lambda\to\infty}\sum_{k=1}^{n} f(\zeta_k)\Delta z_k.$$

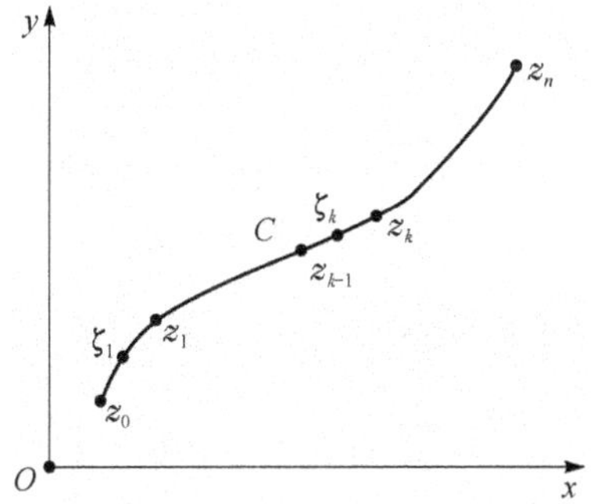

图 2.1

如果 C 为闭曲线，通常将沿此闭曲线的积分记作 $\oint_C f(z)\,\mathrm{d}z$. 当 C 为 x 轴上的区间且被积函数为实数值函数 $f(z)=u(x)$ 时，这个积分定义就是一元实变函数定积分的定义.

如果 $f(z)=u(x,y)+\mathrm{i}v(x,y)$ 是光滑(或逐段光滑)曲线 C 上的连续函数,则 $u(x,y)$,$v(x,y)$ 是曲线 C 上的二元连续函数,记 $z_k=x_k+\mathrm{i}y_k$,$\zeta_k=\xi_k+\mathrm{i}\eta_k$,有

$$\begin{aligned}\sum_{k=1}^{n} f(\zeta_k)\Delta z_k &= \sum_{k=1}^{n}[u(\xi_k,\eta_k)+\mathrm{i}v(\xi_k,\eta_k)](\Delta x_k+\mathrm{i}\Delta y_k)\\ &= \sum_{k=1}^{n}[u(\xi_k,\eta_k)\Delta x_k - v(\xi_k,\eta_k)\Delta y_k]\\ &\quad +\mathrm{i}\sum_{k=1}^{n}[v(\xi_k,\eta_k)\Delta x_k + u(\xi_k,\eta_k)\Delta y_k].\end{aligned}$$

由二元实函数曲线积分存在性质知,当 $\lambda=\max\limits_{1\leqslant k\leqslant n}\{\Delta s_k\}\to 0$,上述极限存在且极限值为

$$\int_C[u(x,y)\mathrm{d}x-v(x,y)\mathrm{d}y]+\mathrm{i}\int_C[v(x,y)\mathrm{d}x+u(x,y)\mathrm{d}y].$$

因此,我们得到复变函数可积的一个充分条件:光滑曲线(分段光滑曲线)上连续的复变函数是可积的,且

$$\int_C f(z)\mathrm{d}z=\int_C[u(x,y)\mathrm{d}x-v(x,y)\mathrm{d}y]+\mathrm{i}\int_C[v(x,y)\mathrm{d}x+u(x,y)\mathrm{d}y].$$

2.1.2 复变函数积分的性质

类似于实函数曲线积分的性质讨论,可得到下列复变函数积分的性质:

(1) 如果 C 是由 $C_1,C_2,\cdots,C_n$ 等光滑曲线段依次相互连接所组成的逐段光滑曲线,那么 $\int_C f(z)\mathrm{d}z=\int_{C_1} f(z)\mathrm{d}z+\int_{C_2} f(z)\mathrm{d}z+\cdots+\int_{C_n} f(z)\mathrm{d}z$.

(2) $\int_C[\lambda f(z)+\mu g(z)]\mathrm{d}z=\lambda\int_C f(z)\mathrm{d}z+\mu\int_C g(z)\,\mathrm{d}z$($\lambda,\mu$ 为任意复常数).

(3) $\int_{C^-} f(z)\mathrm{d}z=-\int_C f(z)\mathrm{d}z$,其中,$C^-$ 表示只与 C 方向相反的曲线.

(4) $\left|\int_C f(z)\mathrm{d}z\right|\leqslant\int_C|f(z)|\cdot|\mathrm{d}z|=\int_C|f(z)|\mathrm{d}s\leqslant ML$,其中,$L$ 为曲线 C 的长度,M 为 $|f(z)|$ 在 C 上的上界.

2.1.3 复变函数积分的计算方法

设 $f(z)=u(x,y)+\mathrm{i}v(x,y)$ 为连续函数,光滑曲线 C 的参数方程为

$$x=x(t),\quad y=y(t)(t:\alpha\to\beta)$$

或

$$z=z(t)=x(t)+\mathrm{i}y(t)\quad(t:\alpha\to\beta).$$

参数 α 及 β 对应于起点 A 和终点 B，有

$$\begin{aligned}\int_C f(z)\mathrm{d}z&=\int_C[u(x,y)\mathrm{d}x-v(x,y)\mathrm{d}y]+\mathrm{i}\int_C[v(x,y)\mathrm{d}x+u(x,y)\mathrm{d}y]\\&=\int_\alpha^\beta[u(x(t),y(t))x'(t)-v(x(t),y(t))y'(t)]\mathrm{d}t\\&\quad+\mathrm{i}\int_\alpha^\beta[v(x(t),y(t))x'(t)+u(x(t),y(t))y'(t)]\mathrm{d}t\\&=\int_\alpha^\beta[u(x(t),y(t))+\mathrm{i}v(x(t),y(t))][x'(t)+\mathrm{i}y'(t)]\mathrm{d}t\\&=\int_\alpha^\beta f(z(t))z'(t)\mathrm{d}t=\int_\alpha^\beta f(z(t))\mathrm{d}z(t).\end{aligned}$$

例 2.1.1 计算 $\int_C z\mathrm{d}z$，其中，C 为从原点到点 $2+\mathrm{i}$ 的直线段.

解 曲线 C 的参数方程为 $x=2t,y=t,t:0\to1$，即

$$z=z(t)=2t+t\mathrm{i}=(2+\mathrm{i})t,t:0\to1,$$

则

$$f(z(t))=z(t)=(2+\mathrm{i})t,\quad \mathrm{d}z(t)=(2+\mathrm{i})\mathrm{d}t.$$

$$\begin{aligned}\int_C z\mathrm{d}z&=\int_0^1(2+\mathrm{i})t\cdot(2+\mathrm{i})\mathrm{d}t\\&=\int_0^1(2+\mathrm{i})^2t\mathrm{d}t=(2+\mathrm{i})^2\int_0^1t\mathrm{d}t=\frac{1}{2}(2+\mathrm{i})^2.\end{aligned}$$

例 2.1.2 计算 $\int_C\bar{z}\mathrm{d}z$ 的值，其中，C(图 2.2)为

(1) 沿 $y=x^2$ 从原点到点 $z_0=1+\mathrm{i}$ 的抛物线段；

(2) 沿 $y=x$ 从原点到点 $z_0=1+\mathrm{i}$ 的直线段；

(3) 沿从原点到点 $z_1=1$ 与从 z_1 到 $z_0=1+\mathrm{i}$ 的折线段.

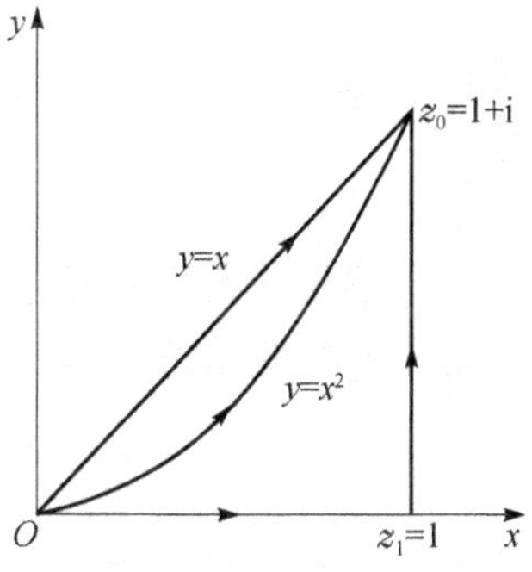

图 2.2

解 (1) C 的参数方程为 $x=t,y=t^2$，即 $z=t+t^2\mathrm{i},t:0\to1$，故

$$\begin{aligned}\int_C\bar{z}\mathrm{d}z&=\int_0^1(t-t^2\mathrm{i})(1+2t\mathrm{i})\mathrm{d}t\\&=\int_0^1[(t+2t^3)+t^2\mathrm{i}]\mathrm{d}t=1+\frac{1}{3}\mathrm{i};\end{aligned}$$

沿 G 内的任何一条简单光滑闭曲线 C 积分为零，即 $\oint_C f(z)\mathrm{d}z=0$. 由此可得，单连通区域上的解析函数的积分与路径无关，即在任意一段光滑曲线 L 上的积分完全由它的上、下限决定. 这些性质由下面的定理叙述.

定理 2.2.2　设 $f(z)$ 是单连通区域 G 内的一个解析函数，而 L_1 和 L_2 是在 G 内连接 z_0 和 z 的任意两条逐段光滑曲线，则 $\int_{L_1} f(z)\mathrm{d}z=\int_{L_2} f(z)\mathrm{d}z$.

2.2.2　复平面上的原函数与不定积分

如果令点 z_0 固定，而 z 在单连通区域 G 内变动，则积分 $F(z)=\int_{z_0}^{z} f(\zeta)\mathrm{d}\zeta$ 与积分路径无关，因而它就是 z 的一个单值函数，也称为积分上限函数. 它有下面的定理.

定理 2.2.3　如果 $f(z)$ 是单连通区域 G 内的一个解析函数，则 $F(z)=\int_{z_0}^{z} f(\zeta)\mathrm{d}\zeta$ 在 G 内解析，并且 $F'(z)=f(z)$.

证明　由 $F(z)=\int_{z_0}^{z} f(\zeta)\mathrm{d}\zeta$，有

$$F(z+\Delta z)-F(z)=\int_{z}^{z+\Delta z} f(\zeta)\mathrm{d}\zeta,$$

并且 $\int_{z}^{z+\Delta z} f(\zeta)\mathrm{d}\zeta$ 与路径无关，可以假定这个积分是沿 z 到 $z+\Delta z$ 的直线段进行的，得

$$\begin{aligned}&\frac{F(z+\Delta z)-F(z)}{\Delta z}-f(z)\\&=\frac{1}{\Delta z}\int_{z}^{z+\Delta z} f(\zeta)\mathrm{d}\zeta-\frac{1}{\Delta z}\int_{z}^{z+\Delta z} f(z)\mathrm{d}\zeta\\&=\frac{1}{\Delta z}\int_{z}^{z+\Delta z}[f(\zeta)-f(z)]\mathrm{d}\zeta.\end{aligned}$$

由于 $f(z)$ 的连续性，对任意 $\varepsilon>0$，存在 $\delta>0$，使得当 $|\zeta-z|<\delta$ 时，有 $|f(\zeta)-f(z)|<\varepsilon$. 因此当 $0<|\Delta z|<\delta$ 时，有

$$\begin{aligned}&\left|\frac{F(z+\Delta z)-F(z)}{\Delta z}-f(z)\right|=\frac{1}{|\Delta z|}\left|\int_{z}^{z+\Delta z}[f(\zeta)-f(z)]\mathrm{d}\zeta\right|\\&\leqslant\frac{1}{|\Delta z|}\left|\int_{z}^{z+\Delta z}\big|[f(\zeta)-f(z)]\big|\,|\mathrm{d}\zeta|\right|<\frac{1}{|\Delta z|}\cdot\varepsilon\cdot|\Delta z|=\varepsilon,\end{aligned}$$

即

$$\lim_{\Delta z\to 0}\frac{F(z+\Delta z)-F(z)}{\Delta z}=f(z),$$

这就证明了 $F'(z)=f(z)$.

同实函数的情形一样,若函数 $F(z)$,$f(z)$在区域 G 内满足 $F'(z)=f(z)$,则称函数 $F(z)$为 $f(z)$的原函数. 同实函数情形,若 $F_1(z)$,$F_2(z)$都是区域 G 内的 $f(z)$的原函数,则 $F_1(z)$,$F_2(z)$在区域 G 内相差一个复常数.

引理 2.2.1 设函数 $f(z)$在单连通区域 G 内解析,且 $F'_1(z)=f(z)$,$F'_2(z)=f(z)$,则存在复常数 C,使得 $F_2(z)=F_1(z)+C$.

证明 记 $F(z)=F_2(z)-F_1(z)=u+\mathrm{i}v$,$F(z)$在区域 G 内解析,则 $F'(z)=0$,即

$$F'(z)=\frac{\partial u}{\partial x}+\mathrm{i}\frac{\partial v}{\partial x}=0,$$

故

$$\frac{\partial u}{\partial x}=\frac{\partial v}{\partial x}=0,$$

由 C-R 条件,得

$$\frac{\partial u}{\partial y}=\frac{\partial v}{\partial y}=0,$$

因此,u 和 v 必为实常数,从而 $F(z)=F_2(z)-F_1(z)=u+\mathrm{i}v\equiv C$,即

$$F_2(z)=F_1(z)+C,$$

其中,C 为复常数.

称 $F(z)+C$(C 为任意复常数)为 $f(z)$的不定积分. 利用原函数,也可以得到与牛顿-莱布尼茨(Newton-Leibniz)类似的解析函数的积分计算公式.

定理 2.2.4 设函数 $f(z)$在单连通区域 G 内解析,$H(z)$是 $f(z)$的一个原函数,则 $\int_{z_0}^{z} f(\zeta)\mathrm{d}\zeta=H(z)-H(z_0)$.

证明 由 $H'(z)=f(z)$,而 $F(z)=\int_{z_0}^{z} f(\zeta)\mathrm{d}\zeta$ 也是 $f(z)$的一个原函数,故

$$F(z)=\int_{z_0}^{z} f(\zeta)\mathrm{d}\zeta=H(z)+C.$$

而

$$F(z_0)=H(z_0)+C=0,$$

故

$$C=-H(z_0),$$

这样就得到$\int_{z_0}^{z} f(\zeta)\mathrm{d}\zeta=H(z)-H(z_0)$.

从上述定理可以看出,计算解析函数在单连通区域G内的一段光滑曲线L上的积分,只需要求出原函数,然后计算原函数在积分曲线上的函数增量即为积分值,其中原函数的求法和积分公式形式上和实函数的相应公式一样,如

$$\int_{z_0}^{z} z^n \mathrm{d}z = \frac{1}{n+1}(z^{n+1}-z_0^{n+1}),\quad n \text{ 为自然数};$$

$$\int_{z_0}^{z} \mathrm{e}^z \mathrm{d}z = \mathrm{e}^z - \mathrm{e}^{z_0};$$

$$\int_{z_0}^{z} \cos z \mathrm{d}z = \sin z - \sin z_0.$$

例 2.2.2 求积分$\int_0^{\mathrm{i}} z\cos z\mathrm{d}z$的值.

解 函数$z\cos z$在复平面上解析,$z\sin z+\cos z$是它的一个原函数,因此,

$$\begin{aligned}\int_0^{\mathrm{i}} z\cos z\mathrm{d}z &= [z\sin z+\cos z]\Big|_0^{\mathrm{i}}\\ &= \mathrm{i}\sin\mathrm{i}+\cos\mathrm{i}-1=\mathrm{i}\,\frac{\mathrm{e}^{-1}-\mathrm{e}}{2\mathrm{i}}+\frac{\mathrm{e}^{-1}+\mathrm{e}}{2}-1=\mathrm{e}^{-1}-1.\end{aligned}$$

2.2.3 复合闭路定理

这一部分研究柯西-古尔萨定理推广到多连通区域:设函数$f(z)$是多连通区域G内的一个解析函数,曲线C为G内的任意一条简单闭曲线,如果C的内部完全含于G内,则$f(z)$在C上及其内部解析,从而有$\oint_C f(z)\mathrm{d}z=0$.如果$C$的内部不完全含于$G$内,则$f(z)$沿着$C$的积分就不一定为零.这时,我们在$C$的内部作简单闭曲线$C_1,C_2,\cdots,C_n$,使其将不属于$G$内的部分包围起来,且它们之间互不相交、互不包含,这样以$C_1,C_2,\cdots,C_n$为边界的区域全含于G.取C的方向为正方向(外圈C为逆时针方向),$C_1,C_2,\cdots,C_n$的方向为负方向(内圈$C_1,C_2,\cdots,C_n$的正向为顺时针方向),组成复合闭路$\Gamma=C+C_1^-+C_2^-+\cdots+C_n^-$($C_k^-$($k=1,2,\cdots,n$)都是顺时针方向),对复合闭路(图 2.3),我们有下面的定理.

定理 2.2.5(复合闭路定理) 设函数$f(z)$在以$\Gamma=C+C_1^-+C_2^-+\cdots+C_n^-$表示的复合闭路$\Gamma$上及以它为边界的区域$G$内解析,则$\oint_\Gamma f(z)\mathrm{d}z=0$,即$\oint_C f(z)\mathrm{d}z=\sum_{k=1}^{n}\oint_{C_k} f(z)\,\mathrm{d}z$,其中,$C_k$的方向为逆时针方向($k=1,2,\cdots,n$).

证明 不妨证明$n=2$的情形.作辅助线段$\gamma_1,\gamma_2,\gamma_3$将闭路$C,C_1,C_2$连接起来,区域$G$就被分为两个单连通区域$D_1$和$D_2$,其边界记为$\Gamma_1$和$\Gamma_2$,如图 2.3 所

示，则有

$$\oint_{\Gamma_1} f(z)\mathrm{d}z = 0,\quad \oint_{\Gamma_2} f(z)\mathrm{d}z = 0,$$

因而

$$\oint_{\Gamma} f(z)\mathrm{d}z = \oint_{\Gamma_1} f(z)\mathrm{d}z + \oint_{\Gamma_2} f(z)\mathrm{d}z = 0,$$

$$\begin{aligned}\oint_{\Gamma} f(z)\mathrm{d}z &= \oint_{C} f(z)\mathrm{d}z + \oint_{C_1^-} f(z)\mathrm{d}z + \oint_{C_2^-} f(z)\mathrm{d}z\\ &= \oint_{C} f(z)\mathrm{d}z - \oint_{C_1} f(z)\mathrm{d}z - \oint_{C_2} f(z)\mathrm{d}z = 0.\end{aligned}$$

因此

$$\oint_{C} f(z)\mathrm{d}z = \oint_{C_1} f(z)\mathrm{d}z + \oint_{C_2} f(z)\mathrm{d}z.$$

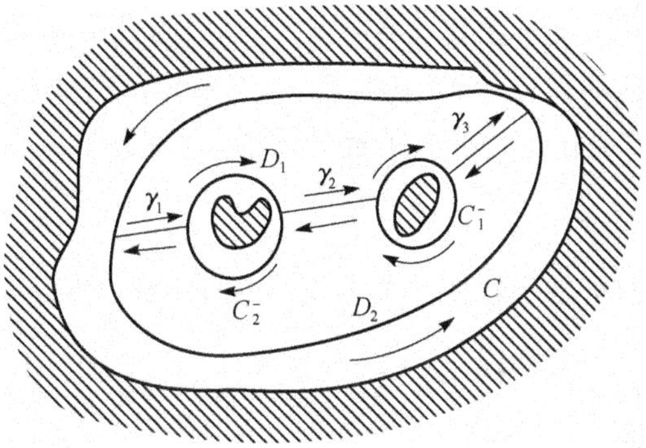

图 2.3

例 2.2.3 求积分$\oint_C \frac{2z-1}{z^2-z}\mathrm{d}z$的值，其中，$C$：$|z|=2$，$C$ 为曲线的正向.

解 在 C 的内部，$f(z)=\frac{2z-1}{z^2-z}$包含了 $z=0$ 及 $z=1$ 两个奇点，如图 2.4 所示，分别以 0 和 1 为圆心、充分小的正数 r 为半径作圆 C_1 和 C_2 使其不相交，互不包含，C_1 和 C_2 取逆时针方向，且含在 C 内.

由复合闭路定理及例 1.3.3 知，

$$\begin{aligned}\oint_C \frac{2z-1}{z^2-z}\mathrm{d}z &= \oint_{C_1} \frac{2z-1}{z^2-z}\mathrm{d}z + \oint_{C_2} \frac{2z-1}{z^2-z}\mathrm{d}z\\ &= \oint_{C_1}\left(\frac{1}{z-1}+\frac{1}{z}\right)\mathrm{d}z + \oint_{C_2}\left(\frac{1}{z-1}+\frac{1}{z}\right)\mathrm{d}z\\ &= \oint_{C_1}\frac{1}{z-1}\mathrm{d}z + \oint_{C_1}\frac{1}{z}\mathrm{d}z + \oint_{C_2}\frac{1}{z-1}\mathrm{d}z + \oint_{C_2}\frac{1}{z}\mathrm{d}z\\ &= 0 + 2\pi\mathrm{i} + 2\pi\mathrm{i} + 0 = 4\pi\mathrm{i}.\end{aligned}$$

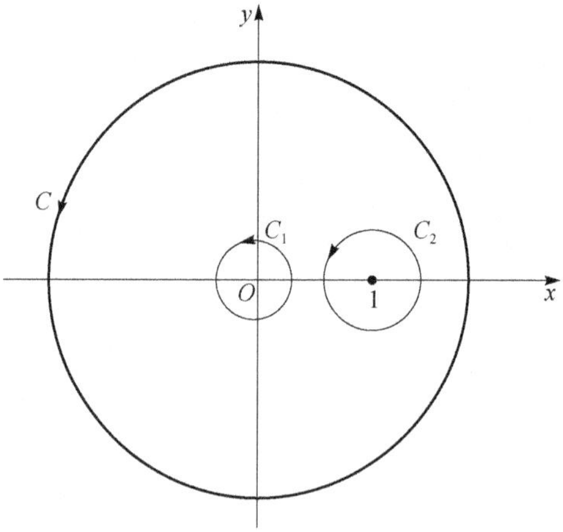

图 2.4

定理 2.2.5 又称为积分闭路变形原理,这是因为该定理说明在区域 G 内的一个解析函数沿闭曲线的积分,不因闭曲线在区域内作连续变形而改变它的值.

例 2.2.4 设 Γ 为任意一条简单逐段光滑的闭曲线,z_0 为 Γ 内一个定点,求 $\oint_{\Gamma}\frac{1}{z-z_0}\mathrm{d}z$.

解 由于 Γ 的形状是任意的,由复合闭路变形原理,我们可以在 Γ 内以 z_0 为圆心,充分小的正数 r 为半径作圆 C(图 2.5),则有 $\oint_{\Gamma}\frac{1}{z-z_0}\mathrm{d}z=\oint_{C}\frac{1}{z-z_0}\mathrm{d}z=2\pi\mathrm{i}$.

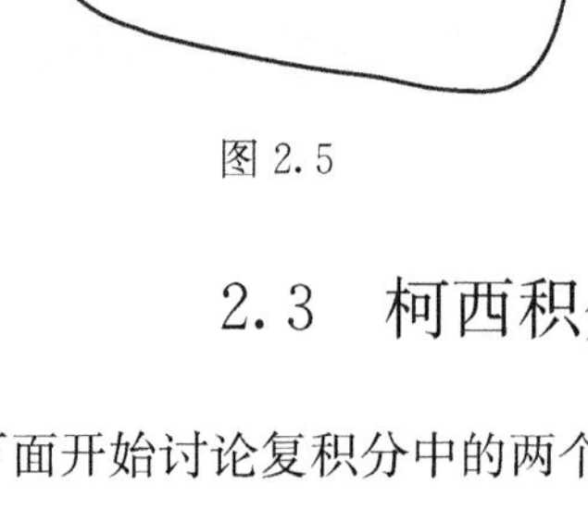

图 2.5

柯西-古尔萨定理和复合闭路定理是复变函数中的两个重要积分定理,前者是说解析函数在任何一个单连通的解析区域的边界积分为零;后者主要用来将奇点分离开来,将沿含有多个奇点在内部的闭曲线积分转化为多个仅含有一个奇点在内部闭曲线积分之和.

2.3 柯西积分公式和高阶导数公式

下面开始讨论复积分中的两个积分公式,即柯西积分公式和高阶导数公式.

如果 $f(z)$ 在单连通区域 G 内解析,z_0 为 G 内的一点,那么函数 $\frac{f(z)}{z-z_0}$ 在 G 内不解析,在 G 内沿围绕 z_0 的一条闭曲线 C 的积分 $\oint_{C}\frac{f(z)}{z-z_0}\mathrm{d}z$ 一般不为零. 根据闭

路变形原理,这积分的值沿任何一条围绕 z_0 的简单闭曲线都是相同的,正因为这样,可以取以 z_0 为圆心、δ 为半径的很小的圆周 $|z-z_0|=\delta$(取其正向)作为积分曲线 C. 由于 $f(z)$在点 z_0 处连续,随着 δ 的缩小,$f(z)$的值逐渐接近于 $f(z_0)$,从而,$\frac{f(z)}{z-z_0}$的值逐渐接近于$\frac{f(z_0)}{z-z_0}$,所以可以猜想$\oint_C \frac{f(z)}{z-z_0}dz$ 也将随着 δ 的缩小而接近于$\oint_C \frac{f(z_0)}{z-z_0}dz=f(z_0)\cdot 2\pi i$. 下面定理说明这个猜想是正确的.

定理 2.3.1(柯西积分公式)　如果 C 为复平面上的一条正向简单闭曲线,$f(z)$在曲线 C 上及 C 的内部区域 D 内解析,z_0 为 C 内的一点,那么

$$f(z_0)=\frac{1}{2\pi i}\cdot\oint_C \frac{f(z)}{z-z_0}dz.$$

证明　对任意 $\varepsilon>0$,以 z_0 为圆心,以正数 δ 为半径作一个圆周 K 并使其内部包含在区域 D 内(图 2.6). 由 $f(z)$的连续性,总存在充分小的 δ,当 $|z-z_0|\leqslant\delta$ 时,有

$$|f(z)-f(z_0)|<\frac{\varepsilon}{2\pi},$$

而在圆周 K 和闭曲线 C 所围成的环形区域中,函数$\frac{f(z)}{z-z_0}$是解析的,因此,由闭路变形原理有

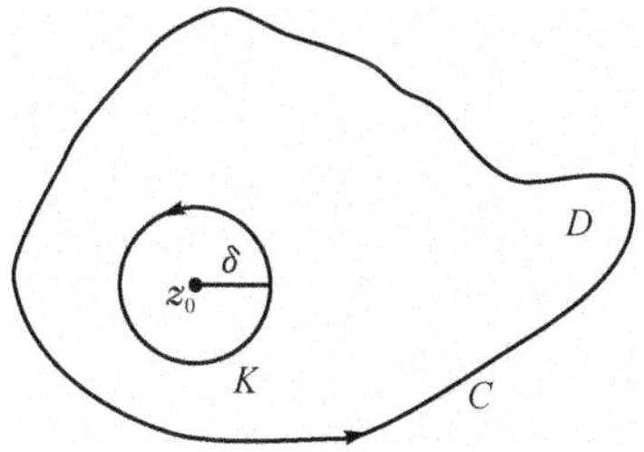

图 2.6

$$\begin{aligned}\oint_C \frac{f(z)}{z-z_0}dz&=\oint_K \frac{f(z)}{z-z_0}dz\\&=f(z_0)\oint_K \frac{1}{z-z_0}dz+\oint_K \frac{f(z)-f(z_0)}{z-z_0}dz\\&=2\pi i f(z_0)+\oint_K \frac{f(z)-f(z_0)}{z-z_0}dz,\end{aligned}$$

故

$$\left|\oint_C \frac{f(z)}{z-z_0}dz-2\pi i f(z_0)\right|=\left|\oint_K \frac{f(z)-f(z_0)}{z-z_0}dz\right|$$
$$\leqslant\oint_K \left|\frac{f(z)-f(z_0)}{z-z_0}\right||dz|<\frac{\varepsilon}{2\pi\delta}\oint_K |dz|<\frac{\varepsilon}{2\pi\delta}\cdot 2\pi\delta=\varepsilon,$$

由 ε 的任意性,得

$$\oint_C \frac{f(z)}{z-z_0}dz=f(z_0)\cdot 2\pi i.$$

柯西积分公式可以简单地表达为若 $f(z)$在闭曲线 C 上及其内部区域 G 内解

析，而 z_0 是区域 G 内的一点，则 $\oint_C \frac{f(z)}{z-z_0}dz=f(z_0)\cdot 2\pi i$. 类似柯西-古尔萨定理，柯西积分公式也可以推广到多连通区域.

如图 2.7 所示，设函数 $f(z)$ 在复合闭路 $\Gamma=C+C_1^-+C_2^-$ 及其所围成的区域 G 上解析，z_0 为 G 内一点，以 z_0 为圆心、δ 为半径作小圆 K^-，使 K^- 及其全部在 G 内. 考虑复合闭路 $\Gamma'=\Gamma+K^-$，$\frac{f(z)}{z-z_0}$ 在 Γ' 围成的区域内不含奇点 z_0，即 $\frac{f(z)}{z-z_0}$ 在以 Γ' 为边界的区域内解析，由复合闭路定理，知

$$\oint_{\Gamma'} \frac{f(z)}{z-z_0}dz = 0,$$

$$\oint_{\Gamma} \frac{f(z)}{z-z_0}dz = \oint_{K} \frac{f(z)}{z-z_0}dz = 2\pi i\cdot f(z_0),$$

即

$$\oint_C \frac{f(z)}{z-z_0}dz + \oint_{C_1^-} \frac{f(z)}{z-z_0}dz + \oint_{C_2^-} \frac{f(z)}{z-z_0}dz = 2\pi i\cdot f(z_0).$$

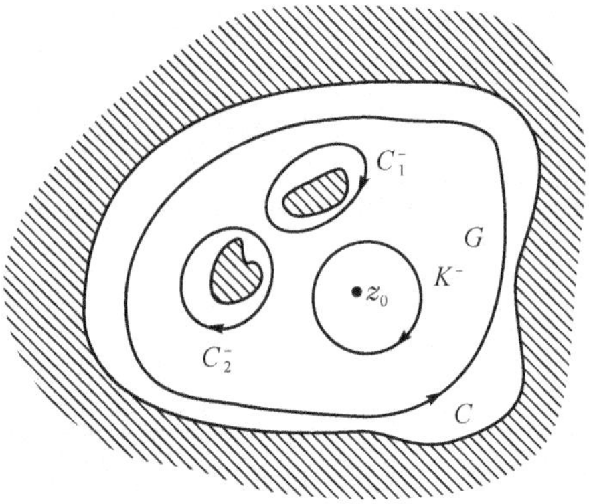

图 2.7

例 2.3.1 C 是正向的圆周 $|z|=1$，计算

(1) $\oint_C \frac{dz}{2z-1}$；(2) $\oint_C \frac{dz}{\left(z-\frac{i}{2}\right)(z+2)}$.

解 (1) 在 $|z|=1$ 内部，被积函数 $\frac{1}{2z-1}$ 有奇点 $z=\frac{1}{2}$，将被积函数变形为

$\frac{1}{2z-1}=\frac{\frac{1}{2}}{z-\frac{1}{2}}$，分子 $f(z)=\frac{1}{2}$ 解析，分母为 $z-z_0$ 的形式，由柯西积分公式得

$$\oint_C \frac{\frac{1}{2}}{z-\frac{1}{2}}dz = 2\pi i\cdot f\left(\frac{1}{2}\right) = 2\pi i\cdot\frac{1}{2} = \pi i.$$

(2) 在$|z|=1$内部，被积函数$\dfrac{1}{\left(z-\frac{i}{2}\right)(z+2)}$只有一个奇点$z=\dfrac{i}{2}$(奇点$-2$在$C$外部)，将被积函数变形为$\dfrac{1}{\left(z-\frac{i}{2}\right)(z+2)}=\dfrac{\frac{1}{z+2}}{z-\frac{i}{2}}$，分子$f(z)=\dfrac{1}{z+2}$在$C$内部解析，分母为$z-z_0$形式，由柯西积分公式得

$$\oint_C \frac{dz}{\left(z-\frac{i}{2}\right)(z+2)} = 2\pi i\cdot f\left(\frac{i}{2}\right) = 2\pi i\cdot\frac{1}{\frac{i}{2}+2} = \frac{4\pi i}{4+i}.$$

例 2.3.2 沿指定曲线的正向计算下列积分：

(1)$\oint_C \dfrac{e^{iz}dz}{z^2+1}$，$C$：$|z-2i|=\dfrac{3}{2}$；(2)$\oint_C \dfrac{dz}{(z^2+1)(z^2+4)}$，$C$：$|z|=\dfrac{3}{2}$.

解 (1) 令$z^2+1=0$，得被积函数$\dfrac{e^{iz}}{z^2+1}$的奇点为$z=\pm i$，C的内部含有奇点i($-i$在C外部)，令$f(z)=\dfrac{e^{iz}}{z+i}$，则

$$\oint_C \frac{e^{iz}dz}{z^2+1} = \oint_C \frac{\frac{e^{iz}}{z+i}}{z-i}dz = \oint_C \frac{f(z)}{z-i}dz$$
$$= 2\pi i\cdot f(i) = 2\pi i\cdot\frac{e^{i^2}}{i+i} = \frac{\pi}{e}.$$

(2) 令$(z^2+1)(z^2+4)=0$，得被积函数$\dfrac{1}{(z^2+1)(z^2+4)}$的奇点为$z_1=i$，$z_2=-i$，$z_3=2i$，$z_4=-2i$，在$C$：$|z|=\dfrac{3}{2}$的内部有奇点$z_1$，$z_2$($z_3$，$z_4$在$C$的外部)，记$C_1$：$|z-i|=\dfrac{1}{4}$，$C_2$：$|z+i|=\dfrac{1}{4}$，取正向，则$\dfrac{1}{(z^2+1)(z^2+4)}$在由$C+C_1^-+C_2^-$所围成的多连通区域内解析，由柯西-古尔萨定理知

$$\oint_C \frac{dz}{(z^2+1)(z^2+4)} = \oint_{C_1} \frac{dz}{(z^2+1)(z^2+4)} + \oint_{C_2} \frac{dz}{(z^2+1)(z^2+4)},$$

而在C_1：$|z-i|=\dfrac{1}{4}$内部，被积函数$\dfrac{1}{(z^2+1)(z^2+4)}$的奇点为$z_1=i$，有

$$\oint_{C_1}\frac{dz}{(z^2+1)(z^2+4)}=\oint_{C_1}\frac{\frac{1}{(z+i)(z^2+4)}}{z-i}dz=2\pi i\cdot\frac{1}{6i}=\frac{\pi}{3},$$

在 $C_1:|z+i|=\frac{1}{4}$ 内部,被积函数$\frac{1}{(z^2+1)(z^2+4)}$的奇点为 $z_1=-i$,有

$$\oint_{C_2}\frac{dz}{(z^2+1)(z^2+4)}=\oint_{C_2}\frac{\frac{1}{(z-i)(z^2+4)}}{z+i}dz=2\pi i\cdot\frac{1}{-6i}=-\frac{\pi}{3},$$

因此,

$$\oint_C\frac{dz}{(z^2+1)(z^2+4)}=\oint_{C_1}\frac{dz}{(z^2+1)(z^2+4)}+\oint_{C_2}\frac{dz}{(z^2+1)(z^2+4)}=0.$$

例 2.3.3 设区域 D 是圆环域,$f(z)$在 D 内解析,以圆环中心为心作正向圆周 K_1 与 K_2,K_2 包含 K_1,z_0 为 K_1 与 K_2 之间任一点,试证明:

$$f(z_0)=\frac{1}{2\pi i}\oint_{K_1^-+K_2}\frac{f(z)}{z-z_0}dz$$

(这个结论可以看成柯西积分公式 $f(z_0)=\frac{1}{2\pi i}\oint_C\frac{f(z)}{z-z_0}dz$ 在圆环域上的推广,只不过是把正向圆周 C 换为 $K_1^-+K_2$).

证明 以 z_0 为圆心,小正数 δ 为半径作一辅助圆 $C:|z-z_0|=\delta$,使得该圆位于 K_1,K_2 之间且与 K_1、K_2 不相交. 考虑区域 $D_1=D-\left\{z\,\middle|\,|z-z_0|\leqslant\frac{\delta}{2}\right\}$,即 D_1 是从 D 中挖去一个以 z_0 为圆心、$\frac{\delta}{2}$为半径的闭圆盘后所得区域. 如图 2.8 所示,在 D_1 中,考虑复合闭路 Γ,由 K_1^-,K_2 和组成,记为 $\Gamma=K_1^-+K_2+C^-$.

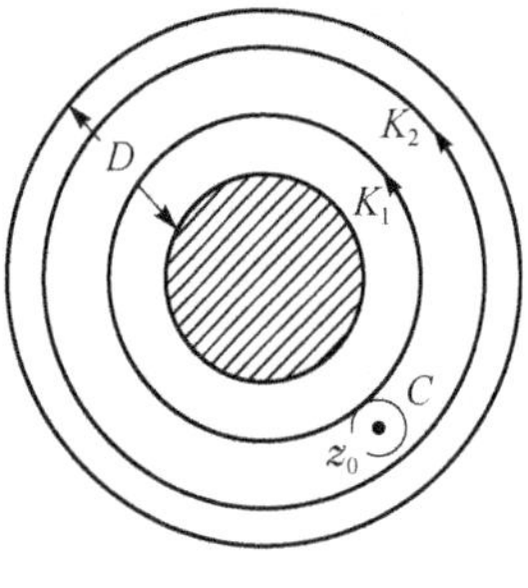

图 2.8

函数$\frac{f(z)}{z-z_0}$在区域 D_1 内解析,由复合闭路定理得

$$\oint_\Gamma\frac{f(z)}{z-z_0}dz=0,$$

从而

$$\oint_{K_1^-+K_2}\frac{f(z)}{z-z_0}dz=\oint_C\frac{f(z)}{z-z_0}dz,$$

此外,$f(z)$在 C 及 C 所围区域上解析,利用柯西积分公式,

$$f(z_0)=\frac{1}{2\pi i}\oint_C\frac{f(z)}{z-z_0}dz,$$

因此，

$$f(z_0)=\frac{1}{2\pi i}\oint_{K_1^-+K_2}\frac{f(z)}{z-z_0}dz.$$

下列定理是复变函数和实函数有本质差别的一个性质，它表明在区域内的解析函数是任意阶可导的，即在区域内有一阶导数的复变函数是任意阶可导的.

定理 2.3.2（高阶导数公式）　$f(z)$在闭路C上及其内部区域G内解析，则在区域G内的任意一点$z=z_0$处，$f(z)$有任意阶导数，且

$$f^{(n)}(z_0)=\frac{n!}{2\pi i}\oint_C\frac{f(z)}{(z-z_0)^{n+1}}dz(n=1,2,\cdots).$$

证明　设z_0是区域G内的一点，先证$n=1$的情形，即

$f'(z_0)=\frac{1}{2\pi i}\oint_C\frac{f(z)}{(z-z_0)^2}dz$. 根据导数的定义，$f'(z_0)=\lim\limits_{\Delta z\to 0}\frac{f(z_0+\Delta z)-f(z_0)}{\Delta z}$，对于$z_0, z_0+\Delta z\in G$，由柯西积分公式有

$$f(z_0)=\frac{1}{2\pi i}\oint_C\frac{f(z)}{z-z_0}dz, f(z_0+\Delta z)=\frac{1}{2\pi i}\oint_C\frac{f(z)}{z-z_0-\Delta z}dz.$$

$$\begin{aligned}\frac{f(z_0+\Delta z)-f(z_0)}{\Delta z}&=\frac{1}{2\pi i\cdot\Delta z}\left[\oint_C\frac{f(z)}{z-z_0-\Delta z}dz-\oint_C\frac{f(z)}{z-z_0}dz\right]\\&=\frac{1}{2\pi i}\oint_C\frac{f(z)}{(z-z_0)(z-z_0-\Delta z)}dz\\&=\frac{1}{2\pi i}\oint_C\frac{f(z)}{(z-z_0)^2}dz+\frac{1}{2\pi i}\oint_C\frac{\Delta z\cdot f(z)}{(z-z_0)^2(z-z_0-\Delta z)}dz,\end{aligned}$$

记$I=\frac{f(z_0+\Delta z)-f(z_0)}{\Delta z}-\frac{1}{2\pi i}\oint_C\frac{f(z)}{(z-z_0)^2}dz=\frac{1}{2\pi i}\oint_C\frac{\Delta z\cdot f(z)}{(z-z_0)^2(z-z_0-\Delta z)}dz$，有

$$\begin{aligned}|I|&=\frac{1}{2\pi}\left|\oint_C\frac{\Delta z\cdot f(z)}{(z-z_0)^2(z-z_0-\Delta z)}dz\right|\\&\leqslant\frac{1}{2\pi}\oint_C\frac{|\Delta z|\cdot|f(z)|ds}{|z-z_0|^2|z-z_0-\Delta z|}.\end{aligned}$$

因为$f(z)$在C上是解析的，所以在C上是连续的，故$f(z)$在C上有界，即存在正数M，使得在C上对任意的z有$|f(z)|\leqslant M$. 设d为从z_0到曲线C上各点的最短距离，并取适当的$|\Delta z|$，使其满足$|\Delta z|<\frac{1}{2}d$，那么就有$|z-z_0|\geqslant d$，$\frac{1}{|z-z_0|}\leqslant\frac{1}{d}$；$|z-z_0-\Delta z|\geqslant|z-z_0|-|\Delta z|>\frac{d}{2}$，$\frac{1}{|z-z_0-\Delta z|}<\frac{2}{d}$，所以，$|I|<|\Delta z|\frac{ML}{\pi d^3}$，这里$L$为$C$的长度，故$\lim\limits_{\Delta z\to 0}I=0$，因此

$$\lim_{\Delta z\to 0}\frac{f(z_0+\Delta z)-f(z_0)}{\Delta z}=\frac{1}{2\pi i}\oint_C\frac{f(z)}{(z-z_0)^2}dz,$$

即函数 $f(z)$在点 $z=z_0$ 处可导，且

$$f'(z_0)=\frac{1}{2\pi i}\oint_C\frac{f(z)}{(z-z_0)^2}dz.$$

反复利用上述推导方法，可以证明 $f'(z)$在点 $z=z_0$ 处可导，即 $f(z)$在点 $z=z_0$ 处二阶可导且

$$f''(z_0)=\frac{2!}{2\pi i}\oint_C\frac{f(z)}{(z-z_0)^3}dz.$$

到这里就证明了一个解析函数的导数仍然是解析函数. 依此类推，用数学归纳法可以证明 $f(z)$在点 $z=z_0$ 处 n 阶可导

$$f^{(n)}(z_0)=\frac{n!}{2\pi i}\oint_C\frac{f(z)}{(z-z_0)^{n+1}}dz.$$

为了便于记忆，可将柯西积分公式改写为

$$f(z)=\frac{1}{2\pi i}\oint_C\frac{f(\zeta)}{\zeta-z}d\zeta,$$

两端对 z 求导，不考虑求导和积分次序的可交换性，得

$$f^{(n)}(z)=\frac{1}{2\pi i}\oint_C\frac{\partial^n\left(\dfrac{f(\zeta)}{\zeta-z}\right)}{\partial z^n}d\zeta=\frac{n!}{2\pi i}\oint_C\frac{f(\zeta)}{(\zeta-z)^{n+1}}d\zeta.$$

类似前面的讨论，G 是多连通区域时，高阶导数公式仍旧成立，但 C 是多连通区域 G 的边界曲线的正向.

上述公式经常用于复变函数积分计算中，即在定理 2.3.2 条件下，有

$$\oint_C\frac{f(z)}{(z-z_0)^{n+1}}dz=\frac{2\pi i}{n!}f^{(n)}(z_0).$$

由定理 2.2.3 和定理 2.3.2 还可得下列的推论，即所谓的莫累拉(Morera)定理.

推论 2.3.1 设 $f(z)$在区域 G 内连续，且对区域 G 内的任意简单闭曲线 C，都有

$$\oint_C f(z)dz=0,$$

则 $f(z)$在区域 G 内解析.

事实上，定义 $F(z)=\int_{z_0}^{z}f(z)dz$，有 $F'(z)=f(z)$，$F(z)$解析，故 $f(z)=F'(z)$ 解析.

例 2.3.4 计算积分

(1) $\oint_C\frac{\cos z}{(z-1)^3}dz$，其中，$C$：$|z|=2$；(2) $\oint_C\frac{e^{2z}}{z(z-1)^2}dz$，$C$：$|z-1|=\frac{1}{2}$.

解 (1) $f(z)=\cos z$ 在闭路 C 上及其内部区域 G 内解析，被积函数在 C 内部只有一个奇点 $z_0=1$，用高阶求导公式得

$$\oint_C \frac{\cos z}{(z-1)^3}dz = \frac{2\pi i}{2!}f''(z_0) = \frac{2\pi i}{2!}\frac{d^2}{dz^2}(\cos z)\Big|_{z=1} = \pi i\cdot(-\cos 1).$$

(2) 在 $C:|z-1|=\frac{1}{2}$ 内部，被积函数 $\frac{e^{2z}}{z(z-1)^2}$ 只有一个奇点 $z=1$，而

$$\oint_C \frac{e^{2z}}{z(z-1)^2}dz = \oint_C \frac{\frac{e^{2z}}{z}}{(z-1)^2}dz,$$

$f(z)=\frac{e^{2z}}{z}$ 在 C 上及其内部都解析，由高阶导数的求导公式，因此

$$\oint_C \frac{e^{2z}}{z(z-1)^2}dz = \oint_C \frac{\frac{e^{2z}}{z}}{(z-1)^2}dz$$
$$= \frac{2\pi i}{1!}\frac{d}{dz}\left(\frac{e^{2z}}{z}\right)\Big|_{z=1} = 2\pi i\cdot\left(\frac{2e^{2z}z-e^{2z}}{z^2}\right)\Big|_{z=1} = 2\pi e^2 i.$$

例 2.3.5 求积分 $\oint_C \frac{\cos z}{(z^2+1)^2}dz$，其中，$C$ 为正向圆周：$|z|=r>1$.

解 函数 $\frac{\cos z}{(z^2+1)^2}$ 在 C 的内部有两个奇点 $z_1=i$ 和 $z_2=-i$. 在 C 内分别以 $z_1=i$，$z_2=-i$ 为圆心作两个也取逆时针方向的圆周 C_1 和 C_2（图 2.9），那么函数 $\frac{\cos z}{(z^2+1)^2}$ 在由 C，C_1^- 和 C_2^- 为边界所围成的多连通区域内是解析的. 根据复合闭路定理有

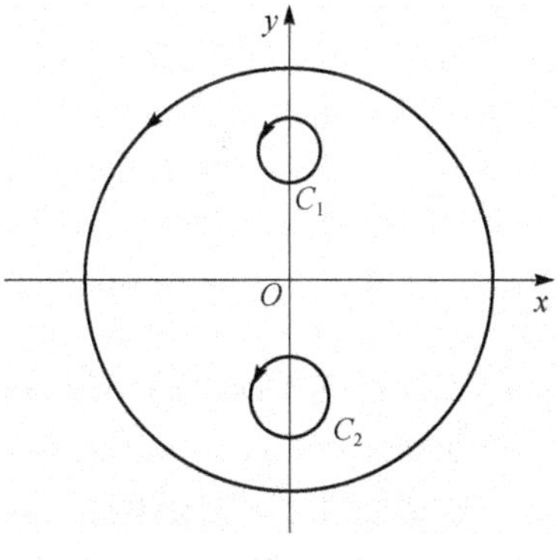

图 2.9

$$\oint_{C+C_1^-+C_2^-} \frac{\cos z}{(z^2+1)^2}dz = 0,$$

从而，

$$\oint_C \frac{\cos z}{(z^2+1)^2}dz = \oint_{C_1} \frac{\cos z}{(z^2+1)^2}dz + \oint_{C_2} \frac{\cos z}{(z^2+1)^2}dz,$$

此外，

$$\oint_{C_1} \frac{\cos z}{(z^2+1)^2}dz = \oint_{C_1} \frac{\frac{\cos z}{(z+i)^2}}{(z-i)^2}dz = \frac{2\pi i}{1!}\cdot\left[\frac{\cos z}{(z+i)^2}\right]'_{z=i} = \frac{\pi e^{-1}}{2}.$$

$$\oint_{C_2}\frac{\cos z}{(z^2+1)^2}dz=\oint_{C_2}\frac{\frac{\cos z}{(z-i)^2}}{(z+i)^2}dz=\frac{2\pi i}{1!}\cdot\left[\frac{\cos z}{(z-i)^2}\right]'_{z=-i}=-\frac{\pi e^{-1}}{2},$$

因此，

$$\oint_C\frac{\cos z}{(z^2+1)^2}dz=-\frac{\pi e^{-1}}{2}-\frac{\pi e^{-1}}{2}=0.$$

2.4 解析函数与调和函数

在2.3节证明了在区域 D 内解析的函数，其导函数也是解析函数，因而解析函数具有任意阶的导数，本节将介绍解析函数和调和函数之间的关系.

如果二元实变函数 $\varphi(x,y)$ 在区域 D 内具有二阶连续的偏导数，并且满足拉普拉斯(Laplace)方程

$$\nabla^2\varphi=\frac{\partial^2\varphi}{\partial x^2}+\frac{\partial^2\varphi}{\partial y^2}=0,$$

那么称 $\varphi(x,y)$ 为区域 D 内的调和函数.

例 2.4.1 验证函数 $u=\ln(x^2+y^2)$ 在除去原点的平面上是调和函数.

证明

$$\frac{\partial u}{\partial x}=\frac{2x}{x^2+y^2},\quad \frac{\partial u}{\partial y}=\frac{2y}{x^2+y^2},$$

$$\frac{\partial^2 u}{\partial x^2}=\frac{2(x^2+y^2)-2x\cdot 2x}{(x^2+y^2)^2}=\frac{2(y^2-x^2)}{(x^2+y^2)^2},$$

$$\frac{\partial^2 u}{\partial y^2}=\frac{2(x^2+y^2)-2y\cdot 2y}{(x^2+y^2)^2}=\frac{2(x^2-y^2)}{(x^2+y^2)^2},$$

在除去原点的 z 平面上二阶偏导数处处连续，且满足$\frac{\partial^2 u}{\partial x^2}+\frac{\partial^2 u}{\partial y^2}=0$，因此 $u=\ln(x^2+y^2)$ 是除去原点的平面上的调和函数.

当 $f(z)=u(x,y)+iv(x,y)$ 是解析函数时，实部和虚部都是调和函数.

定理 2.4.1 设函数 $f(z)=u(x,y)+iv(x,y)$ 在区域 D 内解析，则 $f(z)$ 的实部 $u(x,y)$ 和虚部 $v(x,y)$ 都是区域 D 内的调和函数.

证明 设 $f(z)=u(x,y)+iv(x,y)$ 为区域 D 内的一个解析函数，由C-R条件有

$$\frac{\partial u}{\partial x}=\frac{\partial v}{\partial y},\quad \frac{\partial u}{\partial y}=-\frac{\partial v}{\partial x},$$

根据解析函数的高阶导数存在定理，u 和 v 具有任意阶的连续偏导数，则

$$\frac{\partial^2 u}{\partial x^2}=\frac{\partial^2 v}{\partial y\partial x},\quad \frac{\partial^2 u}{\partial y^2}=-\frac{\partial^2 v}{\partial x\partial y},$$

而$\frac{\partial^2 v}{\partial y\partial x}=\frac{\partial^2 v}{\partial x\partial y}$，故

$$\frac{\partial^2 u}{\partial x^2}+\frac{\partial^2 u}{\partial y^2}=0,$$

同理,

$$\frac{\partial^2 v}{\partial x^2}+\frac{\partial^2 v}{\partial y^2}=0,$$

因此,实部 $u(x,y)$和虚部 $v(x,y)$都是调和函数.

这个定理说明一个解析函数的实部和虚部都是调和函数. 但是如果 u 和 v 是区域 D 内的任意选取的两个调和函数,$f(z)=u+\mathrm{i}v$ 在 D 内却不一定解析,要想 $f(z)=u+\mathrm{i}v$在区域 D 内解析,u 和 v 还必须满足 C-R 条件.

在区域 D 内满足 C-R 条件的两个调和函数 u 和 v,v 称为 u 的共轭调和函数.

从几何性质观察,一对共轭调和函数的等高线在其交点处是正交的. 事实上,曲线 $u(x,y)=c_1$ 的法向为 $\boldsymbol{n}_1=\left(\frac{\partial u}{\partial x},\frac{\partial u}{\partial y}\right)$,曲线 $v(x,y)=c_2$ 的法向为 $\boldsymbol{n}_2=\left(\frac{\partial v}{\partial x},\frac{\partial v}{\partial y}\right)$,如图 2.10 所示,在其交点处由 C-R 条件得

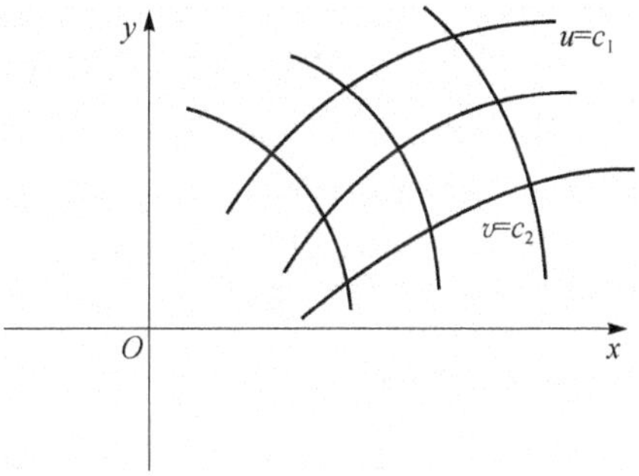

图 2.10

$$\boldsymbol{n}_1\cdot\boldsymbol{n}_2=\frac{\partial u}{\partial x}\frac{\partial v}{\partial x}+\frac{\partial u}{\partial y}\frac{\partial v}{\partial y}=\frac{\partial v}{\partial y}\frac{\partial v}{\partial x}+\left(-\frac{\partial v}{\partial x}\right)\frac{\partial v}{\partial y}=0,$$

即曲线 $u(x,y)=c_1$ 与曲线 $v(x,y)=c_2$ 在其交点处是正交的. 设区域 D 是一个单连通区域,$u(x,y)$是 D 内的调和函数,因此,$u(x,y)$在 D 内具有二阶连续的偏导数,且

$$\frac{\partial^2 u}{\partial x^2}+\frac{\partial^2 u}{\partial y^2}=0,$$

即

$$\frac{\partial}{\partial y}\left(-\frac{\partial u}{\partial y}\right)=\frac{\partial}{\partial x}\left(\frac{\partial u}{\partial x}\right),$$

这里$-\frac{\partial u}{\partial y}$及$\frac{\partial u}{\partial x}$具有一阶连续的偏导数,由二元函数的知识得$-\frac{\partial u}{\partial y}\mathrm{d}x+\frac{\partial u}{\partial x}\mathrm{d}y$ 是某一函数 $v(x,y)$的全微分,即 $\mathrm{d}v(x,y)=-\frac{\partial u}{\partial y}\mathrm{d}x+\frac{\partial u}{\partial x}\mathrm{d}y$,且

$$v(x,y)=\int_{(x_0,y_0)}^{(x,y)}-\frac{\partial u}{\partial y}\mathrm{d}x+\frac{\partial u}{\partial x}\mathrm{d}y+c,$$

其中，(x_0, y_0)为 D 内的一个定点，(x, y)是 D 内的动点，c 为常数，又 D 为单连通区域，所以，积分与路径无关，将 $v(x, y)$分别对 x，y 求偏导数，有

$$\frac{\partial v}{\partial x}=-\frac{\partial u}{\partial y}, \quad \frac{\partial v}{\partial y}=\frac{\partial u}{\partial x},$$

这就是说 u 和 v 满足 C-R 条件，此外，$u(x, y)$和 $v(x, y)$都是在 D 内可微的，因此，$f(z)=u+\mathrm{i}v$ 在 D 内解析. 由上述讨论得到下列结论.

定理 2.4.2 在区域 D 内 v 为 u 的共轭调和函数，则复变函数 $f(z)=u+\mathrm{i}v$ 在区域 D 上是解析的.

综合定理 2.4.1 和定理 2.4.2 有下列的结论：$f(z)=u+\mathrm{i}v$ 在区域 D 内解析的充要条件为 v 是 u 的共轭调和函数.

下面以具体实例来讨论共轭调和函数的计算方式.

例 2.4.2 已知 $u(x, y)=x^3-3xy^2+y$ 为调和函数，求满足 $f(0)=0$ 的解析函数 $f(z)=u+\mathrm{i}v$.

解法一(曲线积分法) 取$(x_0, y_0)=(0,0)$，由 $v(0,0)=0$ 得

$$\begin{aligned}
v&=\int_{(0,0)}^{(x,y)} \mathrm{d}v=\int_{(0,0)}^{(x,y)} \frac{\partial v}{\partial x}\mathrm{d}x+\frac{\partial v}{\partial y}\mathrm{d}y \\
&=\int_{(0,0)}^{(x,y)} -\frac{\partial u}{\partial y}\mathrm{d}x+\frac{\partial u}{\partial x}\mathrm{d}y \\
&=\int_0^x\left(-\left.\frac{\partial u}{\partial y}\right|_{y=0}\right)\mathrm{d}x+\int_0^y \frac{\partial u}{\partial x}\mathrm{d}y \\
&=\int_0^x(6xy-1)\Big|_{y=0}\mathrm{d}x+\int_0^y(3x^2-3y^2)\mathrm{d}y \\
&=3x^2y-y^3-x,
\end{aligned}$$

因此，$f(z)=(x^3-3xy^2+y)+\mathrm{i}(3x^2y-y^3-x)$.

解法二(复积分法)

$$\begin{aligned}
f'(z)&=\frac{\partial u}{\partial x}+\mathrm{i}\frac{\partial v}{\partial x}=\frac{\partial u}{\partial x}-\mathrm{i}\frac{\partial u}{\partial y} \\
&=(3x^2-3y^2)-\mathrm{i}(-6xy+1) \\
&=3[x^2-y^2+2\mathrm{i}xy]-\mathrm{i}=3(x+\mathrm{i}y)^2-\mathrm{i} \\
&=3z^2-\mathrm{i},
\end{aligned}$$

而 $f(0)=0$，因此

$$f(z)=\int_0^z f'(z)\mathrm{d}z=\int_0^z(3z^2-\mathrm{i})\mathrm{d}z=z^3-\mathrm{i}z.$$

解法三(C-R 条件法) 由 C-R 条件

$$\frac{\partial v}{\partial y}=\frac{\partial u}{\partial x}=3x^2-3y^2,$$

得

$$v=\int(3x^2-3y^2)\mathrm{d}y+C(x)$$
$$=3x^2y-y^3+C(x),$$

再由 C-R 条件$\frac{\partial v}{\partial x}=-\frac{\partial u}{\partial y}$,得

$$6xy+C'(x)=-(-6xy+1),$$

故 $C'(x)=-1$,得,$C(x)=-x+C$,从而 $v(x,y)=3x^2y-y^3-x+C$,其中,C 是实数.由

$$f(0)=0,f(z)\big|_{z=0}=[(x^3-3xy^2+y)+\mathrm{i}(3x^2y-y^3-x+C)]\big|_{\substack{x=0\\y=0}}=0$$

得到 $C=0$,因此,$f(z)=(x^3-3xy^2+y)+\mathrm{i}(3x^2y-y^3-x)$.

例 2.4.3　已知 $v(x,y)=xy$ 为调和函数,求函数 $u(x,y)$,使得 $f(z)=u+\mathrm{i}v$ 是解析函数,且满足 $f(0)=1$.

解　由 C-R 条件

$$\frac{\partial u}{\partial x}=\frac{\partial v}{\partial y}=x,$$

得 $u(x,y)=\frac{1}{2}x^2+C(y)$. 再由 C-R 条件$\frac{\partial u}{\partial y}=-\frac{\partial v}{\partial x}$,得

$$C'(y)=-y,$$

故 $C(y)=-\frac{1}{2}y^2+C$,从而,$u(x,y)=\frac{1}{2}(x^2-y^2)+C$,其中,$C$ 是实数. 由 $f(0)=1$ 得 $C=1$,因此,

$$u(x,y)=\frac{1}{2}(x^2-y^2)+1,$$

事实上,$f(z)=\frac{1}{2}z^2+1$.

2.5　有关解析函数的几个重要结论

从柯西积分公式出发,可得到关于解析函数的几个重要结论. 首先得到解析函数在圆周上的平均值就是圆心的函数值.

定理 2.5.1　设 C 是以 z_0 为心,R 为半径的圆周,$f(z)$在圆盘$|z-z_0|\leqslant R$ 上解析,则

$$f(z_0)=\frac{1}{2\pi R}\int_C f(z)\mid dz\mid.$$

证明　记 C 的参数表达式为

$$z=z_0+Re^{it},\quad t:0\to 2\pi,\quad dz=iRe^{it}dt$$

圆周 C 上的弧长元素为

$$ds=\mid dz\mid=Rdt.$$

由柯西积分公式得到

$$f(z_0)=\frac{1}{2\pi i}\int_C\frac{f(z)}{z-z_0}dz=\frac{1}{2\pi i}\int_0^{2\pi}\frac{f(z_0+Re^{it})}{Re^{it}}iRe^{it}dt$$
$$=\frac{1}{2\pi}\int_0^{2\pi}f(z_0+Re^{it})dt=\frac{1}{2\pi R}\int_C f(z)\mid dz\mid.$$

由定理2.5.1，当 $f(z)$在圆盘$|z-z_0|\leqslant R$ 上解析时，设$|f(z)|$在圆周 C 上的最大值为M，有

$$\mid f(z_0)\mid\leqslant\frac{1}{2\pi R}\int_C\mid f(z)\mid\mid dz\mid\leqslant\frac{M}{2\pi R}\int_C\mid dz\mid=M,$$

即$|f(z)|$在圆心的值不超过$|f(z)|$在边界圆周 C 上的最大值. 事实上，对于解析函数还可得到下列的最大模原理.

定理 2.5.2　设 $f(z)$在有界区域 D 及其边界 C 上解析，则在$|f(z)|$在其边界上 C 取最大值.

证明　对于$[f(z)]^n$ 用柯西积分公式，有

$$[f(z)]^n=\frac{1}{2\pi i}\int_C\frac{[f(\zeta)]^n}{\zeta-z}d\zeta.$$

设$|f(z)|$在边界上 C 上的最大值为M，对任意 $\zeta\in C$，有$|\zeta-z|\geqslant d>0$，边界 C 的长度为 l，如图2.11所示，则

$$\mid f(z)\mid^n\leqslant\frac{1}{2\pi}\int_C\frac{\mid f(\zeta)\mid^n}{\mid\zeta-z\mid}\mid d\zeta\mid\leqslant\frac{1}{2\pi}\int_C\frac{M^n}{d}\mid d\zeta\mid=\frac{M^n l}{2\pi d},$$

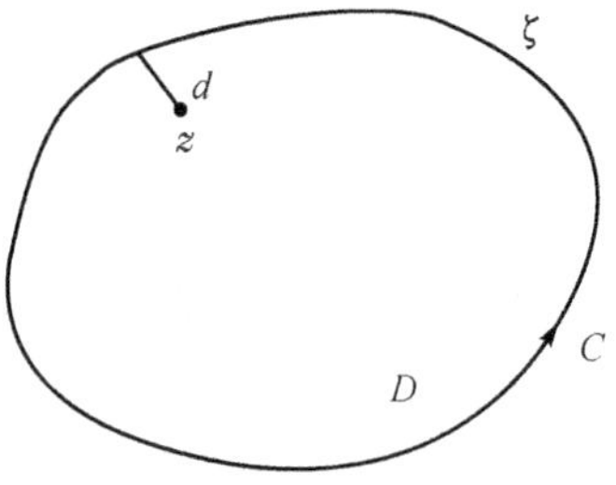

图2.11

因此，

$$\mid f(z)\mid\leqslant M\cdot\sqrt[n]{\frac{l}{2\pi d}}.$$

令 $n\to\infty$，则

$$\mid f(z)\mid\leqslant M.$$

上式表明，任取一点 $z\in D$，$|f(z)|$不超过它在边界上 C 上的最大值，即$|f(z)|$在其边界上 C

取最大值.

如果复变函数 $f(z)$在整个复平面上解析,称 $f(z)$为整函数. 对全平面有界的整函数,有下列的刘维尔(Liouville)定理.

定理 2.5.3 设 $f(z)$是整函数,并且 $f(z)$在整个复平面上有界,即存在常数 M,使得$|f(z)|\leqslant M$,则 $f(z)$必为常值函数.

证明 对复平面上的任意一点 z,设 C 是以 z 为圆心,以正数 R 为半径的圆周,由一阶导数公式,得

$$f'(z)=\frac{1}{2\pi i}\int_C\frac{f(\zeta)}{(\zeta-z)^2}d\zeta,$$

有

$$|f'(z)|\leqslant\frac{1}{2\pi}\int_C\frac{|f(\zeta)|}{|\zeta-z|^2}|d\zeta|\leqslant\frac{M}{2\pi R^2}\int_C|d\zeta|=\frac{M}{R},$$

由半径 R 的任意性,有$|f'(z)|=0$,即 $f'(z)=0$,故 $f(z)$必为常值函数.

利用刘维尔定理,我们给出代数基本定理的一个证明.

定理 2.5.4 任意复系数多项式

$$f(z)=a_0z^n+a_1z^{n-1}+\cdots+a_{n-1}z+a_n(a_0\neq 0,n\geqslant 1)$$

必有复零点,即 n 次代数方程 $a_0z^n+a_1z^{n-1}+\cdots+a_{n-1}z+a_n=0$ 必有复根.

证明 若 $f(z)$没有复零点,即 $f(z)=a_0z^n+a_1z^{n-1}+\cdots+a_{n-1}z+a_n$ 处处不为零,则 $F(z)=\dfrac{1}{f(z)}$在全平面上解析,即 $F(z)$是整函数. 又

$$\lim_{z\to\infty}F(z)=0,$$

因此,$F(z)$在全平面上有界,由刘维尔定理知,$F(z)$必为常数,从而 $f(z)$为常数,得到矛盾. 因此复系数多项式

$$f(z)=a_0z^n+a_1z^{n-1}+\cdots+a_{n-1}z+a_n$$

必有复零点,即代数方程必有复根. 进一步,n 次复系数代数方程有 n 个复根.

本章重点讨论了复变函数沿闭回路积分计算方式. 利用复合闭路定理,在闭回路内部作辅助小圆将奇点分离,然后利用柯西积分公式、高阶导数公式求出解析函数闭路积分的值,当然,在没有奇点时,应用柯西-古尔萨定理、复合闭路定理直接得到积分为零. 建立解析函数的闭路积分计算体系是复变函数积分计算的重要任务,本章所建立的方法仅是一个开始,后续在洛朗级数和留数计算中将继续介绍求积分的方法. 从理论角度看,在区域内解析(一阶可导)的函数,由高阶导数公式知,其任意阶导数都存在,这个性质是实函数所不具备的,读者应加以体会. 由于解析函数的实部是调和函数,柯西积分公式中区域内部点的函数值可由边界上函数值

进行表达这一思路可应用于调和函数的表达中,此处不进行展开.

习 题 2

1. 沿下列路线计算积分 $\int_0^{1+i} z^2 dz$:(1) 自原点至点 $1+i$ 的直线段;(2) 自原点沿实轴至点 $z=1$,再由点 $z=1$ 沿铅直方向至点 $1+i$;(3) 自原点沿虚轴至点 $z=i$,再由点 $z=i$ 沿水平方向至点 $1+i$.

2. 分别沿 $y=x$ 与 $y=x^2$ 计算 $\int_0^{1+i} (x+iy^2)dz$ 的值.

3. 设 $f(z)$ 在单连通区域 B 内解析,C 为 B 内任何一条简单闭曲线. 由柯西-古萨基本定理 $\oint_C f(z)dz=0$,问 $\oint_C \mathrm{Re}f(z)dz=0$,$\oint_C \mathrm{Im}f(z)dz=0$ 是否成立? 如果成立,给出证明;如果不成立,举例说明.

4. 计算积分 $\oint_C \frac{\bar{z}}{|z|}dz$ 的值,其中,C 为正向圆周:(1) $|z|=2$;(2) $|z|=4$.

5. 试用观察法得出下列积分的值,并说明观察时所依据的是什么? C 是正向圆周 $|z|=1$.

(1) $\oint_C \frac{1}{z-2}dz$; (2) $\frac{1}{2\pi i}\oint_C \frac{\sin z}{z}dz$; (3) $\oint_C \left(\frac{2}{z-3}+\frac{3}{z-\frac{1}{2}}\right)dz$;

(4) $\oint_C \frac{1}{\cos z}dz$; (5) $\oint_C ze^z dz$; (6) $\oint_C \frac{1}{z^2+2z+4}dz$.

6. 沿指定曲线的正向计算下列积分:

(1) $\oint_C \frac{e^z}{z-2}dz$, C: $|z-2|=1$;

(2) $\oint_C \frac{1}{z^2-a^2}dz$, C: $|z-a|=a$;

(3) $\oint_C \frac{e^{iz}}{z^2+1}dz$, C: $|z-2i|=2$;

(4) $\oint_C \frac{z}{z-3}dz$, C: $|z|=2$;

(5) $\oint_C \frac{1}{(z^2-1)(z^3-1)}dz$, C: $|z|=r<1$.

7. 沿指定曲线的正向计算下列积分:

(1) $\oint_C \frac{\sin z}{\left(z-\frac{\pi}{2}\right)^2}dz$, C: $|z|=2$;

(2) $\oint_C \frac{e^z}{z^5}dz$, C: $|z|=1$;

(3) $\oint_C \frac{e^{-z}\sin z}{z^2}dz$, C: $|z-i|=2$;

(4) $\oint_C \frac{\cos \pi z}{(z-1)^5}dz$, C: $|z|=r>1$;

(5) $\oint_C \frac{e^z}{(z-a)^3}dz$,其中,$a$ 为模不等于 1 的任何复数,C: $|z|=1$.

8. 沿指定曲线的正向计算下列积分：

(1) $\oint_C \frac{\cos z}{z^3}\mathrm{d}z$，其中，$C=C_1+C_2^-$，$C_1:|z|=2$，$C_2:|z|=3$；

(2) $\oint_C \frac{3z+2}{(z^4-1)}\mathrm{d}z$，$C_2:|z-(1+\mathrm{i})|=\sqrt{2}$；

(3) $\oint_C \left(\frac{4}{z+1}+\frac{3}{z+2\mathrm{i}}\right)\mathrm{d}z$，其中，$C_2:|z|=4$；

(4) $\oint_C \frac{2\mathrm{i}}{z^2+1}\mathrm{d}z$，其中，$C_2:|z-1|=6$.

9. 设 u 为区域 D 内的调和函数及 $f=\frac{\partial u}{\partial x}-\mathrm{i}\frac{\partial u}{\partial y}$，问 f 是不是 D 内的解析函数？为什么？

10. 函数 $v=x+y$ 是 $u=x+y$ 的共轭调和函数吗？为什么？

11. 设 u 和 v 都是调和函数，如果 v 是 u 的共轭调和函数，那么 u 也是 v 的共轭调和函数. 这句话对吗？为什么？

12. 证明：一对共轭调和函数的乘积仍为调和函数.

13. 由下列各已知的调和函数求解析函数 $f(z)=u+\mathrm{i}v$：

(1) $u=x^3y-xy^3$；(2) $v=y^2-x^2-x$，$f(0)=0$.

第3章　级　　数

本章把级数作为工具继续研究解析函数. 首先引入级数的基本概念和性质,其次从解析函数的柯西积分公式出发,给出解析函数的级数表示,用泰勒级数和洛朗级数表示解析函数. 我们将会看到函数在某一点解析等价于函数在该点的邻域内可展开成幂级数. 而洛朗级数的讨论将会为第 4 章讨论函数的孤立奇点的分类及函数在孤立奇点的邻域内的性质提供研究的工具.

3.1　复数项级数

3.1.1　复数序列

给定一个无穷多个有序的复数 $z_1=a_1+\mathrm{i}b_1, z_2=a_2+\mathrm{i}b_2, \cdots, z_n=a_n+\mathrm{i}b_n, \cdots$,称为复数序列(或复数数列),记为$\{z_n\}$.

对于一个给定的复数序列$\{z_n\}$,设 $z_0=a_0+\mathrm{i}b_0$ 是一个复常数. 如果对于任意给定的正数 ε,存在一个充分大的正整数 N,当 $n>N$ 时,有$|z_n-z_0|<\varepsilon$,则称当 $n\to\infty$时,序列$\{z_n\}$以 z_0 为极限,或者称序列$\{z_n\}$收敛于常数 z_0,记为$\lim\limits_{n\to\infty}z_n=z_0$ 或 $z_n\to z_0(n\to\infty)$. 如果复数序列不收敛,则称$\{z_n\}$是发散的.

由$\lim\limits_{n\to\infty}z_n=z_0$ 的定义,可得$\lim\limits_{n\to\infty}z_n=z_0$ 的充分必要条件为$\lim\limits_{n\to\infty}|z_n-z_0|=0$. 利用不等式

$$\max\{|a_n-a_0|, |b_n-b_0|\}\leqslant|z_n-z_0|\leqslant|a_n-a_0|+|b_n-b_0|,$$

易于得到下列定理.

定理 3.1.1　给定复数序列$\{z_n\}$, $z_n=a_n+\mathrm{i}b_n$, $n=1,2,\cdots$, $z_0=a_0+\mathrm{i}b_0$,则$\lim\limits_{n\to\infty}z_n=z_0$的充分必要条件为$\lim\limits_{n\to\infty}a_n=a_0$ 和$\lim\limits_{n\to\infty}b_n=b_0$.

例 3.1.1　讨论序列 $z_n=\left(1+\dfrac{1}{n}\right)\mathrm{e}^{\mathrm{i}\frac{\pi}{n}}$ 的收敛性. 如果收敛,求出其极限.

解　(1)$z_n=\left(1+\dfrac{1}{n}\right)\mathrm{e}^{\mathrm{i}\frac{\pi}{n}}=\left(1+\dfrac{1}{n}\right)\left(\cos\dfrac{\pi}{n}+\mathrm{i}\sin\dfrac{\pi}{n}\right)$,

$$a_n=\left(1+\frac{1}{n}\right)\cos\frac{\pi}{n},\quad b_n=\left(1+\frac{1}{n}\right)\sin\frac{\pi}{n},$$

由$\lim\limits_{n\to\infty}a_n=1$, $\lim\limits_{n\to\infty}b_n=0$,得

$$\lim_{n\to\infty} z_n = 1 + \mathrm{i}\cdot 0 = 1.$$

类似于实数列极限的四则运算法则,有下列结论.

定理 3.1.2 若$\lim\limits_{n\to\infty} z_n = z_0$, $\lim\limits_{n\to\infty} z_n' = z_0'$,则

$$\lim_{n\to\infty}(z_n \pm z_n') = z_0 \pm z_0',$$

$$\lim_{n\to\infty}(z_n \cdot z_n') = z_0 \cdot z_0',$$

$$\lim_{n\to\infty}(z_n / z_n') = z_0 / z_0', \quad \text{其中}, z_n' \neq 0 \text{ 且 } z_0' \neq 0.$$

3.1.2 复数项级数

类似实数项级数的讨论,下面可给出复数项级数的相关概念.

对一个给定的复数序列$\{z_n\}$,称无穷多项之和$z_1 + z_2 + \cdots + z_n + \cdots$为一个复数项级数,记作为$\sum\limits_{n=1}^{\infty} z_n$.

记复数项级数的前 n 项之和为$s_n = z_1 + z_2 + \cdots + z_n$,复数项数列$\{s_n\}$称为级数$\sum\limits_{n=1}^{\infty} z_n$的部分和序列. 当部分和序列$\{s_n\}$收敛时,称复数项级数$\sum\limits_{n=1}^{\infty} z_n$是收敛的,极限$\lim\limits_{n\to\infty} s_n = s$称为级数$\sum\limits_{n=1}^{\infty} z_n$的和,记作为$\sum\limits_{n=1}^{\infty} z_n = s$;若$\{s_n\}$发散,称复数项级数$\sum\limits_{n=1}^{\infty} z_n$是发散的.

例 3.1.2 讨论等比级数$\sum\limits_{n=1}^{\infty} \left(\frac{1}{1+i}\right)^{n-1}$的收敛性.

解 由于

$$s_n = 1 + \frac{1}{1+\mathrm{i}} + \left(\frac{1}{1+\mathrm{i}}\right)^2 + \cdots + \left(\frac{1}{1+\mathrm{i}}\right)^{n-1} = \frac{1 - \left(\frac{1}{1+\mathrm{i}}\right)^n}{1 - \frac{1}{1+\mathrm{i}}},$$

而$\left|\frac{1}{1+\mathrm{i}}\right| = \frac{1}{\sqrt{2}} < 1$,故$\lim\limits_{n\to\infty}\left(\frac{1}{1+\mathrm{i}}\right)^n = 0$,所以

$$\lim_{n\to\infty} s_n = \frac{1}{1 - \frac{1}{1+\mathrm{i}}} = \frac{1+\mathrm{i}}{\mathrm{i}} = 1 - \mathrm{i}.$$

因此,级数$\sum\limits_{n=1}^{\infty} \left(\frac{1}{1+\mathrm{i}}\right)^{n-1}$收敛,且$\sum\limits_{n=1}^{\infty} \left(\frac{1}{1+\mathrm{i}}\right)^{n-1} = 1 - i$.

由于复数序列的收敛性问题可以转化为两个实数项序列的收敛性问题,所以复数项级数的收敛性问题也可以转化为两个实数项级数的收敛性讨论.

定理 3.1.3 复数项级数 $\sum_{n=1}^{\infty} z_n(z_n=a_n+\mathrm{i}b_n, n=1,2,\cdots)$收敛的充分必要条件是实数项级数 $\sum_{n=1}^{\infty} a_n$和 $\sum_{n=1}^{\infty} b_n$同时收敛,并且 $\sum_{n=1}^{\infty} z_n=(\sum_{n=1}^{\infty} a_n)+\mathrm{i}(\sum_{n=1}^{\infty} b_n)$.

证明 级数 $\sum_{n=1}^{\infty} z_n$ 的部分和为

$$
\begin{aligned}
s_n &= z_1+z_2+\cdots+z_n \\
&= (a_1+a_2+\cdots+a_n)+i(b_1+b_2+\cdots+b_n) \\
&= \sigma_n+i\tau_n,
\end{aligned}
$$

其中,$\sigma_n=\sum_{k=1}^{n} a_k$,$\tau_n=\sum_{k=1}^{n} b_k$分别是级数 $\sum_{n=1}^{\infty} a_n$ 和 $\sum_{n=1}^{\infty} b_n$ 的前 n 项部分和. 因此,$\sum_{n=1}^{\infty} z_n$ 收敛的充分必要条件为 $\sum_{n=1}^{\infty} a_n$ 和 $\sum_{n=1}^{\infty} b_n$ 同时收敛.

同实数项级数收敛的必要条件,复数项级数也有有下列性质.

定理 3.1.4 复数项级数 $\sum_{n=1}^{\infty} z_n$ 收敛的必要条件为$\lim\limits_{n\to\infty} z_n=0$.

例 3.1.3 讨论等比级数 $\sum_{n=1}^{\infty} z^{n-1}$的敛散性.

解 当 $z\neq 1$ 时,部分和为

$$s_n=1+z+z^2+\cdots+z^{n-1}=\frac{1-z^n}{1-z}.$$

当$|z|<1$ 时,$\lim\limits_{n\to+\infty} s_n=\frac{1}{1-z}$,即级数 $\sum_{n=1}^{\infty} z^{n-1}$收敛,且 $\sum_{n=1}^{\infty} z^{n-1}=\frac{1}{1-z}$.

当$|z|>1$ 或$|z|=1$ 且 $z\neq 1$ 时,部分和序列$\left\{\frac{1-z^n}{1-z}\right\}$发散,故此时级数是发散的.

当 $z=1$ 时,部分和 $s_n=1+z+z^2+\cdots+z^{n-1}=n$,此时 $\sum_{n=1}^{\infty} z^{n-1}$是发散的.

综上所述,当$|z|<1$ 时,等比级数 $\sum_{n=1}^{\infty} z^{n-1}$收敛,且 $\sum_{n=1}^{\infty} z^{n-1}=\frac{1}{1-z}$,当$|z|\geq 1$ 时,等比级数 $\sum_{n=1}^{\infty} z^{n-1}$发散.

对给定复数项级数 $\sum_{n=1}^{\infty} z_n$,若正项级数 $\sum_{n=1}^{\infty} |z_n|$收敛,称级数 $\sum_{n=1}^{\infty} z_n$ 绝对收敛;若 $\sum_{n=1}^{\infty} z_n$ 收敛,而 $\sum_{n=1}^{\infty} |z_n|$发散,称级数 $\sum_{n=1}^{\infty} z_n$ 是条件收敛的.

定理 3.1.5 若 $\sum_{n=1}^{\infty}|z_n|$ 收敛,则 $\sum_{n=1}^{\infty}z_n$ 收敛.

证明 记 $z_n=a_n+\mathrm{i}b_n$, $|a_n|\leqslant|z_n|$, $|b_n|\leqslant|z_n|$,则当 $\sum_{n=1}^{\infty}|z_n|$ 收敛时, $\sum_{n=1}^{\infty}|a_n|$ 和 $\sum_{n=1}^{\infty}|b_n|$ 同时收敛,那么 $\sum_{n=1}^{\infty}a_n$ 和 $\sum_{n=1}^{\infty}b_n$ 同时收敛,所以 $\sum_{n=1}^{\infty}(a_n+\mathrm{i}b_n)$ 也收敛,即 $\sum_{n=1}^{\infty}z_n$ 收敛.

定理 3.1.5 表明每个绝对收敛的复数项级数本身一定是收敛的.

定理 3.1.6 $\sum_{n=1}^{\infty}z_n$ 绝对收敛的充分必要条件是实数项级数 $\sum_{n=1}^{\infty}a_n$ 和 $\sum_{n=1}^{\infty}b_n$ 同时绝对收敛.

证明 由 $|z_n|\leqslant|a_n|+|b_n|$ 可得到,当 $\sum_{n=1}^{\infty}a_n$ 和 $\sum_{n=1}^{\infty}b_n$ 都绝对收敛时, $\sum_{n=1}^{\infty}z_n$ 也绝对收敛;此外,由 $|a_n|\leqslant|z_n|$ 及 $|b_n|\leqslant|z_n|$ 可得到,当 $\sum_{n=1}^{\infty}z_n$ 绝对收敛时,有 $\sum_{n=1}^{\infty}a_n$ 和 $\sum_{n=1}^{\infty}b_n$ 同时绝对收敛.

从上述性质可知,要讨论复数项级数级数 $\sum_{n=1}^{\infty}z_n$ 的绝对(条件)收敛性,通常转化为讨论实数项级数 $\sum_{n=1}^{\infty}a_n$ 和 $\sum_{n=1}^{\infty}b_n$ 的绝对(条件)收敛性.

例 3.1.4 判别下列级数的收敛性:

(1) $\sum_{n=1}^{\infty}\frac{\mathrm{i}^n}{n}$;(2) $\sum_{n=1}^{\infty}\frac{n(6+\mathrm{i})^n}{8^n}$.

解 (1) 一方面, $\sum_{n=1}^{\infty}\left|\frac{\mathrm{i}^n}{n}\right|=\sum_{n=1}^{\infty}\frac{1}{n}$是调和级数,故 $\sum_{n=1}^{\infty}\left|\frac{\mathrm{i}^n}{n}\right|$是发散的;另一方面, $\sum_{n=1}^{\infty}\frac{\mathrm{i}^n}{n}=\sum_{n=1}^{\infty}\left[\frac{(-1)^n}{2n}+\mathrm{i}\frac{(-1)^n}{2n-1}\right]$,而 $\sum_{n=1}^{\infty}\frac{(-1)^n}{2n}$, $\sum_{n=1}^{\infty}\frac{(-1)^n}{2n-1}$是莱布尼茨级数,得到 $\sum_{n=1}^{\infty}\frac{(-1)^n}{2n}$, $\sum_{n=1}^{\infty}\frac{(-1)^n}{2n-1}$收敛,故 $\sum_{n=1}^{\infty}\frac{\mathrm{i}^n}{n}$收敛,因此, $\sum_{n=1}^{\infty}\frac{\mathrm{i}^n}{n}$是条件收敛的.

(2) $\sum_{n=1}^{\infty}\left|\frac{n(6+\mathrm{i})^n}{8^n}\right|=\sum_{n=1}^{\infty}n\left(\frac{\sqrt{37}}{8}\right)^n$,而

$$l=\lim_{n\to\infty}\frac{(n+1)\left(\frac{\sqrt{37}}{8}\right)^{n+1}}{n\left(\frac{\sqrt{37}}{8}\right)^n}=\frac{\sqrt{37}}{8}<1,$$

因此，$\sum_{n=1}^{\infty} n\left(\frac{\sqrt{37}}{8}\right)^n$ 收敛，故级数 $\sum_{n=1}^{\infty} \frac{(6+\mathrm{i})^n}{8^n}$ 绝对收敛.

3.2 幂 级 数

3.2.1 复变函数项级数

给定一个复变函数项序列 $\{f_n(z)\}$，其中，$f_n(z)(n=1,2,\cdots)$ 均在集合 E 上有定义，$f_1(z)+f_2(z)+\cdots+f_n(z)+\cdots$ 为复变函数项级数，记作 $\sum_{n=1}^{\infty} f_n(z)$.

若复数 z_0 使得 $\sum_{n=1}^{\infty} f_n(z_0)$ 收敛，称复数 z_0 是 $\sum_{n=1}^{\infty} f_n(z)$ 的收敛点；$\sum_{n=1}^{\infty} f_n(z)$ 的所有收敛点的全体称为它的收敛域，记为 D，即 $D=\{z_0 \mid \sum_{n=1}^{\infty} f_n(z_0)$ 收敛$\}$.

当 $z\in D$ 时，记 $s(z)=\sum_{n=1}^{\infty} f_n(z)$，称 $s(z)$ 为 $\sum_{n=1}^{\infty} f_n(z)$ 的和函数，和函数 $s(z)$ 的定义域就是函数项级数 $\sum_{n=1}^{\infty} f_n(z)$ 的收敛域.

3.2.2 幂级数的收敛半径和收敛圆盘

称 $\sum_{n=0}^{\infty} c_n(z-z_0)^n = c_0+c_1(z-z_0)+c_2(z-z_0)^2+\cdots+c_n(z-z_0)^n+\cdots$ 为 $z-z_0$ 的幂级数，其中，z_0，c_n 均为复常数. 特别地，当 $z_0=0$ 时，级数形式为

$$\sum_{n=0}^{\infty} c_n z^n = c_0+c_1 z+c_2 z^2+\cdots+c_n z^n+\cdots,$$

幂级数 $\sum_{n=0}^{\infty} c_n z^n$ 作平移后，其结论可作为讨论幂级数 $\sum_{n=0}^{\infty} c_n(z-z_0)^n$ 的结论.

类似于实函数的幂级数讨论结果，我们有以下定理.

定理 3.2.1(阿贝尔(Abel)定理) (1) 若级数 $\sum_{n=0}^{\infty} c_n z^n$ 在 $z=z_0(z_0\neq 0)$ 收敛，那么对满足 $|z|<|z_0|$ 的 z，级数 $\sum_{n=0}^{\infty} c_n z^n$ 绝对收敛；

(2) 若在 $z=z_0$ 级数发散，那么对满足 $|z|>|z_0|$ 的 z，级数 $\sum_{n=0}^{\infty} c_n z^n$ 发散.

证明 若 $z_0\neq 0$，且级数 $\sum_{n=0}^{\infty} c_n z_0^n$ 收敛，它的一般项 $c_n z_0^n$ 趋于零，于是序列

$\{c_n z_0^n\}$有界，即存在常数 $M>0$，使得 $|c_n z_0^n|\leqslant M, n=0,1,2,\cdots$.

当 $|z|<|z_0|$ 时，有 $|c_n z^n|=\left|c_n z_0^n \cdot \dfrac{z^n}{z_0^n}\right|=|c_n z_0^n|\cdot\left|\dfrac{z}{z_0}\right|^n\leqslant Mq^n$，公比 $q=\left|\dfrac{z}{z_0}\right|<1$，级数 $\sum\limits_{n=0}^{\infty} Mq^n$ 收敛，所以，$\sum\limits_{n=0}^{\infty} c_n z^n$ 在 $|z|<|z_0|$ 时绝对收敛.

若级数 $\sum\limits_{n=0}^{\infty} c_n z^n$ 在 $z=z_0$ 级数发散，如果 $\sum\limits_{n=0}^{\infty} c_n z^n$ 在某点 z' 收敛($|z'|>|z_0|$)，由前面的结论知级数 $\sum\limits_{n=0}^{\infty} c_n z^n$ 在 $z=z_0$ 处绝对收敛，与假设矛盾.

由阿贝尔(Abel)定理可知，对幂级数 $\sum\limits_{n=0}^{\infty} c_n z^n$，存在 $R(0\leqslant R\leqslant+\infty)$，$\sum\limits_{n=0}^{\infty} c_n z^n$ 在圆盘 $|z|<R$ 内绝对收敛；$\sum\limits_{n=0}^{\infty} c_n z^n$ 在 $|z|>R$ 时发散；在圆周 $|z|=R$ 上，幂级数可能收敛，也可能发散. 通常称 R 为幂级数的收敛半径，圆盘 $|z|<R$ 为幂级数的收敛圆盘. 下面的定理讨论了收敛半径计算方法.

定理 3.2.2(达朗贝尔(d'Alembert)法则或比值法)　对于幂级数 $\sum\limits_{n=0}^{\infty} c_n z^n$，极限 $\rho=\lim\limits_{n\to\infty}\dfrac{|c_{n+1}|}{|c_n|}$，$(0\leqslant\rho\leqslant+\infty)$，则幂级数的收敛半径为 $R=\begin{cases}+\infty, & \rho=0,\\ \dfrac{1}{\rho}, & 0<\rho<+\infty,\\ 0, & \rho=+\infty.\end{cases}$

证明　如果 ρ 是非零常数，由 $\lim\limits_{n\to\infty}\dfrac{|c_{n+1}z^{n+1}|}{|c_n z^n|}=\lim\limits_{n\to\infty}\dfrac{|c_{n+1}|}{|c_n|}|z|=\rho|z|$ 可知，当 $\rho|z|<1$ 时，即 $|z|<\dfrac{1}{\rho}(\rho\neq 0)$ 时，幂级数 $\sum\limits_{n=0}^{\infty} c_n z^n$ 绝对收敛，而当 $|z|>\dfrac{1}{\rho}$ 时，幂级数 $\sum\limits_{n=0}^{\infty} c_n z^n$ 发散，因此，$\sum\limits_{n=0}^{\infty} c_n z^n$ 的收敛半径 $R=\dfrac{1}{\rho}$；如果 $\rho=0$，那么对于任意 z，有 $\lim\limits_{n\to\infty}\dfrac{|c_{n+1}z^{n+1}|}{|c_n z^n|}=0$，从而 $\sum\limits_{n=0}^{\infty} c_n z^n$ 绝对收敛，即幂级数 $\sum\limits_{n=0}^{\infty} c_n z^n$ 在复平面内处处都是收敛的，即它的收敛半径 $R=+\infty$；如果 $\rho=+\infty$，那么对于任意 $z(z\neq 0)$，有 $\lim\limits_{n\to\infty}\dfrac{|c_{n+1}z^{n+1}|}{|c_n z^n|}=|z|\lim\limits_{n\to\infty}\dfrac{|c_{n+1}|}{|c_n|}=+\infty$，$\sum\limits_{n=0}^{\infty} c_n z^n$ 级数发散，因此，收敛半径 $R=0$.

定理 3.2.3(柯西(Cauchy)法则或根值法)　如果 $\rho=\lim\limits_{n\to\infty}\sqrt[n]{|c_n|}(0\leqslant\rho\leqslant+\infty)$，则它的收敛半径 $R=\begin{cases}+\infty, & \rho=0,\\ \dfrac{1}{\rho}, & 0<\rho<+\infty,\\ 0, & \rho=+\infty.\end{cases}$

证明从略.

例 3.2.1 求下列幂级数的收敛半径和收敛圆盘:

(1) $\sum\limits_{n=0}^{\infty} z^n$;(2) $\sum\limits_{n=1}^{\infty} \dfrac{(z-1)^n}{n^3}$;(3) $\sum\limits_{n=1}^{\infty} \dfrac{n!}{n^n}z^n$.

解 (1) $\sum\limits_{n=0}^{\infty} z^n$ 是等比级数,当 $|z|<1$ 时,$\sum\limits_{n=0}^{\infty} z^n$ 处处收敛,且是绝对收敛的;当 $|z|\geqslant 1$ 时,$\sum\limits_{n=0}^{\infty} z^n$ 发散. 因此,$\sum\limits_{n=0}^{\infty} z^n$ 的收敛半径为 $R=1$,即 $\sum\limits_{n=0}^{\infty} z^n$ 的收敛域为以 $z=0$ 为圆心的单位圆盘,而且 $\sum\limits_{n=0}^{\infty} z^n$ 在单位圆周上是处处发散的.

(2) $\rho=\lim\limits_{n\to\infty}\dfrac{|c_{n+1}|}{|c_n|}=\lim\limits_{n\to\infty}\left(\dfrac{n}{n+1}\right)^3=1$,故收敛半径 $R=1$,收敛圆盘为 $|z-1|<1$. 事实上,在圆周 $|z-1|=1$ 上,$\sum\limits_{n=1}^{\infty}\left|\dfrac{(z-1)^n}{n^3}\right|=\sum\limits_{n=1}^{\infty}\dfrac{1}{n^3}$收敛的,即 $\sum\limits_{n=1}^{\infty}\dfrac{(z-1)^n}{n^3}$绝对收敛.

(3) 由
$$\rho=\lim_{n\to\infty}\frac{|c_{n+1}|}{|c_n|}=\lim_{n\to\infty}\frac{\dfrac{(n+1)!}{(n+1)^{n+1}}}{\dfrac{n!}{n^n}}=\lim_{n\to\infty}\frac{1}{\dfrac{(n+1)^n}{n^n}}=\lim_{n\to\infty}\frac{1}{\left(1+\dfrac{1}{n}\right)^n}=\frac{1}{\mathrm{e}},$$
故 $R=\mathrm{e}$,幂级数 $\sum\limits_{n=1}^{\infty}\dfrac{n!}{n^n}z^n$ 的收敛圆盘为 $|z|<\mathrm{e}$.

例 3.2.2 如果级数 $\sum\limits_{n=0}^{\infty} c_nz^n$ 在点 z_0 处绝对收敛,证明:它在闭区域 $|z|\leqslant|z_0|$ 上绝对收敛.

证明 由于 $\sum\limits_{n=0}^{\infty} c_nz_0^n$ 绝对收敛,即 $\sum\limits_{n=0}^{\infty} |c_nz_0^n|$ 收敛. 在圆盘 $|z|\leqslant|z_0|$ 内任取 z,有 $|c_nz^n|\leqslant|c_nz_0^n|$,故 $\sum\limits_{n=0}^{\infty} |c_nz^n|$ 收敛,即 $\sum\limits_{n=0}^{\infty} c_nz^n$ 绝对收敛.

3.2.3 幂级数的性质

类似于实函数的幂级数性质讨论,可得幂级数在收敛圆盘内的分析性质.

定理 3.2.4 设幂级数 $\sum\limits_{n=0}^{\infty} c_n(z-z_0)^n$ 的收敛半径为 R,它的和函数 $s(z)=\sum\limits_{n=0}^{\infty} c_n(z-z_0)^n$,则

(1) $s(z)$在收敛圆盘 $|z-z_0|<R$ 内解析;

(2) 在收敛圆盘 $|z-z_0|<R$ 内,幂级数可逐项求导,即

$$s'(z) = \left(\sum_{n=0}^{\infty} c_n (z-z_0)^n\right)' = \sum_{n=1}^{\infty} nc_n (z-z_0)^{n-1};$$

(3) 在收敛圆盘 $|z-z_0|<R$ 内，幂级数可逐项积分，即当 C 是 $|z-z_0|<R$ 内的曲线时，有

$$\begin{aligned}\int_C s(z)\mathrm{d}z &= \int_C \sum_{n=0}^{\infty} c_n (z-z_0)^n \mathrm{d}z = \sum_{n=0}^{\infty}\int_C c_n (z-z_0)^n \mathrm{d}z \\ &= \sum_{n=0}^{\infty} \frac{c_n}{n+1}\left[(z_2-z_0)^{n+1} - (z_1-z_0)^{n+1}\right],\end{aligned}$$

其中，z_1，z_2 分别为曲线 C 的起点和终点. 特别当曲线 C 的起点和终点分别为 z_0，z 时，有

$$\int_C s(z)\mathrm{d}z = \int_{z_0}^{z} s(z)\mathrm{d}z = \sum_{n=0}^{\infty} c_n \int_C (z-z_0)^n \mathrm{d}z = \sum_{n=0}^{\infty} \frac{c_n}{n+1}(z-z_0)^{n+1},$$

其中，$|z-z_0|<R$.

例 3.2.3 将下列函数表示成形如 $\sum\limits_{n=0}^{\infty} c_n z^n$ 的幂级数：

(1) $\ln(1+z)$； (2) $\dfrac{1}{(1-z)^2}$.

解 (1) $\dfrac{1}{1+z} = 1 - z + z^2 - z^3 + \cdots + (-1)^n z^n + \cdots, |z|<1,$

设 C 为从原点出发到点 z 且完全落在单位圆盘内的任意光滑曲线，因此，

$$\begin{aligned}\ln(1+z) &= \int_C \frac{1}{1+z}\mathrm{d}z = \int_C \sum_{n=0}^{\infty}(-1)^n z^n \mathrm{d}z \\ &= \sum_{n=0}^{\infty}\int_C (-1)^n z^n \mathrm{d}z = \sum_{n=0}^{\infty}(-1)^n \frac{z^{n+1}}{n+1}, \quad |z|<1.\end{aligned}$$

(2) 由 $\dfrac{1}{(1-z)^2} = \left(\dfrac{1}{1-z}\right)'$，而

$$\frac{1}{1-z} = 1 + z + z^2 + z^3 + \cdots + z^n + \cdots = \sum_{n=0}^{\infty} z^n, \quad |z|<1,$$

因此，$\dfrac{1}{(1-z)^2} = \left(\dfrac{1}{1-z}\right)' = \left(\sum\limits_{n=0}^{\infty} z^n\right)' = \sum\limits_{n=0}^{\infty} (z^n)' = \sum\limits_{n=1}^{\infty} nz^{n-1}, \quad |z|<1.$

3.3 泰勒级数

在 3.2 节的讨论中，得到复变函数和实函数具有本质差别的一个性质：若复变

函数 $f(z)$在点 z_0 的某邻域内可导,即函数在点 z_0 处解析时,则有 $f(z)$在点 z_0 处任意阶可导. 下面的定理将得到,当复变函数 $f(z)$在点 z_0 处解析时,$f(z)$在点 z_0 的某邻域内可展开为 $z-z_0$ 的幂级数,即 $z-z_0$ 的泰勒(Taylor)级数.

3.3.1 泰勒级数

定理 3.3.1 设 $f(z)$在区域 D 内解析,z_0 为 D 内的任意一点,d 为 z_0 到区域 D 的边界上各点的最短距离,那么当$|z-z_0|<d$ 时,

$$f(z)=\sum_{n=0}^{\infty}c_n(z-z_0)^n$$

成立,其中,$c_n=\frac{1}{n!}f^{(n)}(z_0)$,$n=0,1,2,\cdots$.

证明 设 z 是$|z-z_0|<d$ 内的任意一点,作以 z_0 为心的正向圆周 C_r,使得 z 位于圆周 C_r 内部(图 3.1). 由柯西积分公式,有

$$f(z)=\frac{1}{2\pi i}\oint_{C_r}\frac{f(\zeta)}{\zeta-z}d\zeta.$$

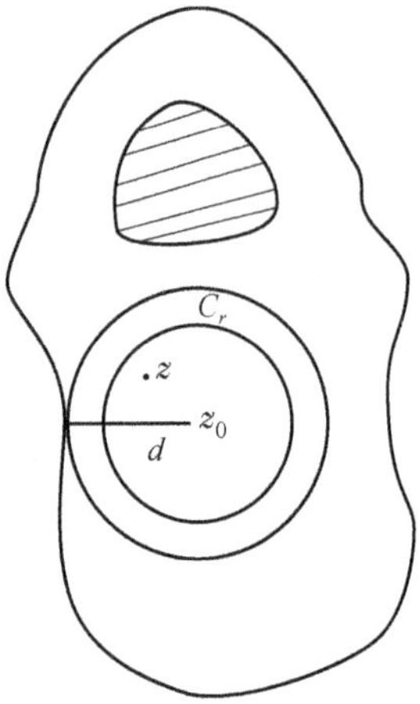

图 3.1

由于积分变量 ζ 在圆周 C_r 上,点 z 在 C_r 的内部,故$\left|\frac{z-z_0}{\zeta-z_0}\right|<1$. 所以

$$\begin{aligned}\frac{1}{\zeta-z}&=\frac{1}{(\zeta-z_0)-(z-z_0)}=\frac{1}{\zeta-z_0}\cdot\frac{1}{1-\frac{z-z_0}{\zeta-z_0}}\\&=\frac{1}{\zeta-z_0}\left[1+\frac{z-z_0}{\zeta-z_0}+\left(\frac{z-z_0}{\zeta-z_0}\right)^2\right.\\&\quad\left.+\cdots+\left(\frac{z-z_0}{\zeta-z_0}\right)^n+\cdots\right]\\&=\sum_{n=0}^{\infty}\frac{1}{(\zeta-z_0)^{n+1}}(z-z_0)^n.\end{aligned}$$

将上式代入表达式 $f(z)=\frac{1}{2\pi i}\oint_{C_r}\frac{f(\zeta)}{\zeta-z}d\zeta$ 得

$$\begin{aligned}f(z)&=\sum_{n=0}^{N}\left[\frac{1}{2\pi i}\oint_{C_r}\frac{f(\zeta)}{(\zeta-z_0)^{n+1}}d\zeta\right](z-z_0)^n\\&\quad+\frac{1}{2\pi i}\oint_{C_r}\left[\sum_{n=N+1}^{\infty}\frac{f(\zeta)}{(\zeta-z_0)^{n+1}}(z-z_0)^n\right]d\zeta,\end{aligned}$$

记 $R_N(z)=\frac{1}{2\pi i}\oint_{C_r}\left[\sum_{n=N+1}^{\infty}\frac{f(\zeta)}{(\zeta-z_0)^{n+1}}(z-z_0)^n\right]d\zeta$.

下面证明$\lim\limits_{N\to\infty}R_N(x)=0$. 由于 $f(z)$在 D 内解析,C_r 在区域D 内,故 $f(\zeta)$在 C_r

上有界，记 $M=\max\limits_{\zeta\in C_r}|f(\zeta)|$，此时有

$$\left|f(\zeta)\frac{(z-z_0)^n}{(\zeta-z_0)^{n+1}}\right|=|f(\zeta)|\frac{|z-z_0|^n}{|\zeta-z_0|^{n+1}}\leqslant M\frac{|z-z_0|^n}{r^{n+1}},$$

而

$$\begin{aligned}\left|\sum_{n=N+1}^{\infty}\frac{f(\zeta)}{(\zeta-z_0)^{n+1}}(z-z_0)^n\right| &\leqslant \sum_{n=N+1}^{\infty}\frac{|f(\zeta)|}{|\zeta-z_0|^{n+1}}|z-z_0|^n\\ &\leqslant \sum_{n=N+1}^{\infty}\frac{M}{r^{n+1}}|z-z_0|^n\\ &\leqslant \frac{M}{r^{N+2}}|z-z_0|^{N+1}\sum_{n=0}^{\infty}\frac{|z-z_0|^n}{r^n}\\ &\leqslant \frac{M}{r^{N+2}}|z-z_0|^{N+1}\cdot\frac{1}{1-\frac{|z-z_0|}{r}}.\end{aligned}$$

故

$$\begin{aligned}|R_N(z)| &= \left|\frac{1}{2\pi\mathrm{i}}\oint_{C_r}\left[\sum_{n=N+1}^{\infty}\frac{f(\zeta)}{(\zeta-z_0)^{n+1}}(z-z_0)^n\right]\mathrm{d}\zeta\right|\\ &\leqslant \frac{1}{2\pi}\left|\oint_{C_r}\left[\sum_{n=N+1}^{\infty}\left|\frac{f(\zeta)}{(\zeta-z_0)^{n+1}}(z-z_0)^n\right|\right]\mathrm{d}\zeta\right|\\ &\leqslant r\cdot\frac{M}{r^{N+2}}|z-z_0|^{N+1}\cdot\frac{1}{1-\frac{|z-z_0|}{r}},\end{aligned}$$

从而，$\lim\limits_{N\to\infty}R_N(z)=0$. 因此，

$$\begin{aligned}f(z) &= \sum_{n=0}^{\infty}\left[\frac{1}{2\pi\mathrm{i}}\oint_{C_r}\frac{f(\zeta)}{(\zeta-z_0)^{n+1}}\mathrm{d}\zeta\right](z-z_0)^n\\ &= \sum_{n=0}^{\infty}\frac{f^{(n)}(z_0)}{n!}(z-z_0)^n,\end{aligned}$$

其中，$|z-z_0|<d$.

易于证明解析函数的幂级数展开式是唯一的，即 $f(z)=\sum\limits_{n=0}^{\infty}c_n(z-z_0)^n$，则 $c_n=\dfrac{f^{(n)}(z_0)}{n!}$，$(n=0,1,2,\cdots)$. 事实上，如果 $f(z)$ 在 z_0 的邻域内展开为幂级数

$$f(z)=c_0+c_1(z-z_0)+c_2(z-z_0)^2+\cdots+c_n(z-z_0)^n+\cdots,$$

令 $z=z_0$，则 $f(z_0)=c_0$. 由逐项求导定理知，$f'(z)=c_1+2c_2(z-z_0)+\cdots$，于是，

$f'(z_0)=a_1$,继续逐项求导得 $c_n=\dfrac{f^{(n)}(z_0)}{n!}$. 这就证明了解析函数幂级数展开式的唯一性. 因此,讨论解析函数 $f(z)$在 z_0 附近的幂级数展开式 $f(z)=\sum\limits_{n=0}^{\infty}\dfrac{f^{(n)}(z_0)}{n!}\cdot(z-z_0)^n$ 的关键就在于计算 $f(z)$在 z_0 处的各阶导数 $f^{(n)}(z_0)$, $n=0,1,2,\cdots$.

3.3.2 常用初等函数的泰勒展开式

下面讨论几个常用初等函数的幂级数展开式.

(1) $e^z=1+\dfrac{z}{1!}+\dfrac{z^2}{2!}+\cdots+\dfrac{z^n}{n!}+\cdots, |z|<+\infty$.

由$(e^z)^{(n)}|_{z=0}=e^z|_{z=0}=1, n=0,1,2,\cdots$,得 $e^z=\sum\limits_{n=0}^{\infty}\dfrac{z^n}{n!}$. 此外,$e^z$ 在区域$|z|<+\infty$内解析,则 e^z 的幂级数收敛半径为 $R=+\infty$.

(2) $\sin z=z-\dfrac{z^3}{3!}+\dfrac{z^5}{5!}-\cdots+(-1)^m\dfrac{z^{2m+1}}{(2m+1)!}+\cdots, |z|<+\infty$.

由$(\sin z)^{(n)}=\sin\left(z+n\dfrac{\pi}{2}\right)$,得

$$(\sin z)^{(n)}\Big|_{z=0}=\sin\left(z+n\frac{\pi}{2}\right)\Big|_{z=0}=\begin{cases}0, & n=2m,\\ (-1)^m, & n=2m+1,\end{cases}$$

故

$$\sin z=z-\frac{z^3}{3!}+\frac{z^5}{5!}-\cdots+(-1)^m\frac{z^{2m+1}}{(2m+1)!}+\cdots,$$

此外,$\sin z$ 在区域$|z|<+\infty$内解析,则 $\sin z$ 的幂级数收敛半径为 $R=+\infty$.

利用间接展开法,

$$\sin z=\frac{1}{2i}(e^{iz}-e^{-iz})=\frac{1}{2i}\left[\sum_{n=0}^{\infty}\frac{(iz)^n}{n!}-\sum_{n=0}^{\infty}\frac{(-iz)^n}{n!}\right]$$

$$=z-\frac{z^3}{3!}+\frac{z^5}{5!}-\cdots=\sum_{n=0}^{\infty}(-1)^n\frac{z^{2n+1}}{(2n+1)!},\quad |z|<+\infty.$$

类似于 $\sin z$ 的讨论,可得 $\cos z$ 的幂级数展开式.

(3) $\cos z=1-\dfrac{z^2}{2!}+\dfrac{z^4}{4!}-\cdots+(-1)^m\dfrac{z^{2m}}{(2m)!}+\cdots, |z|<+\infty$.

(4) 幂函数$(1+z)^\alpha$(α 为复数)的主值支 $f(z)=e^{\alpha\ln(1+z)}$, $f(0)=1$ 在 $z=0$ 处的泰勒展开式

$$(1+z)^\alpha=\sum_{n=0}^{\infty}\binom{\alpha}{n}z^n,\quad |z|<1.$$

其中，$\binom{\alpha}{n}=\dfrac{\alpha(\alpha-1)\cdots(\alpha-n+1)}{n!}$，$\binom{\alpha}{0}=1$.

设$(1+z)^{\alpha}=e^{\alpha\ln(1+z)}$，记 $\varphi(z)=\ln(1+z)$，则$(1+z)^{\alpha}=e^{\alpha\ln(1+z)}=e^{\alpha\varphi(z)}$，求导得 $f'(z)=e^{\alpha\varphi(z)}\alpha\varphi'(z)=e^{\alpha\varphi(z)}\alpha\dfrac{1}{1+z}=e^{\alpha\varphi(z)}\alpha\cdot\dfrac{1}{e^{\varphi(z)}}=\alpha\cdot e^{(\alpha-1)\varphi(z)}$，继续求导得

$f''(z)=\alpha(\alpha-1)e^{(\alpha-2)\varphi(z)},\cdots,f^{(n)}(z)=\alpha(\alpha-1)(\alpha-2)\cdots(\alpha-(n-1))e^{(\alpha-n)\varphi(z)}$，所以 $f(0)=1,f'(0)=\alpha,f''(0)=\alpha(\alpha-1),\cdots,f^{(n)}(0)=\alpha(\alpha-1)(\alpha-2)\cdots(\alpha-n+1)$，这样$(1+z)^{\alpha}=e^{\alpha\ln(1+z)}$的泰勒展开式的各项系数即可得到. 此外，无论 α 为何值，$(1+z)^{\alpha}=e^{\alpha\ln(1+z)}$在区域$|z|<1$内解析，因此，收敛圆盘的半径至少取 1，从而

$$(1+z)^{\alpha}=\sum_{n=0}^{\infty}\binom{\alpha}{n}z^n,\quad |z|<1.$$

上式中，当 α 为正整数 n 时，$(1+z)^n=\sum\limits_{k=0}^{n}\binom{n}{k}z^k=\sum\limits_{k=0}^{n}C_n^kz^k$ 就是常用的二项展开式.

(5) 在$(1+z)^{\alpha}=\sum\limits_{n=0}^{\infty}\binom{\alpha}{n}z^n$中，取 $\alpha=-1$，得

$$\frac{1}{1+z}=1-z+z^2-\cdots+(-1)^nz^n+\cdots,\quad |z|<1.$$

用 $-z$ 替换上式中的 z，得

$$\frac{1}{1-z}=1+z+z^2+\cdots+z^n+\cdots,\quad |z|<1;$$

在单位圆盘内取起点为坐标原点，终点为 z 的曲线 C，利用逐项积分定理得

$$\begin{aligned}\ln(1+z)&=\int_C\frac{1}{1+z}dz=\int_C[1-z+z^2-\cdots+(-1)^nz^n+\cdots]dz\\&=z-\frac{z^2}{2}+\frac{z^3}{3}-\cdots+(-1)^{n-1}\frac{z^n}{n}+\cdots.\end{aligned}$$

另外，$\ln(1+z)$在从 -1 向左沿负实轴剪开的平面内解析，而 -1 是它的一个奇点，因此，$\ln(1+z)$的幂级数的收敛半径至多为 1，从而

$$\ln(1+z)=z-\frac{z^2}{2}+\frac{z^3}{3}-\cdots+(-1)^{n-1}\frac{z^n}{n}+\cdots,\quad |z|<1.$$

上面的讨论得到几个常用函数的泰勒展开式，在函数泰勒展开时可直接利用，常用函数的泰勒展开式罗列如下：

$$e^z=1+\frac{z}{1!}+\frac{z^2}{2!}+\cdots+\frac{z^n}{n!}+\cdots,\quad |z|<+\infty;$$

$$\sin z = z - \frac{z^3}{3!} + \frac{z^5}{5!} - \cdots + (-1)^m \frac{z^{2m+1}}{(2m+1)!} + \cdots, \quad |z| < +\infty;$$

$$\cos z = 1 - \frac{z^2}{2!} + \frac{z^4}{4!} - \cdots + (-1)^m \frac{z^{2m}}{(2m)!} + \cdots, \quad |z| < +\infty;$$

$$(1+z)^\alpha = \sum_{n=0}^{\infty} \binom{\alpha}{n} z^n, \quad |z| < 1;$$

$$\frac{1}{1-z} = 1 + z + z^2 + \cdots + z^n + \cdots, \quad |z| < 1;$$

$$\frac{1}{1+z} = 1 - z + z^2 - \cdots + (-1)^n z^n + \cdots, \quad |z| < 1;$$

$$\ln(1+z) = z - \frac{z^2}{2} + \frac{z^3}{3} - \cdots + (-1)^{n-1} \frac{z^n}{n} + \cdots, \quad |z| < 1.$$

3.3.3 函数的泰勒展开举例

在讨论函数的泰勒展开时,常用的方法是利用上述公式进行间接展开.

例 3.3.1 把下列各函数展开成 z 的幂级数,并求它们的收敛半径.

(1) $\frac{1}{1+z^3}$;(2) $\frac{1}{(1+z^2)^2}$;(3) sh$z$.

解 (1) 由于$\frac{1}{1+z}=1-z+z^2-\cdots+(-1)^n z^n+\cdots=\sum_{n=0}^{\infty}(-1)^n z^n$, $|z|<1$,用 z^3 替换上式中的 z 得

$$\frac{1}{1+z^3} = 1 - z^3 + z^6 - \cdots + (-1)^n z^{3n} + \cdots = \sum_{n=0}^{\infty} (-1)^n z^{3n}, \quad |z| < 1;$$

由于$\frac{1}{1+z^3}$在圆域$|z|<1$内解析,故收敛圆盘为$|z|<1$,收敛半径为 $R=1$.

(2) $$\frac{1}{1+z} = 1 - z + z^2 - \cdots + (-1)^n z^n + \cdots = \sum_{n=0}^{\infty} (-1)^n z^n, \quad |z| < 1,$$

逐项求导得

$$-\frac{1}{(1+z)^2} = -1 + 2z - \cdots + (-1)^n n z^{n-1} + \cdots = \sum_{n=1}^{\infty} (-1)^n n z^{n-1},$$

即

$$\frac{1}{(1+z)^2} = \sum_{n=1}^{\infty} (-1)^{n-1} n z^{n-1}.$$

用 z^2 替换上式中的 z 得

$$\frac{1}{(1+z^2)^2} = \sum_{n=1}^{\infty} (-1)^{n-1} n z^{2(n-1)} = \sum_{n=0}^{\infty} (-1)^n (n+1) z^{2n}.$$

由于$\frac{1}{(1+z^2)^2}$在圆域$|z|<1$内解析,故收敛圆盘为$|z|<1$,收敛半径为$R=1$.

(3) $\mathrm{sh}z=\frac{1}{2}(\mathrm{e}^z-\mathrm{e}^{-z})$,而

$$\mathrm{e}^z=1+z+\frac{z^2}{2!}+\frac{z^3}{3!}+\cdots+\frac{z^n}{n!}+\cdots,\quad |z|<+\infty;$$

$$\mathrm{e}^{-z}=1-z+\frac{z^2}{2!}-\frac{z^3}{3!}+\cdots+(-1)^n\frac{z^n}{n!}+\cdots,\quad |z|<+\infty.$$

则

$$\mathrm{sh}z=z+\frac{z^3}{3!}+\cdots+\frac{z^{2n+1}}{(2n+1)!}+\cdots,\quad |z|<+\infty,$$

收敛半径为$R=+\infty$.

例 3.3.2　求函数$\frac{z}{(z+1)(z+2)}$在点$z_0=2$处的泰勒展开式,并指出它们的收敛半径.

解　$\frac{z}{(z+1)(z+2)}=\frac{2}{z+2}-\frac{1}{z+1}$,而

$$\frac{2}{z+2}=\frac{2}{4+(z-2)}=\frac{1}{2}\cdot\frac{1}{1+\left(\frac{z-2}{4}\right)}$$

$$=\sum_{n=0}^{\infty}(-1)^n\frac{1}{2^{2n+1}}(z-2)^n,\quad |z-2|<4,$$

$$\frac{1}{z+1}=\frac{1}{3+(z-2)}=\frac{1}{3}\cdot\frac{1}{1+\left(\frac{z-2}{3}\right)}$$

$$=\sum_{n=0}^{\infty}(-1)^n\frac{(z-2)^n}{3^{n+1}},\ |z-2|<3.$$

两式相减,得

$$\frac{z}{(z+1)(z+2)}=\sum_{n=0}^{\infty}(-1)^n\left[\frac{1}{2^{2n+1}}-\frac{1}{3^{n+1}}\right](z-2)^n,\quad |z-2|<3,$$

此外,函数$\frac{z}{(z+1)(z+2)}$在$|z-2|<3$内解析,因此收敛半径为$R=3$.

3.4　洛朗级数

3.4.1　洛朗级数及其性质

前面讲到,幂级数的和函数在它的收敛域的内部是一个解析函数,反之,任何

一个在区域 D 内解析的函数 $f(z)$，在它的解析点 z_0 的邻域 $|z-z_0|<R$ 内可以展开成幂级数. 另外，幂级数的和函数在其收敛域内是解析函数，奇点只能在收敛域边界上. 但在大量的场合下，复变函数 $f(z)$ 在圆域 $|z-z_0|<R$ 内含有奇点，此时，复变函数 $f(z)$ 只能在圆环域 $R_1<|z-z_0|<R_2$ 内解析，在这一节将讨论在以 z_0 为中心的圆环域内的解析函数展开为幂级数(洛朗(Laurent)级数)的问题. 在复变函数中，称形如

$$\sum_{n=-\infty}^{+\infty} c_n(z-z_0)^n$$

的级数为洛朗级数，其中，$z_0, c_n, n=\pm 1, \pm 2, \cdots$ 为复常数.

将对这种具有正、负幂项的洛朗级数 $\sum\limits_{n=-\infty}^{+\infty} c_n(z-z_0)^n$ 的收敛性的讨论，转化为讨论正幂项级数

$$\sum_{n=0}^{+\infty} c_n(z-z_0)^n = c_0 + c_1(z-z_0) + c_2(z-z_0)^2 + \cdots + c_n(z-z_0)^n + \cdots$$

和负幂项级数

$$\sum_{n=1}^{+\infty} c_{-n}(z-z_0)^{-n} = c_{-1}(z-z_0)^{-1} + c_{-2}(z-z_0)^{-2} + \cdots + c_{-n}(z-z_0)^{-n} + \cdots$$

的收敛性讨论.

当且仅当 $\sum\limits_{n=0}^{+\infty} c_n(z-z_0)^n$ 和 $\sum\limits_{n=1}^{+\infty} c_{-n}(z-z_0)^{-n}$ 同时收敛时，称洛朗级数 $\sum\limits_{n=-\infty}^{+\infty} c_n(z-z_0)^n$ 收敛.

下面对洛朗级数 $\sum\limits_{n=-\infty}^{+\infty} c_n(z-z_0)^n$ 的收敛性问题进行讨论. 由幂级数的性质知，$\sum\limits_{n=0}^{+\infty} c_n(z-z_0)^n$ 在圆盘 $|z-z_0|<R_2$ 内收敛. 在 $\sum\limits_{n=1}^{+\infty} c_{-n}(z-z_0)^{-n}$ 中令 $(z-z_0)^{-1}=\zeta$，则变为 $\sum\limits_{n=1}^{+\infty} c_{-n}(z-z_0)^{-n}=\sum\limits_{n=1}^{+\infty} c_{-n}\zeta^n$，若 $\sum\limits_{n=1}^{+\infty} c_{-n}\zeta^n$ 收敛半径为 R，即在 $|\zeta|<R$ 内收敛，也即 $\sum\limits_{n=1}^{+\infty} c_{-n}\zeta^n$ 在 $|z-z_0|>\dfrac{1}{R}=R_1$ 内收敛，则当 $R_1<R_2$ 时，$\sum\limits_{n=0}^{+\infty} c_n(z-z_0)^n$ 和 $\sum\limits_{n=1}^{+\infty} c_{-n}(z-z_0)^{-n}$ 同时收敛的范围是 $R_1<|z-z_0|<R_2$，即洛朗级数 $\sum\limits_{n=1}^{+\infty} c_{-n}(z-z_0)^{-n}$ 在圆环域 $R_1<|z-z_0|<R_2$ 内收敛. 而在圆环域的边界 $|z-z_0|=R_1$ 和 $|z-z_0|=R_2$ 上有些点收敛，有些点发散. 称圆环域 $R_1<|z-z_0|<R_2$ 为洛朗级数 $\sum\limits_{n=-\infty}^{+\infty} c_n(z-z_0)^n$ 的收敛圆环.

和幂级数的和函数在收敛域内的性质一样,洛朗级数 $\sum\limits_{n=-\infty}^{+\infty} c_n(z-z_0)^n$ 在收敛圆环内的和函数是也具有类似幂级数的和函数的分析性质.

定理 3.4.1 若洛朗级数 $\sum\limits_{n=-\infty}^{+\infty} c_n(z-z_0)^n$ 有收敛域 $D: R_1<|z-z_0|<R_2(0\leqslant R_1<R_2\leqslant+\infty)$,则洛朗级数 $\sum\limits_{n=-\infty}^{+\infty} c_n(z-z_0)^n$ 在 D 内绝对收敛,其和函数在是 D 内解析,而且可以逐项求导,逐项积分.

例 3.4.1 求洛朗级数 $\sum\limits_{n=1}^{\infty} \dfrac{2^n}{(z-3)^n}+\sum\limits_{n=0}^{\infty} \dfrac{1}{3^n}(z-3)^n$的收敛圆环.

解 分别讨论级数 $\sum\limits_{n=1}^{\infty} \dfrac{2^n}{(z-3)^n}$和 $\sum\limits_{n=0}^{\infty} \dfrac{1}{3^n}(z-3)^n$的收敛性. 由数项级数的收敛性判别法知,对给定的 z,有

当$\lim\limits_{n\to\infty}\dfrac{\left|\dfrac{2^{n+1}}{(z-3)^{n+1}}\right|}{\left|\dfrac{2^n}{(z-3)^n}\right|}=\dfrac{2}{|z-3|}<1$ 时,即 $|z-3|>2$ 时,级数 $\sum\limits_{n=1}^{\infty} \dfrac{2^n}{(z-3)^n}$收敛;

当$\lim\limits_{n\to\infty}\dfrac{\left|\dfrac{(z-3)^{n+1}}{3^{n+1}}\right|}{\left|\dfrac{(z-3)^n}{3^n}\right|}=\dfrac{|z-3|}{3}<1$ 时,即 $|z-3|<3$ 时,级数 $\sum\limits_{n=0}^{\infty} \dfrac{(z-3)^n}{3^n}$收敛.

因此,洛朗级数 $\sum\limits_{n=1}^{\infty} \dfrac{2^n}{(z-3)^n}+\sum\limits_{n=0}^{\infty} \dfrac{1}{3^n}(z-3)^n$的收敛圆环为 $2<|z-3|<3$.

从上述讨论知,洛朗级数的收敛域是一个圆环域,其和函数在该圆环域内解析. 下面讨论将得到在一个圆环内解析的函数可以展开成洛朗级数.

定理 3.4.2(洛朗展开定理) 设 $f(z)$在圆环域 $D: R_1<|z-z_0|<R_2(0\leqslant R_1<R_2\leqslant+\infty)$内解析,则

$$f(z)=\sum_{n=-\infty}^{\infty} c_n(z-z_0)^n,\quad R_1<|z-z_0|<R_2,$$

其中,$c_n=\dfrac{1}{2\pi i}\oint_C \dfrac{f(\zeta)}{(\zeta-z_0)^{n+1}}d\zeta, n=0,\pm1,\pm2,\cdots$,这里 C 为圆环域 D 内绕 z_0 的任意一条正向简单闭曲线,并且,在圆环内展开成的洛朗级数是唯一的.

下面给出定理的证明思路. 如图 3.2 所示,设 z 为圆环内任意一点,在圆环域内作以 z_0 为中心的正向圆周 K_1 和 K_2,K_2 的半径大于 K_1 的半径,且使点 z 及曲线 C 介于 K_1 和 K_2 之间.

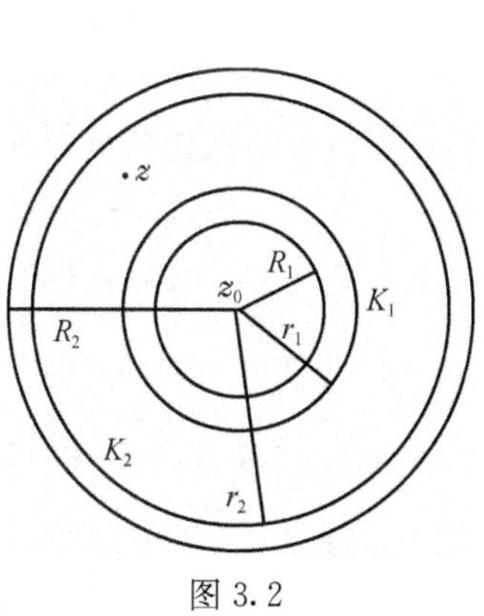

图 3.2

由多连通区域上的柯西积分公式得

$$f(z)=\frac{1}{2\pi i}\oint_{K_1^-+K_2}\frac{f(\zeta)}{\zeta-z}d\zeta$$

$$=\frac{1}{2\pi i}\oint_{K_2}\frac{f(\zeta)}{\zeta-z}d\zeta-\frac{1}{2\pi i}\oint_{K_1}\frac{f(\zeta)}{\zeta-z}d\zeta,$$

这里第一个积分$\frac{1}{2\pi i}\oint_{K_2}\frac{f(\zeta)}{\zeta-z}d\zeta$中的积分变量$\zeta$在$K_2$上，点$z$是$K_1$和$K_2$之间的一点，则$\left|\frac{z-z_0}{\zeta-z_0}\right|<1$，就得到$\frac{1}{\zeta-z}=\frac{1}{\zeta-z_0}\cdot\frac{1}{1-\frac{z-z_0}{\zeta-z_0}}=\sum_{n=0}^{\infty}\frac{(z-z_0)^n}{(\zeta-z_0)^{n+1}}$，因此

$$\frac{f(\zeta)}{\zeta-z}=\sum_{n=0}^{\infty}\frac{f(\zeta)}{(\zeta-z_0)^{n+1}}(z-z_0)^n,$$

利用定理 3. 3. 1 的证明方法可证明

$$\frac{1}{2\pi i}\oint_{K_2}\frac{f(\zeta)}{\zeta-z}d\zeta=\sum_{n=0}^{\infty}\left[\frac{1}{2\pi i}\oint_{K_2}\frac{f(\zeta)}{(\zeta-z_0)^{n+1}}d\zeta\right](z-z_0)^n.$$

此外，积分$-\frac{1}{2\pi i}\oint_{K_1}\frac{f(\zeta)}{\zeta-z}d\zeta$中的积分变量$\zeta$在$K_1$上，点$z$是$K_1$和$K_2$之间的一点，则$\left|\frac{\zeta-z_0}{z-z_0}\right|<1$，就得到$\frac{1}{\zeta-z}=-\frac{1}{z-z_0}\cdot\frac{1}{1-\frac{\zeta-z_0}{z-z_0}}=-\sum_{n=1}^{\infty}\frac{(\zeta-z_0)^{n-1}}{(z-z_0)^n}$，故

$$-\frac{f(\zeta)}{\zeta-z}=\sum_{n=1}^{\infty}\frac{f(\zeta)}{(\zeta-z_0)^{-n+1}}(z-z_0)^{-n},$$

利用定理 3. 3. 1 的证明方法可证明

$$-\frac{1}{2\pi i}\oint_{K_1}\frac{f(\zeta)}{\zeta-z}d\zeta=\frac{1}{2\pi i}\sum_{n=1}^{\infty}\left[\oint_{K_1}\frac{f(\zeta)}{(\zeta-z_0)^{-n+1}}d\zeta\right](z-z_0)^{-n}.$$

$$f(z)=\sum_{n=0}^{\infty}\left[\frac{1}{2\pi i}\oint_{K_2}\frac{f(\zeta)}{(\zeta-z_0)^{n+1}}d\zeta\right](z-z_0)^n$$

$$+\sum_{n=1}^{\infty}\left[\frac{1}{2\pi i}\oint_{K_1}\frac{f(\zeta)}{(\zeta-z_0)^{-n+1}}d\zeta\right](z-z_0)^{-n}.$$

$f(z)$在圆环域$R_1<|z-z_0|<R_2$内解析，函数$\frac{f(\zeta)}{(\zeta-z_0)^{n+1}}$，$\frac{f(\zeta)}{(\zeta-z_0)^{-n+1}}$分别在由曲线$C$和$K_2$，$K_1$和$C$所围成的区域内解析，因此

$$\oint_{K_2}\frac{f(\zeta)}{(\zeta-z_0)^{n+1}}d\zeta=\oint_{C}\frac{f(\zeta)}{(\zeta-z_0)^{n+1}}d\zeta,$$

$$\oint_{K_1} \frac{f(\zeta)}{(\zeta - z_0)^{-n+1}} d\zeta = \oint_C \frac{f(\zeta)}{(\zeta - z_0)^{-n+1}} d\zeta.$$

故

$$\begin{aligned} f(z) &= \sum_{n=0}^{\infty} \left[\frac{1}{2\pi i}\oint_C \frac{f(\zeta)}{(\zeta - z_0)^{n+1}} d\zeta\right](z - z_0)^n \\ &\quad + \sum_{n=1}^{\infty} \left[\frac{1}{2\pi i}\oint_C \frac{f(\zeta)}{(\zeta - z_0)^{-n+1}} d\zeta\right](z - z_0)^{-n} \\ &= \sum_{n=-\infty}^{\infty} \left[\frac{1}{2\pi i}\oint_C \frac{f(\zeta)}{(\zeta - z_0)^{n+1}} d\zeta\right](z - z_0)^n \\ &= \sum_{n=-\infty}^{\infty} c_n (z - z_0)^n, \quad R_1 < |z - z_0| < R_2. \end{aligned}$$

下面说明洛朗级数的唯一性.

设 $f(z) = \sum\limits_{n=-\infty}^{\infty} c_n (z - z_0)^n$,对位于 $R_1 < |z - z_0| < R_2$ 且内部包含 z_0 的曲线 C,由逐项积分定理得

$$\frac{1}{2\pi i}\oint_C \frac{f(z)}{(z - z_0)^{p+1}} dz = \frac{1}{2\pi i}\oint_C \sum_{n=-\infty}^{\infty} c_n (z - z_0)^{n-p-1} dz = c_p.$$

这就证明了洛朗级数的唯一性.

3.4.2 函数的洛朗级数展开举例

从上面的展开定理直接求系数 c_n 要计算复变函数的积分,过程往往比较复杂. 由洛朗级数的唯一性,函数的洛朗级数展开通常用间接展开法.

例 3.4.2 把下列各函数在指定的圆环域内展开成洛朗级数:

(1) $\dfrac{1}{z(1-z)^2}$, $0<|z|<1$, $0<|z-1|<1$;

(2) $z^2 e^{\frac{2}{z}}$, $0<|z|<+\infty$;

(3) $\sin\dfrac{1}{1-z}$, $0<|z-1|<+\infty$;

(4) $\dfrac{z-1}{z^2-2z-3}$, $1<|z-2|<3$, $|z-2|>3$.

解 (1) 在 $0<|z|<1$ 内,由 $\dfrac{1}{1-z} = 1+z+z^2+\cdots$, $|z|<1$,得

$$\frac{1}{(1-z)^2} = \frac{1}{(1-z)'} = 1 + 2z + 3z^2 + \cdots = \sum_{n=1}^{+\infty} nz^{n-1}, \quad |z| < 1,$$

$$\frac{1}{z(1-z)^2} = \frac{1}{z} \cdot \frac{1}{(1-z)^2} = \frac{1}{z}\sum_{n=1}^{+\infty} nz^{n-1}$$

$$=\sum_{n=1}^{+\infty} nz^{n-2}=\sum_{n=-1}^{+\infty}(n+2)z^n,\quad 0<|z|<1.$$

在 $0<|z-1|<1$ 内,由 $\frac{1}{z}=\frac{1}{1+(z-1)}=\sum_{n=0}^{+\infty}(-1)^n(z-1)^n, |z-1|<1$,得

$$\frac{1}{z(1-z)^2}=\frac{1}{(1-z)^2}\cdot\frac{1}{z}=\frac{1}{(z-1)^2}\sum_{n=0}^{+\infty}(-1)^n(z-1)^n$$

$$=\sum_{n=0}^{+\infty}(-1)^n(z-1)^{n-2}=\sum_{n=-2}^{+\infty}(-1)^n(z-1)^n,\quad 0<|z-1|<1.$$

(2) 由 $e^z=\sum_{n=0}^{\infty}\frac{z^n}{n!}, |z|<+\infty$,得

$$e^{\frac{2}{z}}=\sum_{n=0}^{\infty}\frac{1}{n!}\frac{2^n}{z^n},\quad 0<|z|<+\infty,$$

则

$$z^2e^{\frac{2}{z}}=\sum_{n=0}^{\infty}\frac{1}{n!}\frac{2^n}{z^{n-2}}=\sum_{n=-2}^{\infty}\frac{1}{(n+2)!}\frac{2^{n+2}}{z^n},\quad 0<|z|<+\infty.$$

(3) 由 $\sin z=\sum_{n=0}^{\infty}(-1)^n\frac{z^{2n+1}}{(2n+1)!}, |z|<+\infty$,得

$$\sin\frac{1}{1-z}=-\sum_{n=0}^{\infty}(-1)^n\frac{1}{(2n+1)!}\frac{1}{(z-1)^{2n+1}},\quad 0<|z-1|<+\infty.$$

(4) $\frac{z-1}{z^2-2z-3}=\frac{\frac{1}{2}}{z-3}+\frac{\frac{1}{2}}{z+1}=\frac{1}{2}\frac{1}{(z-2)-1}+\frac{1}{2}\frac{1}{(z-2)+3}$,

当 $1<|z-2|<3$ 时,

$$\frac{z-1}{z^2-2z-3}=\frac{1}{2(z-2)}\frac{1}{1-\frac{1}{z-2}}+\frac{1}{6}\frac{1}{1+\frac{z-2}{3}}$$

$$=\frac{1}{2(z-2)}\sum_{n=0}^{\infty}\frac{1}{(z-2)^n}+\frac{1}{6}\sum_{n=0}^{\infty}(-1)^n\left(\frac{z-2}{3}\right)^n$$

$$=\sum_{n=0}^{\infty}\frac{1}{2}\frac{1}{(z-2)^{n+1}}+\sum_{n=0}^{\infty}\frac{(-1)^n}{6\cdot 3^n}(z-2)^n.$$

当 $|z-2|>3$ 时,

$$\frac{z-1}{z^2-2z-3}=\frac{1}{2(z-2)}\frac{1}{1-\frac{1}{z-2}}+\frac{1}{2(z-2)}\frac{1}{1+\frac{3}{z-2}}$$

$$=\frac{1}{2(z-2)}\left[\sum_{n=0}^{\infty}\frac{1}{(z-2)^n}+\sum_{n=0}^{\infty}(-1)^n\left(\frac{3}{z-2}\right)^n\right]$$

$$=\sum_{n=0}^{\infty}\frac{1}{2}[1+(-3)^n]\frac{1}{(z-2)^{n+1}}.$$

3.4.3 函数的洛朗展开式的应用

当函数 $f(z)$在圆环域 $D:R_1<|z-z_0|<R_2(0\leqslant R_1<R_2\leqslant+\infty)$内解析时,有

$$f(z)=\sum_{n=-\infty}^{\infty}c_n(z-z_0)^n,\quad R_1<|z-z_0|<R_2,$$

其中,洛朗展开式的系数

$$c_n=\frac{1}{2\pi i}\oint_C\frac{f(\zeta)}{(\zeta-z_0)^{n+1}}d\zeta,\quad n=0,\pm1,\pm2,\cdots,$$

这里 C 为环内且内部包含 z_0 的任意一条简单闭曲线.

当 $n=-1$ 时,有 $c_{-1}=\frac{1}{2\pi i}\oint_C f(z)dz$,即

$$\oint_C f(z)dz=2\pi i c_{-1}.$$

上式说明如果已知解析函数 $f(z)$在圆环域 $D:R_1<|z-z_0|<R_2$ 的洛朗级数系数为 c_{-1},则 $f(z)$沿环内且内部包含 z_0 的任意一条简单闭曲线 C 的积分值就是 $2\pi i c_{-1}$.

例 3.4.3 求下列各积分的值:

(1)$\oint_{|z|=3}\frac{1}{z(z+2)}dz$;(2)$\oint_{|z|=2}\frac{ze^{\frac{1}{z}}}{1-z}dz$.

解 (1) $\frac{1}{z(z+2)}$的奇点为 $z=0$ 和 $z=-2$,故 $f(z)=\frac{1}{z(z+2)}$在 $2<|z|<+\infty$内解析,$|z|=3$ 是环 $2<|z|<+\infty$内的简单闭曲线,由洛朗展开式

$$\frac{1}{z(z+2)}=\frac{1}{z^2}\cdot\frac{1}{1+\frac{2}{z}}=\frac{1}{z^2}\left(1-\frac{2}{z}+\frac{2^2}{z^2}-\cdots\right),$$

知 $c_{-1}=0$,所以$\oint_{|z|=3}\frac{1}{z(z+2)}dz=2\pi i\cdot 0=0$.

(2) $f(z)=\frac{ze^{\frac{1}{z}}}{1-z}$的奇点为 $z=0$ 和 $z=1$,则 $f(z)$在圆环 $1<|z|<+\infty$内处处解析,$|z|=2$ 是环 $1<|z|<+\infty$内的简单闭曲线,

$$f(z)=-e^{\frac{1}{z}}\cdot\frac{1}{1-\frac{1}{z}}$$

$$=-\left(1+\frac{1}{z}+\frac{1}{2!z^2}+\frac{1}{3!z^3}+\cdots\right)\left(1+\frac{1}{z}+\frac{1}{z^2}+\cdots\right)$$

$$=-\left(1+\frac{2}{z}+\frac{5}{2z^2}+\cdots\right),$$

因此，$c_{-1}=-2$，从而，$\oint_{|z|=2}\frac{ze^{\frac{1}{z}}}{1-z}dz=-2\cdot 2\pi i=-4\pi i.$

习 题 3

1. 考察下列级数的敛散性：

(1) $\sum_{n=1}^{\infty}\left(\frac{1}{n}+i\frac{1}{2^n}\right)$； (2) $\sum_{n=1}^{\infty}\frac{i^n}{n}$.

2. 判别下列级数的绝对收敛与条件收敛性：

(1) $\sum_{n=1}^{\infty}\frac{i^n}{\ln n}$； (2) $\sum_{n=1}^{\infty}\frac{(3+5i)^n}{n!}$.

3. 求下列幂级数的收敛半径：

(1) $\sum_{n=1}^{\infty}\frac{n^n}{n!}z^n$； (2) $\sum_{n=1}^{\infty}\frac{z^n}{n^p}$（$p$ 为正整数）； (3) $\sum_{n=1}^{\infty}(1+i)^n z^n$；

(4) $\sum_{n=1}^{\infty}\frac{(z-1)^n}{n}$； (5) $\sum_{n=1}^{\infty}e^{i\frac{\pi}{n}}z^n$.

4. 把下列各函数展开成 z 的幂级数，并求它们的收敛半径：

(1) $\frac{1}{1+z^2}$； (2) $\frac{1}{(1+z^3)^2}$； (3) $\operatorname{ch}z$.

5. 求下列函数在指定点 z_0 处的泰勒展开式，并指出它们的收敛半径：

(1) $\frac{1}{2-3z}$，$z_0=1+i$； (2) $\arctan z$，$z_0=0$.

6. 把下列各函数在指定的圆环域内展开成洛朗级数：

(1) $\frac{1}{(z-1)(z-2)}$，$0<|z-1|<1$，$1<|z-2|<+\infty$，$1<|z|<2$；

(2) $z^3e^{\frac{1}{z}}$，$0<|z|<+\infty$； (3) $z^2\cos\frac{1}{z}$，$0<|z|<+\infty$.

7. 求下列积分 $\oint_C f(z)dz$，C 为正向圆周 $|z|=3$，设 $f(z)$ 为

(1) $\frac{z+2}{(z+1)z}$； (2) $\frac{z^2}{(z+1)(z+2)}$.

第 4 章　留 数 理 论

本章继续讨论解析函数的闭路积分的计算方法，引入孤立奇点的留数定义，用留数计算来统一前面的闭路积分的计算方法. 为此，本章中将讨论孤立奇点的分类、解析函数在孤立奇点邻域内的性态、函数零点与极点的关系，给出留数定义、得到留数的计算方法及计算闭路积分的留数定理，最后给出留数定理在定积分和反常积分计算中的应用.

4.1　奇点分类，留数计算与留数定理

4.1.1　孤立奇点与留数定义

设 z_0 为 $f(z)$的奇点，且 $f(z)$在点 z_0 的一个去心邻域 $0<|z-z_0|<\delta(\delta>0)$内解析，则称 z_0 为 $f(z)$的孤立奇点. 例如，$z=0$ 是 $f(z)=\dfrac{e^z-1}{z}$的孤立奇点，$z=0$ 与 $z=1$都是函数 $g(z)=\dfrac{\cos z}{z^3(z-1)^4}$的孤立奇点，但 $z=0$ 不是 $f(z)=\dfrac{1}{\sin\dfrac{1}{z}}$的孤立奇点，因为在点 $z=0$ 任意邻域内都有$\dfrac{1}{\sin\dfrac{1}{z}}$的奇点 $z=\dfrac{1}{k\pi}$(k 是充分大的整数).

由于 $f(z)$在 z_0 的一个去心邻域 $0<|z-z_0|<\delta(\delta>0)$内解析，因此

$$f(z)=\sum_{n=-\infty}^{+\infty}c_n(z-z_0)^n,\quad 0<|z-z_0|<\delta,$$

这里 $c_{-1}=\dfrac{1}{2\pi i}\oint_\Gamma f(z)dz$，$\Gamma$ 为 $0<|z-z_0|<\delta$ 内的任意一条环绕 z_0 的正向简单闭曲线. 称 $c_{-1}=\dfrac{1}{2\pi i}\oint_\Gamma f(z)dz$ 为 $f(z)$在奇点 z_0 处的留数，记为 $\mathrm{Res}[f(z),z_0]$，即

$$\mathrm{Res}[f(z),z_0]=\frac{1}{2\pi i}\oint_\Gamma f(z)dz,$$

其中，Γ 为 $f(z)$的解析圆环域 $0<|z-z_0|<\delta$ 内的一条环绕 z_0 的正向简单闭曲线.

下面将对解析函数的孤立奇点进行分类，并讨论函数在孤立奇点的留数计算方法.

4.1.2 可去奇点

如果函数 $f(z)$在奇点 z_0 的一个去心邻域 $0<|z-z_0|<\delta(\delta>0)$内的洛朗展开式

$$f(z)=\sum_{n=-\infty}^{+\infty} c_n(z-z_0)^n,\quad 0<|z-z_0|<\delta$$

中所有$(z-z_0)$的负幂项的系数为零,即

$$f(z)=c_0+c_1(z-z_0)+c_2(z-z_0)^2+\cdots+c_n(z-z_0)^n+\cdots,\quad 0<|z-z_0|<\delta,$$

那么称该孤立奇点 z_0 为函数 $f(z)$的可去的孤立奇点,简称可去奇点.

函数在该点的极限存在,如果补充或重新定义 $f(z_0)=\lim\limits_{z\to z_0}f(z)$,则函数在该点就变得解析. 例如,$z=0$ 是函数 $f(z)=\dfrac{e^z-1}{z}$的可去奇点,因为这个函数的洛朗展开式为

$$f(z)=\frac{e^z-1}{z}=\frac{1}{z}\left(z+\frac{z^2}{2!}+\frac{z^3}{3!}+\cdots\right)=1+\frac{z}{2!}+\frac{z^2}{3!}+\cdots,\quad 0<|z|<+\infty,$$

其展开式中不含 z 的负幂项. 如果补充定义 $f(z)$在 $z=0$ 的函数值为 1,则

$$f(z)=1+\frac{z}{2!}+\frac{z^2}{3!}+\cdots,\quad |z|<+\infty.$$

事实上,对于可去奇点的判别方式有下列定理.

定理 4.1.1 当函数 $f(z)$在 $0<|z-z_0|<\delta$ 内解析时,z_0 是 $f(z)$的可去奇点的充分必要条件为$\lim\limits_{z\to z_0}f(z)$是有限值.

证明 (必要性)z_0 是 $f(z)$的可去奇点时,有

$$f(z)=c_0+c_1(z-z_0)+c_2(z-z_0)^2+\cdots+c_n(z-z_0)^n+\cdots,\quad 0<|z-z_0|<\delta.$$

上式右端的幂级数收敛半径至少为 δ,其和函数在$|z-z_0|<\delta$ 内解析,因此,$\lim\limits_{z\to z_0}f(z)=c_0$为有限值.

(充分性)由于$\lim\limits_{z\to z_0}f(z)$为有限值,因此存在正数 M 和 $r_0<\delta$,使得

$$|f(z)|<M,\quad 0<|z-z_0|<r_0.$$

设 $f(z)$在奇点 z_0 的一个去心邻域 $0<|z-z_0|<\delta(\delta>0)$内的洛朗展开式为

$$f(z)=\sum_{n=-\infty}^{+\infty} c_n(z-z_0)^n,\quad 0<|z-z_0|<\delta,$$

有

$$c_n = \frac{1}{2\pi i}\int_C \frac{f(\zeta)}{(\zeta - z_0)^{n+1}}d\zeta,$$

其中,C 为圆周 $|z-z_0|=r$,r 为任意正常数且 $r<r_0$,$r<\delta$. 当 $n<0$ 时,有

$$|c_n| = \left|\frac{1}{2\pi i}\int_C \frac{f(\zeta)}{(\zeta - z_0)^{n+1}}d\zeta\right| \leqslant \frac{1}{2\pi}\int_C \frac{|f(\zeta)|}{|\zeta - z_0|^{n+1}}\,|d\zeta| = \frac{1}{2\pi}\int_C \frac{M}{r^{n+1}}\,|d\zeta| = \frac{M}{r^n}.$$

因此,由 r 的任意性,当 $n<0$ 时,令 $r\to 0$,得 $c_n=0$,即 $c_{-1}=0, c_{-2}=0, c_{-3}=0, \cdots$,从而,

$$f(z) = \sum_{n=0}^{+\infty} c_n(z-z_0)^n, \quad 0<|z-z_0|<\delta,$$

即 z_0 是 $f(z)$的可去奇点.

当 z_0 是 $f(z)$的可去奇点时,$\text{Res}[f(z), z_0]=c_{-1}=0$.

4.1.3 极点

如果函数 $f(z)$在奇点 z_0 的一个去心邻域 $0<|z-z_0|<\delta$ 内的洛朗展开式为

$$f(z) = \sum_{n=-\infty}^{+\infty} c_n(z-z_0)^n, \quad 0<|z-z_0|<\delta,$$

有且最多只有有限项$(z-z_0)$的负幂项,即

$$\begin{aligned} f(z) =& c_{-m}(z-z_0)^{-m} + \cdots + c_{-1}(z-z_0)^{-1} \\ &+ c_0 + c_1(z-z_0) + \cdots + c_n(z-z_0)^n + \cdots, \end{aligned}$$

其中,$c_{-m}\neq 0$,$m\geqslant 1$,那么称该孤立奇点 z_0 为函数 $f(z)$的 m 阶极点.

当奇点 z_0 为函数 $f(z)$的 m 阶极点时,有

$$f(z) = \frac{1}{(z-z_0)^m}\sum_{k=0}^{\infty} c_{-m+k}(z-z_0)^k = \frac{1}{(z-z_0)^m}g(z), \quad 0<|z-z_0|<\delta,$$

其中,$g(z)=\sum\limits_{k=0}^{\infty} c_{-m+k}(z-z_0)^k$ 在$|z-z_0|<\delta$ 内解析,且 $g(z_0)\neq 0$.

此外,当 $f(z)=\dfrac{1}{(z-z_0)^m}g(z)$时,其中 $g(z)$在$|z-z_0|<\delta$ 内解析且 $g(z_0)\neq 0$,由泰勒幂级数展开式得

$$g(z) = \sum_{n=0}^{\infty} b_n(z-z_0)^n, \quad |z-z_0|<\delta,$$

其中,$b_0=g(z_0)\neq 0$. 因此

$$\begin{aligned} f(z) =& b_0\frac{1}{(z-z_0)^m} + b_1\frac{1}{(z-z_0)^{m-1}} + \cdots + b_m \\ &+ b_{m+1}(z-z_0) + \cdots, \quad 0<|z-z_0|<\delta, \end{aligned}$$

从而,点 z_0 是 $f(z)$的 m 阶极点.由上述讨论得到了下列定理.

定理 4.1.2 设函数 $f(z)$在 $0<|z-z_0|<\delta$ 内解析,则 z_0 是 $f(z)$的 m 阶极点的充分必要条件为 $f(z)$在 $0<|z-z_0|<\delta$ 内可以表示成

$$f(z)=\frac{1}{(z-z_0)^m}g(z),$$

其中,$g(z)$在点 z_0 处解析,且 $g(z_0)\neq 0$.

例如,$z=0$ 是函数 $f(z)=\dfrac{\cos z}{z^2(z-1)}$的二阶极点,这是因为 $f(z)=\dfrac{1}{z^2}\cdot\dfrac{\cos z}{z-1}$,其中,$g(z)=\dfrac{\cos z}{z-1}$在 $z=0$ 解析,且 $g(0)=-1\neq 0$,故 $z=0$ 是 $f(z)$的二阶极点.同理,$z=1$ 是 $f(z)$的一阶极点.

由定理 4.1.2 知,z_0 是 $f(z)$的 m 阶极点时,在 $0<|z-z_0|<\delta$ 内有 $f(z)=\dfrac{1}{(z-z_0)^m}g(z)$,记 $h(z)=\dfrac{1}{f(z)}$,此时 $h(z)=\dfrac{1}{g(z)}(z-z_0)^m$,其中,$\dfrac{1}{g(z)}$在点 z_0 处解析,且$\dfrac{1}{g(z_0)}\neq 0$,补充定义 $h(z_0)=0$,可得 z_0 是 $h(z)=\dfrac{1}{f(z)}$的 m 重零点.即

$$h(z_0)=h'(z_0)=\cdots=h^{(m-2)}(z_0)=h^{(m-1)}(z_0)=0 \text{ 且 } h^{(m)}(z_0)\neq 0.$$

在实际应用中,经常讨论函数 $f(z)=\dfrac{P(z)}{Q(z)}$,其中,$P(z)$,$Q(z)$在点 z_0 处解析,且 z_0 分别是函数 $P(z)$,$Q(z)$的 p 重,q 重零点.此时有当 $p\geqslant q$ 时,z_0 是 $f(z)=\dfrac{P(z)}{Q(z)}$的可去奇点;当 $p<q$ 时,z_0 是 $f(z)=\dfrac{P(z)}{Q(z)}$的 $q-p$ 阶极点.例如,$z=0$ 是函数 $f(z)=\dfrac{1-\mathrm{e}^{2z}}{z^4}$的奇点,易于讨论得 $z=0$ 是函数 $P(z)=1-\mathrm{e}^{2z}$的单零点($P(0)=0$,$P'(0)=-2\neq 0$),$z=0$ 是函数 $Q(z)=z^4$ 的四重零点,因此 $z=0$ 是函数 $f(z)=\dfrac{1-\mathrm{e}^{2z}}{z^4}$的三阶极点.

当 z_0 是 $f(z)$的 m 阶极点时,由 $f(z)=\dfrac{1}{(z-z_0)^m}g(z)$,其中,$g(z)$在点 z_0 处解析,且 $g(z_0)\neq 0$,故$\lim\limits_{z\to z_0}\dfrac{1}{f(z)}=0$,即$\lim\limits_{z\to z_0}f(z)=\infty$.事实上,我们可以证明下列定理.

定理 4.1.3 当函数 $f(z)$在 $0<|z-z_0|<\delta(0<\delta\leqslant+\infty)$内解析时,$z_0$ 是 $f(z)$的极点的充要条件为$\lim\limits_{z\to z_0}f(z)=\infty$.

证明 (必要性)z_0 是 $f(z)$的极点时,$f(z)$在 $0<|z-z_0|<\delta$ 内可以表示成

$$f(z)=\frac{1}{(z-z_0)^m}g(z),$$

其中，$g(z)$在点 z_0 处解析，且 $g(z_0)\neq 0$，故$\lim\limits_{z\to z_0}\dfrac{1}{f(z)}=0$，从而$\lim\limits_{z\to z_0}f(z)=\infty$.

（充分性）设$\lim\limits_{z\to z_0}f(z)=\infty$，因此存在正数 M 和 $r_0<\delta$，使得

$$|f(z)|>M>0,\quad 0<|z-z_0|<r_0.$$

记 $F(z)=\dfrac{1}{f(z)}$，则 $F(z)$在奇点 z_0 的去心邻域 $0<|z-z_0|<r_0$ 内解析，且$\lim\limits_{z\to z_0}F(z)=0$，由定理 4.1.1 的结论，$z_0$ 是 $F(z)$的可去奇点. 补充定义 $F(0)=0$，有 $F(z)$在圆盘$|z-z_0|<r_0$ 内解析且 $F(z)$不恒为零，因此

$$F(z)=b_m(z-z_0)^m+b_{m+1}(z-z_0)^{m+1}+\cdots,\qquad |z-z_0|<r_0,$$

其中，$b_m\neq 0,m>0$. 因此，$F(z)=(z-z_0)^mG(z)$，其中，$G(z)$在圆盘$|z-z_0|<r_0$ 内解析且 $G(z_0)\neq 0$. 此时，

$$f(z)=\frac{1}{F(z)}=(z-z_0)^{-m}\frac{1}{G(z)},\quad 0<|z-z_0|<r_0.$$

函数 $g(z)=\dfrac{1}{G(z)}$在$|z-z_0|<r_0$ 内解析，且 $g(z_0)\neq 0$. 由定理 4.1.2 得，z_0 是 $f(z)$的 m 阶极点.

下面讨论函数在极点处留数的计算方法.

当 z_0 为函数 $f(z)$的一阶极点时，在 z_0 的去心邻域 $0<|z-z_0|<\delta$ 内，有

$$f(z)=c_{-1}(z-z_0)^{-1}+c_0+c_1(z-z_0)+\cdots+c_n(z-z_0)^n+\cdots,$$

此时有

$$(z-z_0)f(z)=c_{-1}+c_0(z-z_0)+c_1(z-z_0)^2+\cdots,$$

因此，

$$\mathrm{Res}[f(z),z_0]=c_{-1}=\lim_{z\to z_0}[(z-z_0)f(z)].$$

当 z_0 为函数 $f(z)=\dfrac{P(z)}{Q(z)}$的一阶极点时，其中，$P(z)$，$Q(z)$在点 z_0 处解析，$P(z_0)\neq 0$，$Q(z_0)=0$，但 $Q'(z_0)\neq 0$，则

$$\mathrm{Res}[f(z),z_0]=\lim_{z\to z_0}\left[(z-z_0)\frac{P(z)}{Q(z)}\right]=\lim_{z\to z_0}\left[\frac{P(z)}{\dfrac{Q(z)-Q(z_0)}{(z-z_0)}}\right]=\frac{P(z_0)}{Q'(z_0)}.$$

当 z_0 为函数 $f(z)$的 m 阶极点时，在 z_0 的去心邻域 $0<|z-z_0|<\delta$ 内有

$$\begin{aligned}f(z)=&c_{-m}(z-z_0)^{-m}+\cdots+c_{-1}(z-z_0)^{-1}+c_0\\&+c_1(z-z_0)+\cdots+c_n(z-z_0)^n+\cdots,\end{aligned}$$

取整数 $n(n\geqslant m)$有

$$(z-z_0)^n f(z)=c_{-m}(z-z_0)^{n-m}+\cdots+c_{-1}(z-z_0)^{n-1}$$
$$+c_0(z-z_0)^n+c_1(z-z_0)^{n+1}+\cdots,$$

因此

$$\operatorname{Res}[f(z),z_0]=c_{-1}=\frac{1}{(n-1)!}\lim_{z\to z_0}\frac{\mathrm{d}^{n-1}}{\mathrm{d}z^{n-1}}\{(z-z_0)^n f(z)\}.$$

4.1.4 本性奇点

如果函数 $f(z)$在奇点 z_0 的一个去心邻域 $0<|z-z_0|<\delta$ 内的洛朗展开式

$$f(z)=\sum_{n=-\infty}^{+\infty}c_n(z-z_0)^n,\quad 0<|z-z_0|<\delta$$

有无穷多项$(z-z_0)$的负幂项,即 $f(z)$的洛朗级数有无穷多个负幂项系数不为零,那么称孤立奇点 z_0 为 $f(z)$的本性奇点.例如,函数 $f(z)=\mathrm{e}^{\frac{1}{z}}$ 在 $z=0$ 点的去心邻域 $0<|z|<+\infty$内的洛朗级数展开式为 $\mathrm{e}^{\frac{1}{z}}=1+\frac{1}{z}+\frac{1}{2!\ z^2}+\cdots+\frac{1}{n!\ z^n}+\cdots$,这里含有的 z 的负幂项的系数有无穷多个不为零,故 $z=0$ 为 $f(z)=\mathrm{e}^{\frac{1}{z}}$ 的本性奇点.

事实上,综合定理 4.1.1 和定理 4.1.3 的结论有下列定理.

定理 4.1.4 当 $f(z)$在 $0<|z-z_0|<\delta$ 内解析时,z_0 是 $f(z)$的本性奇点的充分必要条件为$\lim\limits_{z\to z_0}f(z)$不是有限值也不是$\infty$,即$\lim\limits_{z\to z_0}f(z)$没有固定的趋势.

对本性奇点处留数的计算通常利用函数的洛朗展开式

$$f(z)=\sum_{n=-\infty}^{\infty}c_n(z-z_0)^n,\quad 0<|z-z_0|<\delta,$$

有

$$\operatorname{Res}[f(z),z_0]=c_{-1}.$$

例 4.1.1 讨论下列各函数在有限 z 平面上的奇点,并指出其类型:

(1) $\frac{\cos z-1}{z^2}$;(2) $\frac{z+1}{z(z^2+1)^2(z+\mathrm{i})^2}$;(3) $\mathrm{e}^{\frac{1}{z}}$.

解 (1) $\frac{\cos z-1}{z^2}$在 $0<|z|<+\infty$ 内解析,$z=0$ 是它的孤立奇点,且 $\lim\limits_{z\to 0}\frac{\cos z-1}{z^2}=-\frac{1}{2}$,因此,$z=0$ 是函数$\frac{\cos z-1}{z^2}$的可去奇点.或者 $z=0$ 是分子 $P(z)=\cos z-1$ 的二重零点($P(0)=0$,$P'(0)=0$ 且 $P''(0)=-1\neq 0$),同时 $z=0$ 是分母 z^2 的二重零点,故 $z=0$ 是函数$\frac{\cos z-1}{z^2}$的可去奇点.

(2) $f(z)=\dfrac{z+1}{z(z^2+1)^2(z+i)^2}=\dfrac{z+1}{z(z-i)^2(z+i)^4}$,分子分母均为 z 的多项式且无公共零点,故分母的零点 $z=0,z=i$ 和 $z=-i$ 为极点. 并且 $z=0$ 是其一阶极点,$z=i$ 是二阶极点,$z=-i$ 是四阶极点.

(3) 函数 $e^{\frac{1}{z}}$ 在 $0<|z|<+\infty$ 内解析,故 $z=0$ 是其孤立奇点. 且 $\lim\limits_{z=x\to0^+}e^{\frac{1}{z}}=+\infty$, $\lim\limits_{z=x\to0^-}e^{\frac{1}{z}}=0$,所以 $\lim\limits_{z\to0}e^{\frac{1}{z}}$ 不存在,也不是 ∞,故 $z=0$ 是其本性奇点. 或者由 $e^{\frac{1}{z}}=\sum\limits_{n=0}^{\infty}\dfrac{1}{n!}\cdot\dfrac{1}{z^n}(0<|z|<+\infty)$,$z=0$ 是其本性奇点.

从前面的讨论可以看出,在计算留数以前,先要判断奇点的类型,如果是极点,通常要判断它是几阶极点.

例 4.1.2 求函数 $f(z)=\dfrac{e^{iz}}{4+z^2}$ 在其孤立奇点处的留数.

解
$$f(z)=\frac{e^{iz}}{4+z^2}=\frac{e^{iz}}{(z+2i)(z-2i)},$$

而 $\dfrac{e^{iz}}{z-2i}$ 在点 $z=-2i$ 处解析,且 $\left.\dfrac{e^{iz}}{z-2i}\right|_{z=-2i}\neq0$,因此,$z=-2i$ 是 $f(z)$ 的一阶极点. 同理,$z=2i$ 也是 $f(z)$ 的一阶极点. 于是,

$$\begin{aligned}\mathrm{Res}[f(z),-2i]&=\lim_{z\to2i}\left[(z+2i)\frac{e^{iz}}{(z+2i)(z-2i)}\right]\\&=\left.\frac{e^{iz}}{z-2i}\right|_{z=-2i}=\frac{e^{-2i^2}}{-4i}=\frac{e^2}{-4i}=\frac{ie^2}{4},\\ \mathrm{Res}[f(z),2i]&=\lim_{z\to2i}\left[(z-2i)\frac{e^{iz}}{(z+2i)(z-2i)}\right]\\&=\left.\frac{e^{iz}}{z+2i}\right|_{z=2i}=\frac{e^{2i^2}}{4i}=\frac{e^{-2}}{4i}=-\frac{i}{4e^2}.\end{aligned}$$

记 $P(z)=e^{iz}$,$Q(z)=4+z^2$,$Q'(z)=2z$,对奇点 $z_0=-2i$,有 $P(z_0)=e^{-2i^2}=e^2\neq0$,$Q(z_0)=(4+z^2)|_{z=-2i}=0$,且 $Q'(z_0)=2z|_{z=-2i}=-4i\neq0$,故 $z_0=-2i$ 是 $f(z)=\dfrac{e^{iz}}{4+z^2}$ 的一阶极点. 因此

$$\mathrm{Res}[f(z),-2i]=\frac{P(-2i)}{Q'(-2i)}=\frac{e^2}{-4i}=\frac{ie^2}{4}.$$

同理,

$$\mathrm{Res}[f(z),2i]=\frac{P(2i)}{Q'(2i)}=\frac{e^{-2}}{4i}=-\frac{i}{4e^2}.$$

例 4.1.3 求函数 $f(z)=\frac{\sin z}{z\,(z-1)^2}$在其孤立奇点处的留数.

解 $z=0$ 是函数 $f(z)=\frac{\sin z}{z\,(z-1)^2}$的可去奇点；$z=1$ 是函数的二阶极点. 因此，

$$\mathrm{Res}[f(z),0]=0;$$

$$\mathrm{Res}[f(z),1]=\frac{1}{(2-1)!}\lim_{z\to 1}\frac{\mathrm{d}}{\mathrm{d}z}\left[(z-1)^2\cdot\frac{\sin z}{z(z-1)^2}\right]$$

$$=\lim_{z\to 1}\left(\frac{\sin z}{z}\right)'=\lim_{z\to 1}\frac{z\cos z-\sin z}{z^2}=\cos 1-\sin 1.$$

例 4.1.4 求函数 $f(z)=\frac{1-\mathrm{e}^{2z}}{z^4}$在有限孤立奇点处的留数.

解 对函数 $f(z)=\frac{1-\mathrm{e}^{2z}}{z^4}$，由于 $z=0$ 是分子 $1-\mathrm{e}^{2z}$的单零点，是分母 z^4 的四重零点，因此，$z=0$ 是 $f(z)=\frac{1-\mathrm{e}^{2z}}{z^4}$的三阶极点. 如果利用极点处留数计算公式有

$$\mathrm{Res}[f(z),0]=\frac{1}{3!}\lim_{z\to 0}\frac{\mathrm{d}^3}{\mathrm{d}z^3}\left[z^4\cdot\frac{1-\mathrm{e}^{2z}}{z^4}\right]$$

$$=\frac{1}{3!}\lim_{z\to 0}\frac{\mathrm{d}^3}{\mathrm{d}z^3}[1-\mathrm{e}^{2z}]=-\frac{4}{3}.$$

在例 4.1.4 中，$z=0$ 是 $f(z)=\frac{1-\mathrm{e}^{2z}}{z^4}$的三阶极点，如果利用公式

$$\mathrm{Res}[f(z),0]=\frac{1}{2!}\lim_{z\to 0}\frac{\mathrm{d}^2}{\mathrm{d}z^2}\left[z^3\cdot\frac{1-\mathrm{e}^{2z}}{z^4}\right],$$

但这里$\frac{1}{2!}\lim\limits_{z\to 0}\frac{\mathrm{d}^2}{\mathrm{d}z^2}\left[\frac{1-\mathrm{e}^{2z}}{z}\right]$的计算将非常复杂，计算量增大了许多. 例 4.1.4 也可用函数的洛朗级数展开方法，

$$f(z)=\frac{1-\mathrm{e}^{2z}}{z^4}=\frac{1}{z^4}\left[1-\left(1+2z+\frac{4z^2}{2!}+\frac{8z^3}{3!}+\cdots\right)\right]$$

$$=-\frac{2}{z^3}-\frac{2}{z^2}-\frac{4}{3}\cdot\frac{1}{z}-\cdots,\quad 0<|z|<+\infty,$$

因此，$\mathrm{Res}[f(z),0]=-\frac{4}{3}$. 值得读者总结的是，留数计算中应根据实际情形灵活运用各种计算方法.

4.1.5 留数定理

下面的留数定理将给出留数在复变函数闭路积分计算中的应用.

定理 4.1.5(留数定理) 设函数 $f(z)$在区域 D 内除有限个孤立奇点 z_1, z_2,…,z_n 外处处解析,C 为区域 D 内包含诸奇点的一条简单正向闭曲线,则

$$\oint_C f(z)\mathrm{d}z = 2\pi\mathrm{i}\cdot\sum_{k=1}^{n}\mathrm{Res}[f(z),z_k].$$

证明 把在 C 内的孤立奇点 $z_1,z_2,\cdots,z_n$ 用互不包含的逆时针方向的简单闭曲线 $C_k(k=1,2,\cdots,n)$围绕起来如图 4.1 所示,由复合闭路定理有

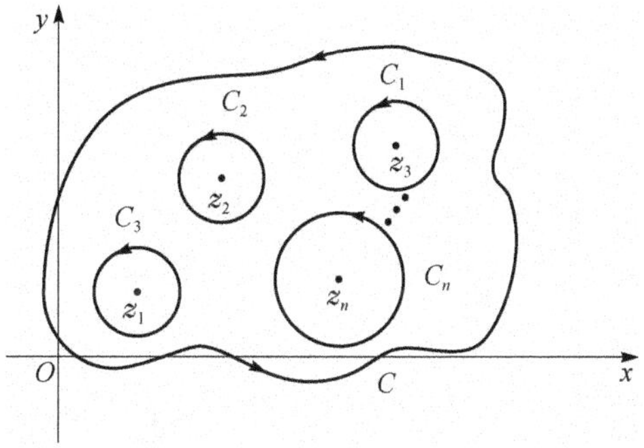

图 4.1

$$\begin{aligned}\oint_C f(z)\mathrm{d}z &= \oint_{C_1} f(z)\mathrm{d}z + \oint_{C_2} f(z)\mathrm{d}z + \cdots + \oint_{C_n} f(z)\mathrm{d}z \\ &= 2\pi\mathrm{i}\cdot\mathrm{Res}[f(z),z_1] + 2\pi\mathrm{i}\cdot\mathrm{Res}[f(z),z_2] + \cdots \\ &\quad + 2\pi\mathrm{i}\cdot\mathrm{Res}[f(z),z_n] \\ &= 2\pi\mathrm{i}\sum_{k=1}^{n}\mathrm{Res}[f(z),z_k].\end{aligned}$$

例 4.1.5 计算积分 $\oint_C \frac{z\mathrm{e}^z}{z^2-1}\mathrm{d}z$,$C$ 为正向圆周:$|z|=2$.

解 圆周 $|z|=2$ 的内部有被积函数 $f(z)=\frac{z\mathrm{e}^z}{z^2-1}$ 的两个孤立奇点 $z=\pm 1$,且 $z=\pm 1$ 都是 $f(z)$的一阶极点,故

$$\mathrm{Res}[f(z),1] = \lim_{z\to 1}[(z-1)\cdot f(z)] = \lim_{z\to 1}\frac{z\mathrm{e}^z}{z+1} = \frac{\mathrm{e}}{2};$$

$$\mathrm{Res}[f(z),-1] = \lim_{z\to -1}[(z+1)\cdot f(z)] = \lim_{z\to -1}\frac{z\mathrm{e}^z}{z-1} = \frac{\mathrm{e}^{-1}}{2},$$

因此,$\oint_C \frac{z\mathrm{e}^z}{z^2-1}\mathrm{d}z = 2\pi\mathrm{i}\{\mathrm{Res}[f(z),-1]+\mathrm{Res}[f(z),1]\} = 2\pi\mathrm{i}\left(\frac{\mathrm{e}^{-1}}{2}+\frac{\mathrm{e}}{2}\right)$.

例 4.1.6 计算积分 $\oint_C \frac{\mathrm{e}^z}{(z-1)^2\sin z}\mathrm{d}z$,$C$ 为正向圆周:$|z|=2$.

解 圆周$|z|=2$的内部有被积函数$f(z)=\dfrac{e^z}{(z-1)^2\sin z}$的两个孤立奇点$z=0$和$z=1$. 并且$z=0$是函数$f(z)=\dfrac{e^z}{(z-1)^2\sin z}$的一阶极点,此时有

$$\mathrm{Res}[f(z),0]=\lim_{z\to 0}\frac{\dfrac{e^z}{(z-1)^2}}{(\sin z)'}=1.$$

$z=1$是函数的二阶极点,此时有

$$\begin{aligned}\mathrm{Res}[f(z),1]&=\frac{1}{(2-1)!}\lim_{z\to 1}\frac{d}{dz}\left[(z-1)^2\cdot\frac{e^z}{\sin z(z-1)^2}\right]\\&=\left(\frac{e^z}{\sin z}\right)'\Big|_{z=1}=\frac{e^z\sin z-e^z\cos z}{\sin^2 z}\Big|_{z=1}=e(\csc 1-\cot 1\cdot\csc 1),\end{aligned}$$

因此,

$$\begin{aligned}\oint_C\frac{e^z}{(z-1)^2\sin z}dz&=2\pi i\cdot\{\mathrm{Res}[f(z),0]+\mathrm{Res}[f(z),1]\}\\&=2\pi i[1+e(\csc 1-\cot 1\cdot\csc 1)].\end{aligned}$$

4.2 无穷孤立奇点∞的留数及广义留数定理

4.2.1 无穷孤立奇点∞的分类

在前面的讨论中,我们知道对每一个复数z,其模长$|z|<+\infty$. 在许多情形中,为计算方便或理论需要,在复平面上增加一个点∞,即无穷远点,其模长$|z|=+\infty$. 以后称包含无穷远点∞的复平面为扩充复平面,不含无穷远点∞的复平面为有限复平面. 在扩充复平面上,称$R<|z|\leqslant+\infty$为点∞的一个邻域,边界曲线为圆周$|z|=R$的顺时针方向,$R<|z|<+\infty$为点∞的一个去心邻域. 如果存在点∞的一个去心邻域$R<|z|<+\infty$,复变函数$f(z)$在$R<|z|<+\infty$内解析,称点∞为函数$f(z)$的孤立奇点.

设$z=\infty$是$f(z)$的一个孤立奇点,即$f(z)$在$R<|z|<+\infty$内解析,为了研究函数$f(z)$在$z=\infty$邻域内的性质,构造函数$g(z)=f\left(\dfrac{1}{z}\right)$,则函数$g(z)$在$D':0<|z|<\dfrac{1}{R}$内解析,$z=0$是它的一个孤立奇点. 如果$z=0$是$g(z)$的可去奇点、($m$阶)极点、本性奇点,那么分别称$z=\infty$为$f(z)$的可去奇点、($m$阶)极点、本性奇点.

若$f(z)$在$D:R<|z|<+\infty$内的洛朗级数展开式为

$$f(z)=\sum_{n=1}^{\infty}c_{-n}z^{-n}+c_0+\sum_{n=1}^{\infty}c_nz^n,\quad D:R<|z|<+\infty,$$

则 $g(t)=f(\frac{1}{t})$在圆环域 $0<|t|<\frac{1}{R}$内洛朗级数展开式为

$$g(z)=\sum_{n=1}^{\infty}c_{-n}z^{n}+c_0+\sum_{n=1}^{\infty}c_nz^{-n},\quad 0<|z|<\frac{1}{R}.$$

因此，$z=\infty$为 $f(z)$的可去奇点、(m 阶)极点、本性奇点的充要条件为 $f(z)$在 D：$R<|z|<+\infty$内的洛朗级数展开式

$$f(z)=\sum_{n=1}^{\infty}c_{-n}z^{-n}+c_0+\sum_{n=1}^{\infty}c_nz^n,\quad D:R<|z|<+\infty$$

不含 z 的正幂项、z 的正幂项的最高次数为 m、无穷多个正幂项.

类似有限孤立奇点类型的判别条件一样，无穷远孤立奇点类别的判别条件如下.

设无穷远点 $z=\infty$为函数 $f(z)$的孤立奇点，则 $z=\infty$是 $f(z)$可去、极点或本性奇点的充分必要条件分别为$\lim\limits_{z\to\infty}f(z)$有限、无穷或没有固定趋势.

例如，$f(z)=\frac{1}{z-z^3}$在 $1<|z|<+\infty$内解析且

$$f(z)=-\frac{1}{z^3}\cdot\frac{1}{1-\frac{1}{z^2}}=-\frac{1}{z^3}-\frac{1}{z^5}-\frac{1}{z^7}-\cdots,\quad 1<|z|<+\infty.$$

此展开式不含 z 的正幂项，所以，则无穷远点 $z=\infty$是函数 $f(z)=\frac{1}{z-z^3}$的可去奇点. 或者由极限$\lim\limits_{z\to\infty}\frac{1}{z-z^3}=\lim\limits_{z\to\infty}\frac{z^{-3}}{z^{-2}-1}=0$，所以，$z=\infty$为 $f(z)$的可去奇点.

对于函数 $f(z)=\sin z$，其展开式为

$$\sin z=z-\frac{z^3}{3!}+\frac{z^5}{5!}-\cdots+(-1)^m\frac{z^{2m+1}}{(2m+1)!}+\cdots,\quad |z|<+\infty,$$

它含有无穷多个正幂项，所以，$z=\infty$为 $\sin z$ 的本性奇点.

4.2.2 点∞处的留数

类似地，可定义 $f(z)$在孤立奇点∞处的留数.

若 $z=\infty$是 $f(z)$的孤立奇点，即 $f(z)$在 $R<|z|<+\infty$内解析，称 $-\frac{1}{2\pi i}\oint_{\Gamma}f(z)\,dz$ 为 $f(z)$在 $z=\infty$处的留数，记作 $\mathrm{Res}[f(z),\infty]$，即 $\mathrm{Res}[f(z),\infty]=-\frac{1}{2\pi i}\oint_{\Gamma}f(z)dz$，其中，$\Gamma$ 为 $R<|z|<+\infty$内且围绕原点的任意一条正向简单闭

曲线.

设函数 $f(z)$ 在 $R<|z|<+\infty$ 内的洛朗展开式为

$$f(z)=\sum_{n=-\infty}^{\infty}c_n z^n,\quad R<|z|<+\infty,$$

由洛朗级数的系数表达式,有

$$c_{-1}=\frac{1}{2\pi \mathrm{i}}\oint_{\Gamma}f(z)\mathrm{d}z=-\operatorname{Res}[f(z),\infty],$$

因此,$\operatorname{Res}[f(z),\infty]=-c_{-1}$.

当 $z=\infty$ 是函数 $f(z)$ 的孤立奇点时,$z=0$ 是 $g(z)=f(\frac{1}{z})$ 的孤立奇点,此时

$$g(z)=\cdots+c_{-n}z^n+\cdots+c_{-1}z+c_0+c_1z^{-1}+\cdots+c_nz^{-n}+\cdots,\quad 0<|z|<\frac{1}{R},$$

故

$$\begin{aligned}g(z)z^{-2}=&\cdots+c_{-n}z^{n-2}+\cdots+c_{-1}z^{-1}+c_0z^{-2}+c_1z^{-3}\\&+\cdots+c_nz^{-n-2}+\cdots,\quad 0<|z|<\frac{1}{R},\end{aligned}$$

因此,$c_{-1}=\operatorname{Res}[g(z)z^{-2},0]=\operatorname{Res}\left[f\left(\frac{1}{z}\right)\cdot\frac{1}{z^2},0\right]$,从而,

$$\operatorname{Res}[f(z),\infty]=-c_{-1}=-\operatorname{Res}\left[f\left(\frac{1}{z}\right)\cdot\frac{1}{z^2},0\right].$$

这样,从上述讨论得到下面的无穷远点的留数计算定理.

定理 4.2.1 $\operatorname{Res}[f(z),\infty]=-\operatorname{Res}\left[f\left(\frac{1}{z}\right)\cdot\frac{1}{z^2},0\right]$.

对于应用中经常出现的有理函数,由定理 4.2.1 可得下列推论.

推论 4.2.1 对有理函数

$$f(z)=\frac{a_mz^m+a_{m-1}z^{m-1}+\cdots+a_0}{b_nz^n+b_{n-1}z^{n-1}+\cdots+b_0},$$

其中,$a_m\neq 0$,$b_n\neq 0$,当分母次数比分子次数至少高两次,即 $n-m\geqslant 2$ 时,有

$$\operatorname{Res}\left[\frac{a_mz^m+a_{m-1}z^{m-1}+\cdots+a_0}{b_nz^n+b_{n-1}z^{n-1}+\cdots+b_0},\infty\right]=0.$$

上述结果可利用

$$\begin{aligned}f\left(\frac{1}{z}\right)\cdot\frac{1}{z^2}&=\frac{a_mz^{-m}+a_{m-1}z^{-m+1}+\cdots+a_0}{b_nz^{-n}+b_{n-1}z^{-n+1}+\cdots+b_0}\cdot\frac{1}{z^2}\\&=\frac{a_mz^{n-m-2}+a_{m-1}z^{n-m-1}+\cdots+a_0z^{n-2}}{b_n+b_{n-1}z+\cdots+b_0z^n},\end{aligned}$$

当 $z\to 0$ 时，$f\left(\frac{1}{z}\right)\cdot\frac{1}{z^2}$的极限为有限值，故 $z=0$ 为 $f\left(\frac{1}{z}\right)\cdot\frac{1}{z^2}$的可去奇点，从而

$$\mathrm{Res}[f(z),\infty]=-\mathrm{Res}\left[f\left(\frac{1}{z}\right)\cdot\frac{1}{z^2},0\right]=0.$$

例 4.2.1 判断函数 $f(z)=\frac{2z}{3+z^2}$的奇点 $z=\infty$的类型？并求出 $\mathrm{Res}[f(z),\infty]$.

解 函数 $f(z)=\frac{2z}{3+z^2}$在$|z|>\sqrt{3}$内解析，洛朗展开式为

$$\begin{aligned}f(z)&=\frac{2z}{3+z^2}=\frac{2z}{z^2}\cdot\frac{1}{1+\frac{3}{z^2}}=\frac{2}{z}\left(1-\frac{3}{z^2}+\frac{9}{z^4}-\frac{27}{z^6}+\cdots\right)\\&=\frac{2}{z}-\frac{6}{z^3}+\frac{18}{z^5}-\cdots,\quad |z|>\sqrt{3},\end{aligned}$$

该展开式中没有 z 的正幂项，故 $z=\infty$是函数 $f(z)=\frac{2z}{3+z^2}$的可去奇点. 由 z^{-1}的系数为 2，即 $c_{-1}=2$，因此，

$$\mathrm{Res}[f(z),\infty]=-c_{-1}=-2.$$

上面的举例说明无穷远点为函数的可去奇点时，留数并不一定是零.

4.2.3 广义留数定理

由孤立奇点 $z=\infty$的留数定义，有下列在扩充复平面上的留数定理(广义留数定理).

定理 4.2.2 如果函数 $f(z)$在扩充复平面上只有有限个奇点，那么 $f(z)$在扩充复平面上所有奇点(包括点∞)的留数之和为零.

证明 设 $f(z)$的有限奇点为 $z_k(k=1,2,\cdots,n)$，以原点为中心，作半径充分大的正向圆周 C，使得 C 的内部包含所有的 $z_k(k=1,2,\cdots,n)$，从而由留数基本定理，得

$$\oint_C f(z)\mathrm{d}z=2\pi\mathrm{i}\cdot\sum_{k=1}^{n}\mathrm{Res}[f(z),z_k].$$

此外，$\mathrm{Res}[f(z),\infty]=-\frac{1}{2\pi\mathrm{i}}\cdot\oint_C f(z)\mathrm{d}z$，因此，

$$\sum_{k=1}^{n}\mathrm{Res}[f(z),z_k]+\mathrm{Res}[f(z),\infty]=0.$$

例 4.2.2 求函数 $f(z)=\frac{\sin z}{(z+1)^3}$在 $z=\infty$处的留数.

解 函数 $f(z)=\dfrac{\sin z}{(z+1)^3}$ 在扩充复平面上的奇点为 $z=-1$ 和 $z=\infty$，且 $z=-1$ 是函数 $f(z)$ 的三阶极点. 由于 $\lim\limits_{z\to\infty}f(z)$ 没有固定趋势，故 $z=\infty$ 是本性奇点. 此时可利用扩充复平面上的广义留数定理进行讨论.

$$\begin{aligned}\operatorname{Res}[f(z),-1]&=\frac{1}{2}\lim_{z\to-1}\frac{\mathrm{d}^2}{\mathrm{d}z^2}\left[(z+1)^3\cdot\frac{\sin z}{(z+1)^3}\right]\\&=\frac{1}{2}\lim_{z\to-1}(\sin z)''=\frac{1}{2}(-\sin z)\big|_{z=-1}=\frac{\sin 1}{2}.\end{aligned}$$

由广义留数定理 $\operatorname{Res}[f(z),-1]+\operatorname{Res}[f(z),\infty]=0$，得

$$\operatorname{Res}[f(z),\infty]=-\operatorname{Res}[f(z),-1]=-\frac{\sin 1}{2}.$$

例 4.2.3 设 $f(z)=\dfrac{e^{iz}}{z^2+1}$，求 $\operatorname{Res}[f(z),\infty]$.

解 函数 $f(z)=\dfrac{e^{iz}}{z^2+1}$ 在扩充复平面上的奇点为 $z=i$，$z=-i$ 和 $z=\infty$. 而 $z=\pm i$ 都是 $f(z)$ 的一阶极点. 因此，

$$\operatorname{Res}[f(z),i]=\frac{e^{iz}}{(z^2+1)'}\bigg|_{z=i}=\frac{e^{iz}}{2z}\bigg|_{z=i}=\frac{e^{-1}}{2i}=-\frac{e^{-1}}{2}i,$$

$$\operatorname{Res}[f(z),-i]=\frac{e^{iz}}{(z^2+1)'}\bigg|_{z=-i}=\frac{e^{iz}}{2z}\bigg|_{z=-i}=\frac{e}{-2i}=\frac{e}{2}i.$$

由扩充复平面上的广义留数定理得

$$\operatorname{Res}[f(z),\infty]=-\left[-\frac{e^{-1}}{2}i+\frac{e}{2}i\right]=\left(\frac{e^{-1}}{2}-\frac{e}{2}\right)i.$$

反过来，有时也可以应用扩充复平面上的广义留数定理，用无穷远奇点的留数求有限奇点的留数.

例 4.2.4 设 $f(z)=\dfrac{e^{\frac{1}{z}}}{1-z}$，求 $\operatorname{Res}[f(z),0]$.

解 由 $\lim\limits_{z=x\to0^+}e^{\frac{1}{z}}=+\infty$，而 $\lim\limits_{z=x\to0^-}e^{\frac{1}{z}}=0$ 知，$z=0$ 是 $f(z)$ 的本性奇点；$z=1$ 是 $f(z)$ 的一阶极点. 而

$$\operatorname{Res}[f(z),1]=\lim_{z\to1}(z-1)\cdot\frac{e^{\frac{1}{z}}}{1-z}=-e.$$

当 $|z|>1$ 时，

$$f(z)=\frac{e^{\frac{1}{z}}}{1-z}=-\frac{1}{z}\cdot\frac{1}{1-\frac{1}{z}}\cdot e^{\frac{1}{z}}$$

$$=-\frac{1}{z}\left(1+\frac{1}{z}+\frac{1}{z^2}+\cdots\right)\left(1+\frac{1}{z}+\frac{1}{2!z^2}+\frac{1}{3!z^3}+\cdots\right)=-\frac{1}{z}+\cdots,$$

上面的展开式中不含 z 的正幂项，故 $z=\infty$ 是 $f(z)$ 的可去奇点，并且 $\frac{1}{z}$ 项的系数为 $c_{-1}=-1$，因此，

$$\operatorname{Res}[f(z),\infty]=-c_{-1}=1.$$

由扩充的复平面上的广义留数定理，得

$$\operatorname{Res}[f(z),\infty]+\operatorname{Res}[f(z),0]+\operatorname{Res}[f(z),1]=0.$$

所以，

$$\operatorname{Res}[f(z),0]=-\operatorname{Res}[f(z),\infty]-\operatorname{Res}[f(z),1]=-1+\mathrm{e}.$$

例 4.2.5 求函数 $f(z)=\frac{z}{z^4-1}$ 在无穷远奇点 $z=\infty$ 的留数.

解 $f(z)=\frac{z}{z^4-1}$，则 $f\left(\frac{1}{z}\right)\cdot\frac{1}{z^2}=\frac{z}{1-z^4}$，$z=0$ 是 $f\left(\frac{1}{z}\right)\cdot\frac{1}{z^2}$ 的可去奇点，故

$$\operatorname{Res}\left[f\left(\frac{1}{z}\right)\cdot\frac{1}{z^2},0\right]=0,$$

因此，$\operatorname{Res}[f(z),\infty]=-\operatorname{Res}\left[f\left(\frac{1}{z}\right)\cdot\frac{1}{z^2},0\right]=0.$

此题可直接利用推论 4.2.1 的推论直接得到结果.

例 4.2.6 计算积分 $\oint_C\frac{\mathrm{d}z}{(z^2+1)^{10}(z-1)(z-3)}$，$C$ 为正向圆周：$|z|=2$.

解 被积函数 $f(z)=\frac{1}{(z^2+1)^{10}(z-1)(z-3)}$ 有有限奇点 $z=\mathrm{i}$，$z=-\mathrm{i}$，$z=1$ 和 $z=3$，其中，$z=\pm\mathrm{i}$ 是 $f(z)$ 的十阶极点、$z=1$ 和 $z=3$ 都是一阶极点，除此之外，在扩充复平面上它还有无穷的奇点 $z=\infty$，且是可去奇点.

在正向圆周 C：$|z|=2$ 的内部，$f(z)$ 有奇点 $z=\pm\mathrm{i}$ 和 $z=1$，则由留数基本定理得

$$\oint_C\frac{\mathrm{d}z}{(z^2+1)^{10}(z-1)(z-3)}=2\pi\mathrm{i}\{\operatorname{Res}[f(z),\mathrm{i}]+\operatorname{Res}[f(z),-\mathrm{i}]+\operatorname{Res}[f(z),1]\},$$

而 $z=\pm\mathrm{i}$ 是十阶极点，其直接计算留数的工作量过大. 为此利用扩充复平面上的广义留数定理

$$\operatorname{Res}[f(z),\mathrm{i}]+\operatorname{Res}[f(z),-\mathrm{i}]+\operatorname{Res}[f(z),1]+\operatorname{Res}[f(z),3]+\operatorname{Res}[f(z),\infty]=0,$$

得

$$\operatorname{Res}[f(z),\mathrm{i}]+\operatorname{Res}[f(z),-\mathrm{i}]+\operatorname{Res}[f(z),1]=-\operatorname{Res}[f(z),3]-\operatorname{Res}[f(z),\infty].$$

而

$$\text{Res}[f(z),3]=\lim_{z\to 3}[(z-3)\cdot f(z)]=\lim_{z\to 3}\frac{1}{(z^2+1)^{10}(z-1)}=\frac{1}{2\cdot 10^{10}},$$

利用推论 4.2.1 得 $\text{Res}[f(z),\infty]=0$,因此,

$$\oint_C \frac{dz}{(z^2+1)^{10}(z-1)(z-3)}=-2\pi i\{\text{Res}[f(z),3]+\text{Res}[f(z),\infty]\}$$

$$=-2\pi i\left\{\frac{1}{2\cdot 10^{10}}+0\right\}=-\frac{\pi i}{10^{10}}.$$

4.3 留数定理的应用

在微积分理论中,已经知道有大量的初等函数,它们的原函数不是初等函数,这样,微积分基本公式难以用在此类定积分的计算中.本节将讨论用留数定理来计算某些类型的定积分,用留数定理计算定积分难点在于如何将定积分转化为沿闭曲线的解析函数积分.下面讨论如何用留数来计算几类特殊形式的定积分.

4.3.1 形如 $\int_0^{2\pi} R(\cos\theta,\sin\theta)d\theta$ 的积分计算

对于 $\int_0^{2\pi} R(\cos\theta,\sin\theta)d\theta$ 类型的积分,其中,$R(\cos\theta,\sin\theta)$ 为 $\cos\theta$ 和 $\sin\theta$ 的有理函数,且 $R(x,y)$ 在圆周 $x^2+y^2=1$ 上无奇点,这类积分通常化为单位圆周上的解析函数积分的计算.令 $z=e^{i\theta}$,有

$$dz=ie^{i\theta}d\theta=izd\theta,\quad d\theta=\frac{1}{iz}dz,$$

$$\cos\theta=\frac{1}{2}(e^{i\theta}+e^{-i\theta})=\frac{1}{2}\left(z+\frac{1}{z}\right),$$

$$\sin\theta=\frac{1}{2i}(e^{i\theta}-e^{-i\theta})=\frac{1}{2i}\left(z-\frac{1}{z}\right).$$

从而,

$$\int_0^{2\pi} R(\cos\theta,\sin\theta)d\theta=\oint_{|z|=1} R\left[\frac{1}{2}\left(z+\frac{1}{z}\right),\frac{1}{2i}\left(z-\frac{1}{z}\right)\right]\frac{1}{iz}dz=\oint_{|z|=1} f(z)dz,$$

其中,$f(z)=R\left[\frac{1}{2}\left(z+\frac{1}{z}\right),\frac{1}{2i}\left(z-\frac{1}{z}\right)\right]\frac{1}{iz}$是 z 的有理函数,且在单位圆周 $|z|=1$ 上没有奇点.

设 $z_1,z_2,\cdots,z_n$ 是 $f(z)$ 在单位圆周 $|z|=1$ 内的奇点,根据留数定理得

$$\int_0^{2\pi} R(\cos\theta,\sin\theta)\mathrm{d}\theta = \oint_{|z|=1} f(z)\mathrm{d}z = 2\pi\mathrm{i}\cdot\sum_{k=1}^{n}\mathrm{Res}[f(z),z_k].$$

例 4.3.1 计算积分 $\int_0^{2\pi}\frac{1}{10+6\sin\theta}\mathrm{d}\theta$.

解 设 $z=\mathrm{e}^{\mathrm{i}\theta}$,则 $\sin\theta=\frac{z-z^{-1}}{2\mathrm{i}}$,$\mathrm{d}\theta=\frac{1}{\mathrm{i}z}\mathrm{d}z$,故

$$\begin{aligned}\int_0^{2\pi}\frac{1}{10+6\sin\theta}\mathrm{d}\theta &= \oint_{|z|=1}\frac{1}{10+6\cdot\frac{1}{2\mathrm{i}}\left(z-\frac{1}{z}\right)}\cdot\frac{1}{\mathrm{i}z}\mathrm{d}z\\ &= \oint_{|z|=1}\frac{1}{3z^2+10\mathrm{i}z-3}\mathrm{d}z\\ &= \frac{1}{3}\oint_{|z|=1}\frac{1}{\left(z+\frac{\mathrm{i}}{3}\right)(z+3\mathrm{i})}\mathrm{d}z,\end{aligned}$$

被积函数 $\frac{1}{\left(z+\frac{\mathrm{i}}{3}\right)(z+3\mathrm{i})}$ 在 $|z|=1$ 内部只有一个一阶极点 $z=-\frac{\mathrm{i}}{3}$,因此,

$$\begin{aligned}\int_0^{2\pi}\frac{1}{10+6\sin\theta}\mathrm{d}\theta &= \frac{2\pi\mathrm{i}}{3}\mathrm{Res}\left[\frac{1}{\left(z+\frac{\mathrm{i}}{3}\right)(z+3\mathrm{i})},-\frac{\mathrm{i}}{3}\right]\\ &= \frac{2\pi\mathrm{i}}{3}\cdot\frac{1}{z+3\mathrm{i}}\bigg|_{z=-\frac{\mathrm{i}}{3}} = \frac{\pi}{4}.\end{aligned}$$

例 4.3.2 计算 $I=\int_0^{2\pi}\frac{\cos 2\theta}{1-2\rho\cos\theta+\rho^2}\mathrm{d}\theta\,(0<\rho<1)$ 的值.

解 设 $z=\mathrm{e}^{\mathrm{i}\theta}$,则 $\cos\theta=\frac{1}{2}\left(z+\frac{1}{z}\right)$,$\cos 2\theta=2\cos^2\theta-1=\frac{1}{2}\left(z^2+\frac{1}{z^2}\right)$,

$\mathrm{d}\theta=\frac{1}{\mathrm{i}z}\mathrm{d}z$,

$$\begin{aligned}I &= \oint_{|z|=1}\frac{1}{2}\left(z^2+\frac{1}{z^2}\right)\cdot\frac{1}{1-2\rho\cdot\frac{1}{2}\left(z+\frac{1}{z}\right)+\rho^2}\frac{\mathrm{d}z}{\mathrm{i}z}\\ &= \oint_{|z|=1}\frac{1+z^4}{2\mathrm{i}z^2(1-\rho z)(z-\rho)}\mathrm{d}z = \oint_{|z|=1}f(z)\mathrm{d}z,\end{aligned}$$

被积函数 $\frac{1+z^4}{2\mathrm{i}z^2(1-\rho z)(z-\rho)}$ 在 $|z|=1$ 内部有两个奇点 $z=0$,$z=\rho$,且 $z=0$ 为二阶极点,$z=\rho$ 为一阶极点,而

$$\mathrm{Res}[f(z),0]=\lim_{z\to 0}\frac{\mathrm{d}}{\mathrm{d}z}\left\{z^2\cdot\frac{1+z^4}{2\mathrm{i}z^2(1-\rho z)(z-\rho)}\right\}=-\frac{1+\rho^2}{2\mathrm{i}\rho^2}.$$

$$\mathrm{Res}[f(z),\rho]=\lim_{z\to\rho}(z-\rho)\cdot\frac{1+z^4}{2\mathrm{i}z^2(1-\rho z)(z-\rho)}=\frac{1+\rho^4}{2\mathrm{i}\rho^2(1-\rho^2)},$$

因此，

$$\begin{aligned}I&=2\pi\mathrm{i}\cdot\{\mathrm{Res}[f(z),0]+\mathrm{Res}[f(z),\rho]\}\\&=2\pi\mathrm{i}\left\{-\frac{1+\rho^2}{2\mathrm{i}\rho^2}+\frac{1+\rho^4}{2\mathrm{i}\rho^2(1-\rho^2)}\right\}=\frac{2\pi\rho^2}{1-\rho^2}.\end{aligned}$$

4.3.2　形如 $\int_{-\infty}^{+\infty}R(x)\mathrm{d}x$ 的积分

当被积函数是 x 的有理函数，而分母的次数至少比分子的次数高二次，并且 $R(z)$ 在实轴上没有孤立奇点，积分是存在的. 若设 $R(z)$ 在上半平面 $\mathrm{Im}z>0$ 的极点为 $z_1,z_2,\cdots,z_n$（图 4.2），则 $\int_{-\infty}^{+\infty}R(x)\mathrm{d}x=2\pi\mathrm{i}\cdot\sum_{k=1}^{n}\mathrm{Res}[R(z),z_k]$. 下面具体介绍其求解方法.

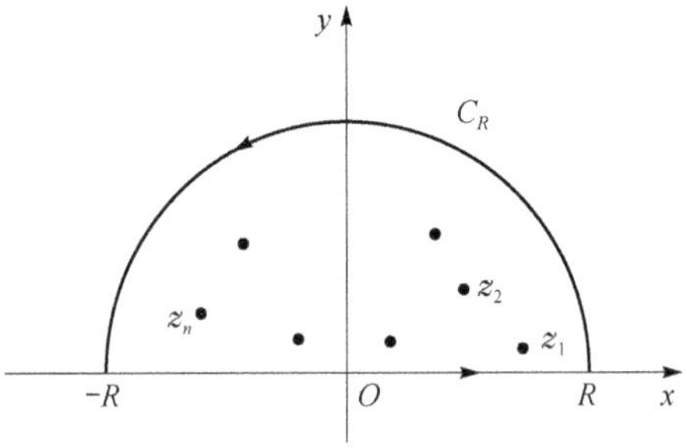

图 4.2

设 $R(z)=\dfrac{z^n+a_1z^{n-1}+\cdots+a_n}{z^m+b_1z^{m-1}+\cdots+b_m}(m-n\geqslant 2)$，取积分路径 C_R 是以原点为中心、以足够大的 R 为半径的上半平面的半圆周，C_R 与位于区间$[-R,R]$线段构成封闭的曲线，方向是曲线的正向，并使 $R(z)$ 在上半平面内的所有极点 $z_k(k=1,2,\cdots,n)$ 都包在这积分路线内，根据留数定理得

$$\int_{-R}^{R}R(x)\mathrm{d}x+\int_{C_R}R(z)\mathrm{d}z=2\pi\mathrm{i}\cdot\sum_{k=1}^{n}\mathrm{Res}[f(z),z_k].$$

下面说明 $\int_{C_R}R(z)\mathrm{d}z\to 0$. 由

$$\begin{aligned}|R(z)|&=\frac{1}{|z|^{m-n}}\frac{|1+a_1z^{-1}+\cdots+a_nz^{-n}|}{|1+b_1z^{-1}+\cdots+b_mz^{-m}|}\\&\leqslant\frac{1}{|z|^{m-n}}\cdot\frac{1+|a_1z^{-1}+\cdots+a_nz^{-n}|}{1-|b_1z^{-1}+\cdots+b_mz^{-m}|},\end{aligned}$$

当$|z|=R$充分大时，总可使$|a_1z^{-1}+\cdots+a_nz^{-n}|<\frac{1}{2}$及$|b_1z^{-1}+\cdots+b_mz^{-m}|<\frac{1}{2}$同时成立. 又$m-n\geqslant 2$，故

$$|R(z)|<\frac{1}{|z|^{m-n}}\cdot\frac{1+\frac{1}{2}}{1-\frac{1}{2}}<\frac{3}{|z|^2},$$

此时有

$$\left|\int_{C_R}R(z)\mathrm{d}z\right|\leqslant\int_{C_R}|R(z)|\,\mathrm{d}s\leqslant\frac{3}{R^2}\pi R=\frac{3\pi}{R},$$

从而

$$\text{当 } R\to+\infty \text{ 时，}\quad \int_{C_R}R(z)\mathrm{d}z\to 0.$$

因此，在$\int_{-R}^{R}R(x)\mathrm{d}x+\int_{C_R}R(z)\mathrm{d}z=2\pi\mathrm{i}\cdot\sum\limits_{k=1}^{n}\mathrm{Res}[R(z),z_k]$中，令$R\to+\infty$，得

$$\int_{-\infty}^{+\infty}R(x)\mathrm{d}x=2\pi\mathrm{i}\cdot\sum_{k=1}^{n}\mathrm{Res}[R(z),z_k].$$

例 4.3.3 计算积分$I=\int_{-\infty}^{+\infty}\frac{x^2}{a^4+x^4}\mathrm{d}x\,(a>0)$的值.

解 在有理函数$R(z)=\frac{z^2}{a^4+z^4}$中，分母比分子的次数高二次，且在实轴上无奇点，因此积分是存在的. 由于$R(z)$在上半平面$\mathrm{Im}z>0$内只有两个一阶极点$z=ae^{\frac{\pi\mathrm{i}}{4}}$和$z=ae^{\frac{3\pi\mathrm{i}}{4}}$，故

$$\int_{-\infty}^{+\infty}R(x)\mathrm{d}x=2\pi\mathrm{i}\cdot\{\mathrm{Res}[R(z),ae^{\frac{\pi\mathrm{i}}{4}}]+\mathrm{Res}[R(z),ae^{\frac{3\pi\mathrm{i}}{4}}]\},$$

而

$$\mathrm{Res}[R(z),ae^{\frac{\pi\mathrm{i}}{4}}]=\left.\frac{z^2}{(a^4+z^4)'}\right|_{z=ae^{\frac{\pi\mathrm{i}}{4}}}=\left.\frac{z^2}{4z^3}\right|_{z=ae^{\frac{\pi\mathrm{i}}{4}}}=\frac{1}{4a}e^{-\frac{\pi\mathrm{i}}{4}},$$

$$\mathrm{Res}[R(z),ae^{\frac{3\pi\mathrm{i}}{4}}]=\left.\frac{z^2}{(a^4+z^4)'}\right|_{z=ae^{\frac{3\pi\mathrm{i}}{4}}}=\left.\frac{z^2}{4z^3}\right|_{z=ae^{\frac{3\pi\mathrm{i}}{4}}}=\frac{1}{4a}e^{-\frac{3\pi\mathrm{i}}{4}},$$

因此，$I=2\pi\mathrm{i}\left[\frac{1}{4a}e^{-\frac{\pi\mathrm{i}}{4}}+\frac{1}{4a}e^{-\frac{3\pi\mathrm{i}}{4}}\right]=2\pi\mathrm{i}\,\frac{-\mathrm{i}\sqrt{2}}{4a}=\frac{\sqrt{2}\pi}{2a}$.

例 4.3.4 计算积分$\int_{-\infty}^{+\infty}\frac{1}{(1+x^2)^2}\mathrm{d}x$的值.

解 $R(z)=\frac{1}{(1+z^2)^2}$分母的次数比分子的次数高四次，且在实轴上无奇点；在上半平面上有唯一的二阶极点 $z=\mathrm{i}$. 故

$$\int_{-\infty}^{+\infty}\frac{1}{(1+x^2)^2}\mathrm{d}x = 2\pi\mathrm{i}\cdot\mathrm{Res}[R(z),\mathrm{i}],$$

其中，

$$\begin{aligned}\mathrm{Res}[R(z),\mathrm{i}]&=\lim_{z\to\mathrm{i}}\frac{\mathrm{d}}{\mathrm{d}z}\left\{(z-\mathrm{i})^2\cdot\frac{1}{(z-\mathrm{i})^2(z+\mathrm{i})^2}\right\}\\&=\lim_{z\to\mathrm{i}}\frac{\mathrm{d}}{\mathrm{d}z}\left\{\frac{1}{(z+\mathrm{i})^2}\right\}=\left.\frac{-2}{(z+\mathrm{i})^3}\right|_{z=\mathrm{i}}=\frac{-2}{-8\mathrm{i}}=\frac{1}{4\mathrm{i}},\end{aligned}$$

因此，$\int_{-\infty}^{+\infty}\frac{1}{(1+x^2)^2}\mathrm{d}x=2\pi\mathrm{i}\cdot\frac{1}{4\mathrm{i}}=\frac{\pi}{2}$.

4.3.3 形如 $\int_{-\infty}^{+\infty}R(x)\mathrm{e}^{\mathrm{i}ax}\mathrm{d}x(a>0)$ 的积分

当 $R(x)$被积函数是 x 的有理函数，其中分母至少比分子的次数高一次，并且 $R(z)$在实轴上没有奇点，积分是存在的. 若设 $R(z)$在上半平面 $\mathrm{Im}z>0$ 的极点为 $z_1,z_2,\cdots,z_n$，则

$$\int_{-\infty}^{+\infty}R(x)\mathrm{e}^{\mathrm{i}ax}\mathrm{d}x = 2\pi\mathrm{i}\cdot\sum_{k=1}^{n}\mathrm{Res}[R(z)\mathrm{e}^{\mathrm{i}az},z_k].$$

由此得到

$$\int_{-\infty}^{+\infty}R(x)\cos ax\,\mathrm{d}x = \mathrm{Re}\int_{-\infty}^{+\infty}R(x)\mathrm{e}^{\mathrm{i}ax}\mathrm{d}x,$$

$$\int_{-\infty}^{+\infty}R(x)\sin ax\,\mathrm{d}x = \mathrm{Im}\int_{-\infty}^{+\infty}R(x)\mathrm{e}^{\mathrm{i}ax}\mathrm{d}x.$$

下面具体讨论其求解方法. 类似于 $\int_{-\infty}^{+\infty}R(x)\mathrm{d}x$ 的处理，由于分母至少比分子的次数至少高一次，故对充分大的$|z|$有$|R(z)|<\frac{3}{|z|}$，在半径 R 充分大的上半圆周 C_R 上，令

$$z = x+\mathrm{i}y = R\cos\theta+\mathrm{i}R\sin\theta(0\leqslant\theta\leqslant\pi),$$

有

$$\begin{aligned}\left|\int_{C_R}R(z)\mathrm{e}^{\mathrm{i}az}\mathrm{d}z\right|&\leqslant\int_{C_R}|R(z)|\cdot|\mathrm{e}^{\mathrm{i}az}|\,|\mathrm{d}z|\leqslant\int_{C_R}\frac{3}{|z|}\mathrm{e}^{-ay}\mathrm{d}s\\&\leqslant\frac{3}{R}\int_0^{\pi}\mathrm{e}^{-aR\sin\theta}R\,\mathrm{d}\theta=6\int_0^{\frac{\pi}{2}}\mathrm{e}^{-aR\sin\theta}\mathrm{d}\theta\\&\leqslant 6\int_0^{\frac{\pi}{2}}\mathrm{e}^{-aR(2\theta/\pi)}\mathrm{d}\theta=\frac{3\pi}{aR}(1-\mathrm{e}^{-aR}).\end{aligned}$$

这里用到了不等式 $\sin\theta\geqslant\frac{2\theta}{\pi}(0\leqslant\theta\leqslant\frac{\pi}{2})$. 从而，当 $R\to+\infty$时，

$$\int_{C_R} R(z)e^{iaz}dz\to 0,$$

由此得到

$$\int_{-\infty}^{+\infty} R(x)e^{iax}dx = 2\pi i\cdot\sum_{k=1}^{n}\mathrm{Res}[R(z)e^{iaz},z_k].$$

例 4.3.5 计算 $I=\int_0^{+\infty}\frac{x\sin x}{1+x^2}dx$ 的值.

解 记 $R(z)=\frac{z}{1+z^2}$，分母比分子的次数高一次，并且 $R(z)$在实轴上没有奇点. $R(z)$在上半平面 $\mathrm{Im}z>0$ 上只有一个一阶极点 $z=i$. 故

$$\int_{-\infty}^{+\infty}\frac{x}{1+x^2}e^{ix}dx= 2\pi i\cdot\mathrm{Res}[R(z)e^{iz},i]$$

$$= 2\pi i\lim_{z\to i}\left\{(z-i)\cdot\frac{z}{(z+i)(z-i)}e^{iz}\right\}=\frac{\pi i}{e}.$$

由 $e^{ix}=\cos x+i\sin x$，得

$$\int_{-\infty}^{+\infty}\frac{x\sin x}{1+x^2}dx=\mathrm{Im}\left\{\int_{-\infty}^{+\infty}\frac{x}{1+x^2}e^{ix}dx\right\}=\mathrm{Im}\left(\frac{\pi}{e}i\right)=\frac{\pi}{e}.$$

由$\frac{x\sin x}{1+x^2}$是偶函数，得

$$I=\int_0^{+\infty}\frac{x\sin x}{1+x^2}dx=\frac{1}{2}\int_{-\infty}^{+\infty}\frac{x\sin x}{1+x^2}dx=\frac{\pi}{2e}.$$

例 4.3.6 计算积分$\int_0^{+\infty}\frac{\sin x}{x}dx$ 的值.

解 $R(z)=\frac{1}{z}$，分母至少比分子的次数高一次，但 $R(z)=\frac{1}{z}$在实轴上有奇点，为使积分路径不经过奇点，构造如图 4.3 所示的曲线 C_R 与 C_r，则 $R(z)e^{iz}=\frac{e^{iz}}{z}$在图述区域内解析，由柯西-古尔萨定理得

$$\int_{C_R}\frac{e^{iz}}{z}dz+\int_{-R}^{-r}\frac{e^{ix}}{x}dx+\int_{C_r}\frac{e^{iz}}{z}dz+\int_r^R\frac{e^{ix}}{x}dx=0,$$

由 $\int_{-R}^{-r}\frac{e^{ix}}{x}dx=-\int_r^R\frac{e^{-ix}}{x}dx$，得

$$\int_{C_R}\frac{e^{iz}}{z}dz+\int_{C_r}\frac{e^{iz}}{z}dz+\int_r^R\frac{e^{ix}-e^{-ix}}{x}dx=0,$$

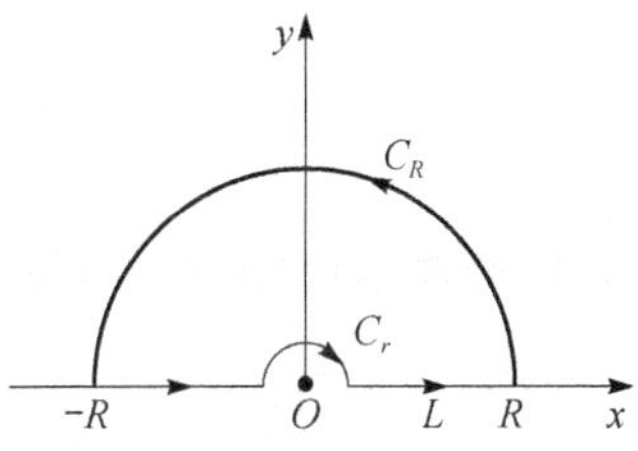

图 4.3

第 5 章　Fourier 变换

在数学中，有时候常采用一种变换的手段，其目的就是把较复杂的运算转化为较简单的运算. 例如，两数进行乘除运算时，利用对数性质可将乘除法转换为加法运算. 积分变换也是这样的一种变换，以后将可以看出在积分变换的像函数意义下，求导和积分运算可转换为乘法和除法运算. Fourier 变换就是其中一种重要的积分变换. Fourier 变换是通过积分运算，把一个函数变成另外一个函数的变换运算. 在一定条件下，这种变换运算是可逆的，从变换结果可以观察到原来函数的一些必要信息.

Fourier 变换不仅在数学的许多分支中，而且在设备故障诊断、振动分析、电力系统分析、通信工程、图像信息处理和自动控制等学科和工程技术领域中有着非常广泛的应用，已经成为处理工程技术问题不可或缺的工具之一.

5.1　Fourier 级数和 Fourier 积分定理

5.1.1　周期为 2π 的周期函数的 Fourier 级数

在高等数学中，我们知道幂级数是由幂函数族$\{1,x,x^2,\cdots,x^n,\cdots\}$作为基底的函数项级数. 当基底是由周期为 2π 的三角函数形成的函数项级数时，我们称为三角级数，即如下的级数：

$$\frac{a_0}{2}+\sum_{n=1}^{\infty}(a_n\cos nx+b_n\sin nx),$$

其中，$a_0,a_n,b_n(n=1,2,\cdots)$称为三角级数的系数. 上述表达式有明显的物理意义，就是复杂的周期运动可以表示为一系列具有相同周期的简谐振动的叠加，物理学中称为谐波分解，电工学中称为谐波分析. 从线性空间的角度来说，就是函数按照三角函数系$\{1,\cos x,\sin x,\cdots,\cos nx,\sin nx,\cdots\}$展开，上述三角函数系在$[-\pi,\pi]$上是一组正交函数系，即

$$\int_{-\pi}^{\pi}1\cdot\cos nx\,\mathrm{d}x=0,\quad \int_{-\pi}^{\pi}1\cdot\sin nx\,\mathrm{d}x=0,$$

$$\int_{-\pi}^{\pi}\cos mx\cos nx\,\mathrm{d}x=0,\quad \int_{-\pi}^{\pi}\sin mx\sin nx\,\mathrm{d}x=0(m\neq n),$$

$$\int_{-\pi}^{\pi}\cos mx\sin nx\,\mathrm{d}x=0,\quad \text{其中},m,n=1,2,3,\cdots,$$

且三角函数系中任一函数的平方积分不为零.

对于函数 $f(x)$，$a_0,a_n,b_n(n=1,2,\cdots)$与函数 $f(x)$的关系如何？在什么条件

下，函数 $f(x)$ 能展开成三角级数？

设 $f(x)$ 是周期为 2π 的周期函数，$x\in[-\pi,\pi]$ 且能展开成三角级数，即

$$f(x)=\frac{a_0}{2}+\sum_{n=1}^{\infty}(a_n\cos nx+b_n\sin nx).$$

将上式两边同乘以 $\cos nx$，然后在 $[-\pi,\pi]$ 上积分，不考虑级数求和运算和积分运算的可交换性，得

$$\begin{aligned}&\int_{-\pi}^{\pi}f(x)\cos nx\,\mathrm{d}x\\&=\int_{-\pi}^{\pi}\frac{a_0}{2}\cos nx\,\mathrm{d}x+\sum_{k=1}^{\infty}\left(a_k\int_{-\pi}^{\pi}\cos kx\cos nx\,\mathrm{d}x+b_k\int_{-\pi}^{\pi}\sin kx\cos nx\,\mathrm{d}x\right)\\&=a_n\int_{-\pi}^{\pi}\cos^2 nx\,\mathrm{d}x=\pi a_n,\end{aligned}$$

故

$$a_n=\frac{1}{\pi}\int_{-\pi}^{\pi}f(x)\cos nx\,\mathrm{d}x,\quad n=1,2,3,\cdots.$$

同理

$$a_0=\frac{1}{\pi}\int_{-\pi}^{\pi}f(x)\,\mathrm{d}x,$$

$$b_n=\frac{1}{\pi}\int_{-\pi}^{\pi}f(x)\sin nx\,\mathrm{d}x,\quad n=1,2,3,\cdots,$$

因此

$$a_n=\frac{1}{\pi}\int_{-\pi}^{\pi}f(x)\cos nx\,\mathrm{d}x,\quad n=0,1,2,3,\cdots,$$

$$b_n=\frac{1}{\pi}\int_{-\pi}^{\pi}f(x)\sin nx\,\mathrm{d}x,\quad n=1,2,3,\cdots.$$

由上面计算得到的 $a_0,a_1,b_1,\cdots,a_n,b_n,\cdots$ 称为函数 $f(x)$ 的 Fourier 级数系数，级数

$$\frac{a_0}{2}+\sum_{n=1}^{\infty}(a_n\cos nx+b_n\sin nx)$$

称为函数 $f(x)$ 的 Fourier 级数．

设函数 $f(x)$ 是周期为 2π 的周期函数，当函数 $f(x)$ 在区间 $[-\pi,\pi]$ 可积时，函数 $f(x)$ 可展开为 Fourier 级数，下面讨论 Fourier 级数是否收敛？收敛的极限是否是函数 $f(x)$？关于这些问题的回答，我们不加证明地引入定理 5.1.1.

定理 5.1.1（收敛定理，Dirichlet 充分条件） 设函数 $f(x)$ 是周期为 2π 的周期函数，如果 $f(x)$ 满足：

(1) 在一个周期区间内连续或只有有限个第一类间断点；

(2) 在一个周期区间内至多有有限个极值点，

则函数 $f(x)$的 Fourier 级数收敛. 记 $S(x)$为 Fourier 级数的和函数,有

$$S(x)=\frac{f(x+0)+f(x-0)}{2}.$$

定理 5.1.1 告诉我们,对于常见的连续函数、分段函数,只要满足定理 5.1.1 的条件,它就可以展开为 Fourier 级数,并且在函数 $f(x)$的连续点处,Fourier 级数收敛于函数 $f(x)$在该点的值. 在函数 $f(x)$的间断点处,Fourier 级数收敛于函数 $f(x)$在该点的左右极限的算术平均值.

例 5.1.1 将函数 $f(x)=\begin{cases}1,-\pi\leqslant x<0,\\ x,0\leqslant x<\pi\end{cases}$ 展开为 Fourier 级数(图 5.1),并讨论 Fourier 级数的收敛性.

解 将函数进行周期延拓,如图 5.1 所示.

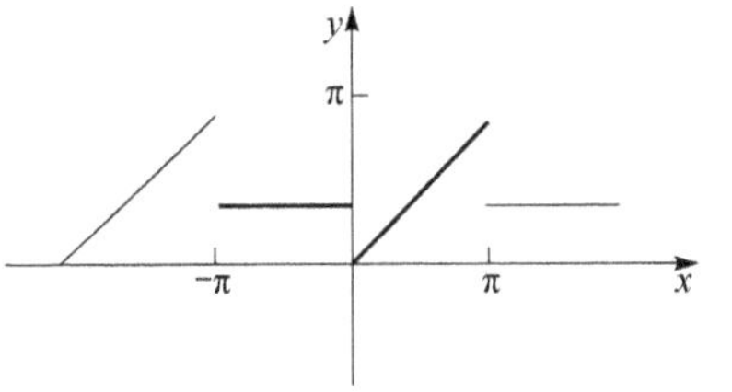

图 5.1

$$\begin{aligned}a_0&=\frac{1}{\pi}\int_{-\pi}^{\pi}f(x)\mathrm{d}x\\&=\frac{1}{\pi}\int_{-\pi}^{0}1\mathrm{d}x+\frac{1}{\pi}\int_{0}^{\pi}x\mathrm{d}x\\&=1+\frac{\pi}{2},\end{aligned}$$

$$\begin{aligned}a_n&=\frac{1}{\pi}\int_{-\pi}^{\pi}f(x)\cos nx\,\mathrm{d}x\\&=\frac{1}{\pi}\int_{-\pi}^{0}\cos nx\,\mathrm{d}x+\frac{1}{\pi}\int_{0}^{\pi}x\cos nx\,\mathrm{d}x\\&=\left[\frac{1}{n\pi}\sin nx\right]_{-\pi}^{0}+\frac{1}{n\pi}\int_{0}^{\pi}x\mathrm{d}\sin nx\\&=\frac{1}{n\pi}\left\{[x\sin nx]_0^{\pi}-\int_0^{\pi}\sin nx\,\mathrm{d}x\right\}\\&=\frac{1}{n^2\pi}[\cos nx]_0^{\pi}=\frac{\cos n\pi-1}{n^2\pi}\\&=\frac{(-1)^n-1}{n^2\pi},\quad n=1,2,3,\cdots,\end{aligned}$$

$$\begin{aligned}b_n&=\frac{1}{\pi}\int_{-\pi}^{\pi}f(x)\sin nx\,\mathrm{d}x\\&=\frac{1}{\pi}\int_{-\pi}^{0}\sin nx\,\mathrm{d}x+\frac{1}{\pi}\int_{0}^{\pi}x\sin nx\,\mathrm{d}x\\&=\left[-\frac{1}{n\pi}\cos nx\right]_{-\pi}^{0}-\frac{1}{n\pi}\int_{0}^{\pi}x\mathrm{d}\cos nx\end{aligned}$$

$$= \frac{\cos n\pi - 1}{n\pi} - \frac{1}{n\pi}[x\cos nx]_{-\pi}^{0} + \frac{1}{n\pi}\int_0^{\pi}\cos nx\,\mathrm{d}x$$

$$= \frac{(-1)^n - 1}{n\pi} - \frac{(-1)^n}{n}$$

$$= \frac{(-1)^n(1-\pi) - 1}{n\pi}, \quad n = 1,2,3,\cdots,$$

故函数的 Fourier 级数为

$$\frac{1}{2} + \frac{\pi}{4} + \sum_{n=1}^{\infty}\left[\frac{(-1)^n - 1}{n^2\pi}\cos nx + \frac{(-1)^n(1-\pi) - 1}{n\pi}\sin nx\right].$$

由收敛定理可知，函数 $f(x)$ 在区间 $[-\pi,\pi]$ 上的间断点为 $x=-\pi,0,\pi$，函数 $f(x)$ 的 Fourier 级数收敛于和函数 $S(x)$，其中，

$$S(x) = \begin{cases} \dfrac{\pi+1}{2}, & x = -\pi, \\ 1, & -\pi < x < 0, \\ \dfrac{1}{2}, & x = 0, \\ x, & 0 < x < \pi, \\ \dfrac{\pi+1}{2}, & x = \pi. \end{cases}$$

事实上，函数 $f(x)$ 的 Fourier 级数的部分和函数的图像如图 5.2 所示. 从图 5.2上可以看出，当 $n=20$ 时，除函数 $f(x)$ 的间断点 $x=-\pi,0,\pi$ 外，部分和函数 $S_{20}(x)$ 的图像与函数 $f(x)$ 的图像相当吻合，这也符合收敛性的讨论结果. 这个事实说明，用低频部分的周期函数叠加通常能较好地描述原来函数的特点.

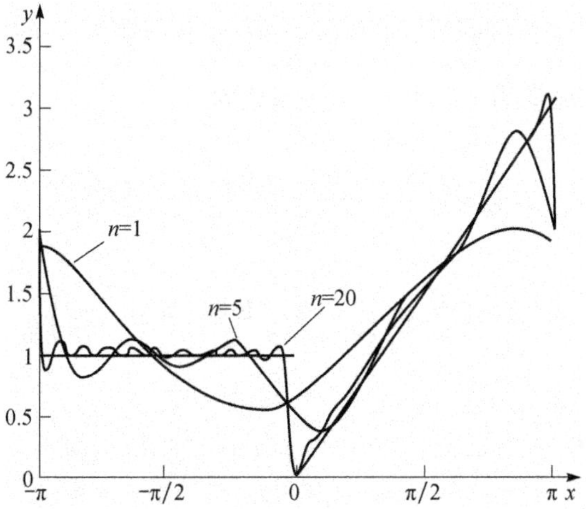

图 5.2

若函数 $f(x)$ 是奇函数，则有

$$a_n = \frac{1}{\pi}\int_{-\pi}^{\pi} f(x)\cos nx\,\mathrm{d}x = 0, \quad n = 0,1,2,3,\cdots,$$

$$b_n = \frac{1}{\pi}\int_{-\pi}^{\pi} f(x)\sin nx\,\mathrm{d}x = \frac{2}{\pi}\int_{0}^{\pi} f(x)\sin nx\,\mathrm{d}x, \quad n = 1,2,3,\cdots,$$

此时，函数 $f(x)$ 的 Fourier 级数为

$$\sum_{n=1}^{\infty} b_n \sin nx,$$

我们将上述级数称为正弦级数.

若函数 $f(x)$ 是偶函数，则有

$$b_n = \frac{1}{\pi}\int_{-\pi}^{\pi} f(x)\sin nx\,\mathrm{d}x = 0, \quad n = 1,2,3,\cdots,$$

$$a_n = \frac{1}{\pi}\int_{-\pi}^{\pi} f(x)\cos nx\,\mathrm{d}x = \frac{2}{\pi}\int_{0}^{\pi} f(x)\cos nx\,\mathrm{d}x, \quad n = 0,1,2,\cdots,$$

此时，函数 $f(x)$ 的 Fourier 级数为

$$\frac{a_0}{2} + \sum_{n=1}^{\infty} a_n \cos nx,$$

我们将上述级数称为余弦级数.

5.1.2 周期为 2*l* 的周期函数的 Fourier 级数

如同周期为 2π 的周期函数的 Fourier 级数，对周期为 $2l$ 的周期函数 $f(t)$，令 $t=\frac{lx}{\pi}$，则 $f\left(\frac{lx}{\pi}\right)$ 的周期为 2π，其 Fourier 级数为

$$f\left(\frac{lx}{\pi}\right) = \frac{a_0}{2} + \sum_{n=1}^{\infty}(a_n\cos nx + b_n \sin nx),$$

即

$$f(t) = \frac{a_0}{2} + \sum_{n=1}^{\infty}\left(a_n\cos\frac{n\pi t}{l} + b_n\sin\frac{n\pi t}{l}\right),$$

其中，

$$a_n = \frac{1}{\pi}\int_{-\pi}^{\pi} f\left(\frac{lx}{\pi}\right)\cos nx\,\mathrm{d}x = \frac{1}{l}\int_{-l}^{l} f(t)\cos\frac{n\pi t}{l}\mathrm{d}t, \quad n = 0,1,2,3,\cdots,$$

$$b_n = \frac{1}{\pi}\int_{-\pi}^{\pi} f\left(\frac{lx}{\pi}\right)\sin nx\,\mathrm{d}x = \frac{1}{l}\int_{-l}^{l} f(t)\sin\frac{n\pi t}{l}\mathrm{d}t, \quad n = 1,2,3,\cdots.$$

因此，周期为 $2l$ 的周期函数 $f(t)$ 的 Fourier 级数为

$$f(t)=\frac{a_0}{2}+\sum_{n=1}^{\infty}\left(a_n\cos\frac{n\pi t}{l}+b_n\sin\frac{n\pi t}{l}\right),$$

其中，

$$a_n=\frac{1}{l}\int_{-l}^{l}f(t)\cos\frac{n\pi t}{l}\mathrm{d}t,\quad n=0,1,2,3,\cdots,$$

$$b_n=\frac{1}{l}\int_{-l}^{l}f(t)\sin\frac{n\pi t}{l}\mathrm{d}t,\quad n=1,2,3,\cdots.$$

上式中记 j 为虚数单位，$\mathrm{j}^2=-1$，利用 Euler 公式

$$\mathrm{e}^{\mathrm{j}t}=\cos t+\mathrm{j}\sin t,$$

有

$$\cos t=\frac{\mathrm{e}^{\mathrm{j}t}+\mathrm{e}^{-\mathrm{j}t}}{2},\quad \sin t=\frac{\mathrm{e}^{\mathrm{j}t}-\mathrm{e}^{-\mathrm{j}t}}{2\mathrm{j}}.$$

因此，函数 $f(t)$ 的 Fourier 级数可写为

$$\begin{aligned}f(t)&=\frac{a_0}{2}+\sum_{n=1}^{\infty}\left(a_n\frac{\mathrm{e}^{\mathrm{j}\frac{n\pi t}{l}}+\mathrm{e}^{-\mathrm{j}\frac{n\pi t}{l}}}{2}+b_n\frac{\mathrm{e}^{\mathrm{j}\frac{n\pi t}{l}}-\mathrm{e}^{-\mathrm{j}\frac{n\pi t}{l}}}{2\mathrm{j}}\right)\\&=\frac{a_0}{2}+\sum_{n=1}^{\infty}\left(\frac{a_n-\mathrm{j}b_n}{2}\mathrm{e}^{\mathrm{j}\frac{n\pi t}{l}}+\frac{a_n+\mathrm{j}b_n}{2}\mathrm{e}^{-\mathrm{j}\frac{n\pi t}{l}}\right),\end{aligned}$$

记 $c_0=\frac{a_0}{2}$，$c_n=\frac{a_n-\mathrm{j}b_n}{2}$，$c_{-n}=\frac{a_n+\mathrm{j}b_n}{2}$（$n=1,2,3,\cdots$），则得到函数 $f(t)$ 的 Fourier 级数的复数形式为

$$f(t)=c_0+\sum_{n=1}^{\infty}\left(c_n\mathrm{e}^{\mathrm{j}\frac{n\pi t}{l}}+c_{-n}\mathrm{e}^{-\mathrm{j}\frac{n\pi t}{l}}\right)=\sum_{n=-\infty}^{\infty}c_n\mathrm{e}^{\mathrm{j}\frac{n\pi t}{l}},$$

其中，

$$\begin{aligned}c_0&=\frac{a_0}{2}=\frac{1}{2l}\int_{-l}^{l}f(t)\mathrm{d}t,\\c_n&=\frac{a_n-\mathrm{j}b_n}{2}=\frac{1}{2l}\left(\int_{-l}^{l}f(t)\cos\frac{n\pi t}{l}\mathrm{d}t-\mathrm{j}\int_{-l}^{l}f(t)\sin\frac{n\pi t}{l}\mathrm{d}t\right)\\&=\frac{1}{2l}\int_{-l}^{l}f(t)\left(\cos\frac{n\pi t}{l}-\mathrm{j}\sin\frac{n\pi t}{l}\right)\mathrm{d}t\\&=\frac{1}{2l}\int_{-l}^{l}f(t)\mathrm{e}^{-\mathrm{j}\frac{n\pi t}{l}}\mathrm{d}x\ (n=1,2,3,\cdots),\\c_{-n}&=\frac{a_n+\mathrm{j}b_n}{2}=\frac{1}{2l}\int_{-l}^{l}f(t)\mathrm{e}^{\mathrm{j}\frac{n\pi t}{l}}\mathrm{d}t\ (n=1,2,3,\cdots),\end{aligned}$$

上述几个等式可表示为

$$c_n=\frac{1}{2l}\int_{-l}^{l}f(t)e^{-j\frac{n\pi t}{l}}dt(n=0,\pm1,\pm2,\pm3,\cdots).$$

应用系数 c_n 的指数表达式 $c_n=|c_n|e^{j\varphi_n}$，则 $c_{-n}=\frac{a_n+jb_n}{2}=\bar{c}_n=|c_n|e^{-j\varphi_n}$，

$$f(t)=\sum_{n=-\infty}^{\infty}c_ne^{j\frac{n\pi t}{l}}=\sum_{n=-\infty}^{\infty}|c_n|e^{j\varphi_n}e^{j\frac{n\pi t}{l}}=\sum_{n=-\infty}^{\infty}|c_n|e^{j(\frac{n\pi t}{l}+\varphi_n)},$$

$$\begin{aligned}\varphi_n&=c_0+\sum_{n=1}^{\infty}|c_n|e^{j(\frac{n\pi t}{l}+\varphi_n)}+\sum_{n=1}^{\infty}|c_{-n}|e^{j(\frac{-n\pi t}{l}-\varphi_n)}\\&=c_0+\sum_{n=1}^{\infty}|c_n|e^{j(\frac{n\pi t}{l}+\varphi_n)}+\sum_{n=1}^{\infty}|c_n|e^{-j(\frac{n\pi t}{l}+\varphi_n)}\\&=c_0+\sum_{n=1}^{\infty}2|c_n|\cos\left(\frac{n\pi t}{l}+\varphi_n\right).\end{aligned}$$

上式的物理意义也是信号的谐波分解，其中，c_0 为信号 $f(t)$ 的直流分量，$2|c_1|\cos\left(\frac{\pi t}{l}+\varphi_1\right)$ 为基波信号，$2|c_n|=\sqrt{a_n^2+b_n^2}$ 为 n 次谐波的振幅，$\varphi_n=\arg c_n=\arg(a_n-jb_n)$ 为 n 次谐波的相位.

5.1.3　Fourier 积分公式

在区间 $(-\infty,+\infty)$ 上可积的非周期函数 $f(t)$ 可以看成周期函数的极限．取 $f(t)$ 在区间 $[-l,l]$ 上的部分，进行周期延拓，得到周期为 $2l$ 的周期函数 $f_l(t)$，将 $f_l(t)$ 进行 Fourier 展开，然后令 $l\to+\infty$．由函数 $f_l(t)$ 的 Fourier 级数的复数形式知，

$$f_l(t)=\sum_{n=-\infty}^{\infty}c_ne^{j\frac{n\pi t}{l}}=\sum_{n=-\infty}^{\infty}\left[\frac{1}{2l}\int_{-l}^{l}f(t)e^{-j\frac{n\pi t}{l}}dt\right]e^{j\frac{n\pi t}{l}}.$$

记 $\omega_n=\frac{n\pi}{l}$，则

$$f_l(t)=\sum_{n=-\infty}^{\infty}\left[\frac{1}{2l}\int_{-l}^{l}f(t)e^{-j\omega_nt}dt\right]e^{j\omega_nt},$$

记 $\Delta\omega_n=\frac{\pi}{l}$，当 $l\to+\infty$ 时，$\Delta\omega_n\to0$. 因此，

$$f_l(t)=\frac{1}{2\pi}\sum_{n=-\infty}^{\infty}\left[\int_{-l}^{l}f(t)e^{-j\omega_nt}dt\right]e^{j\omega_nt}\Delta\omega_n,$$

当 t 给定时，$\left[\int_{-l}^{l}f(t)e^{-j\omega_nt}dt\right]e^{j\omega_nt}$ 是 ω_n 的函数，记为 $\Phi_l(\omega_n)$，即

$$\Phi_l(\omega_n)=\left[\int_{-l}^{l}f(t)e^{-j\omega_nt}dt\right]e^{j\omega_nt}.$$

此时，

$$f_l(t)=\frac{1}{2\pi}\sum_{n=-\infty}^{\infty}\Phi_l(\omega_n)\Delta\omega_n,$$

当 $l\to+\infty$ 时，$\Delta\omega_n\to0$，$\Phi_l(\omega_n)\to\Phi(\omega_n)$，其中，

$$\Phi(\omega_n)=\left[\int_{-\infty}^{+\infty}f(t)\mathrm{e}^{-\mathrm{j}\omega_n t}\mathrm{d}t\right]\mathrm{e}^{\mathrm{j}\omega_n t},$$

故

$$\begin{aligned}f(t)&=\frac{1}{2\pi}\sum_{n=-\infty}^{\infty}\Phi(\omega_n)\Delta\omega_n=\frac{1}{2\pi}\int_{-\infty}^{+\infty}\Phi(\omega_n)\mathrm{d}\omega_n\\&=\frac{1}{2\pi}\int_{-\infty}^{+\infty}\Phi(\omega)\mathrm{d}\omega=\frac{1}{2\pi}\int_{-\infty}^{+\infty}\left[\int_{-\infty}^{+\infty}f(t)\mathrm{e}^{-\mathrm{j}\omega t}\mathrm{d}t\right]\mathrm{e}^{\mathrm{j}\omega t}\mathrm{d}\omega.\end{aligned}$$

上式称为函数 $f(t)$ 的 Fourier 积分公式，但它的推导是不严谨的. 相关结论可由定理 5.1.2 给出. 由于定理证明过程需要较多的理论知识，证明略.

定理 5.1.2 (Fourier 积分定理) 设函数 $f(t)$ 满足下列条件：

(1) 在任一有限区间内连续或只有有限个第一类间断点；

(2) 在任一有限区间内至多有有限个极值点；

(3) 函数 $f(t)$ 在区间 $(-\infty,+\infty)$ 上绝对可积，即 $\int_{-\infty}^{+\infty}|f(t)|\mathrm{d}t<+\infty$，

则

$$\frac{1}{2\pi}\int_{-\infty}^{+\infty}\left[\int_{-\infty}^{+\infty}f(t)\mathrm{e}^{-\mathrm{j}\omega t}\mathrm{d}t\right]\mathrm{e}^{\mathrm{j}\omega t}\mathrm{d}\omega=\frac{f(t^+)+f(t^-)}{2}.$$

在定理 5.1.2 条件成立时，除函数 $f(t)$ 的间断点外，有

$$f(t)=\frac{1}{2\pi}\int_{-\infty}^{+\infty}\left[\int_{-\infty}^{+\infty}f(t)\mathrm{e}^{-\mathrm{j}\omega t}\mathrm{d}t\right]\mathrm{e}^{\mathrm{j}\omega t}\mathrm{d}\omega.$$

Fourier 积分定理的解释也是函数的谐波分解. 上式中令

$$\begin{aligned}F(\omega)&=\int_{-\infty}^{+\infty}f(t)\mathrm{e}^{-\mathrm{j}\omega t}\mathrm{d}t=\int_{-\infty}^{+\infty}f(t)\cos\omega t\,\mathrm{d}t-\mathrm{j}\int_{-\infty}^{+\infty}f(t)\sin\omega t\,\mathrm{d}t\\&=a(\omega)-\mathrm{j}b(\omega)=|F(\omega)|\mathrm{e}^{\mathrm{j}\varphi(\omega)},\end{aligned}$$

则

$$f(t)=\frac{1}{2\pi}\int_{-\infty}^{+\infty}|F(\omega)|\mathrm{e}^{\mathrm{j}\varphi(\omega)}\mathrm{e}^{\mathrm{j}\omega t}\mathrm{d}\omega=\frac{1}{2\pi}\int_{-\infty}^{+\infty}|F(\omega)|\mathrm{e}^{\mathrm{j}[\omega t+\varphi(\omega)]}\mathrm{d}\omega.$$

类似于周期函数的 Fourier 级数的讨论，由于 $a(\omega)=\int_{-\infty}^{+\infty}f(t)\cos\omega t\mathrm{d}t$ 是 ω 的偶函数，$b(\omega)=\int_{-\infty}^{+\infty}f(t)\sin\omega t\mathrm{d}t$ 是 ω 的奇函数，故 $|F(\omega)|$ 是 ω 的偶函数，$\varphi(\omega)=$

$\arg[a(\omega)-\mathrm{j}b(\omega)]$是 ω 的奇函数，上式可表达为

$$\begin{aligned}f(t)&=\frac{1}{2\pi}\left[\int_{-\infty}^{0}|F(\omega)|\mathrm{e}^{\mathrm{j}[\omega t+\varphi(\omega)]}\mathrm{d}\omega+\int_{0}^{+\infty}|F(\omega)|\mathrm{e}^{\mathrm{j}[\omega t+\varphi(\omega)]}\mathrm{d}\omega\right]\\&=\frac{1}{2\pi}\left[\int_{0}^{+\infty}|F(-\omega)|\mathrm{e}^{\mathrm{j}[-\omega t+\varphi(-\omega)]}\mathrm{d}\omega+\int_{0}^{+\infty}|F(\omega)|\mathrm{e}^{\mathrm{j}[\omega t+\varphi(\omega)]}\mathrm{d}\omega\right]\\&=\frac{1}{\pi}\int_{0}^{+\infty}|F(\omega)|\cos[\omega t+\varphi(\omega)]\mathrm{d}\omega.\end{aligned}$$

上式可以清楚地看出，非周期信号和周期信号一样，可以分解为许多不同频率的正弦分量的叠加. 不同之处在于，非周期信号看成大周期的周期信号，基波频率非常小. 令周期趋于无穷大，则基波频率无穷小. 因此，非周期信号通常包含了所有的频率分量. 称$\frac{1}{\pi}|F(\omega)|$为频率 ω 的谐波的振幅密度函数，$\varphi(\omega)=\arg F(\omega)$为频率 ω 的谐波的相位函数，$F(\omega)$称为信号 $f(t)$的频谱密度函数.

注意到$\int_{-\infty}^{+\infty}f(t)\mathrm{e}^{-\mathrm{j}\omega t}\mathrm{d}t$ 是一个复数值函数，在某些场合应用有些不便，因此 Fourier 积分公式还用下列的实数值函数来进行表示.

$$\begin{aligned}f(t)&=\frac{1}{2\pi}\int_{-\infty}^{+\infty}\left[\int_{-\infty}^{+\infty}f(\tau)\mathrm{e}^{-\mathrm{j}\omega\tau}\mathrm{d}\tau\right]\mathrm{e}^{\mathrm{j}\omega t}\mathrm{d}\omega\\&=\frac{1}{2\pi}\int_{-\infty}^{+\infty}\left[\int_{-\infty}^{+\infty}f(\tau)\mathrm{e}^{\mathrm{j}\omega(t-\tau)}\mathrm{d}\tau\right]\mathrm{d}\omega\\&=\frac{1}{2\pi}\int_{-\infty}^{+\infty}\left[\int_{-\infty}^{+\infty}f(\tau)[\cos\omega(t-\tau)+\mathrm{j}\sin\omega(t-\tau)]\mathrm{d}\tau\right]\mathrm{d}\omega.\end{aligned}$$

由于$\int_{-\infty}^{+\infty}f(\tau)\sin\omega(t-\tau)\mathrm{d}\tau$是 ω 的奇函数，$\int_{-\infty}^{+\infty}f(\tau)\cos\omega(t-\tau)\mathrm{d}\tau$是 ω 的偶函数. 因此，

$$\frac{1}{2\pi}\int_{-\infty}^{+\infty}\left[\int_{-\infty}^{+\infty}f(\tau)\sin\omega(t-\tau)\mathrm{d}\tau\right]\mathrm{d}\omega=0,$$

$$\begin{aligned}f(t)&=\frac{1}{2\pi}\int_{-\infty}^{+\infty}\left[\int_{-\infty}^{+\infty}f(\tau)\cos\omega(t-\tau)\mathrm{d}\tau\right]\mathrm{d}\omega\\&=\frac{1}{\pi}\int_{0}^{+\infty}\left[\int_{-\infty}^{+\infty}f(\tau)\cos\omega(t-\tau)\mathrm{d}\tau\right]\mathrm{d}\omega,\end{aligned}$$

上式称为 Fourier 积分公式的三角表达式.

5.2 Fourier 变换及其逆变换

5.2.1 Fourier 变换的概念

函数 $f(t)$若满足积分定理中的条件，工程上称定义

$$F(\omega)=\int_{-\infty}^{+\infty} f(t)\mathrm{e}^{-\mathrm{j}\omega t}\mathrm{d}t,\quad \text{其中},\mathrm{j}^2=-1$$

为函数 $f(t)$的 Fourier 变换的像函数或简称为函数 $f(t)$的 Fourier 变换,记为

$$F(\omega)=F[f(t)].$$

Fourier 变换的像函数 $F(\omega)$在工程上是指函数 $f(t)$的角频率为 ω 的简谐波 $\mathrm{e}^{\mathrm{j}\omega t}$的密度函数,作用类似于 Fourier 级数的系数. 在信息技术领域称函数 $f(t)$为信号的时域表达式,其 Fourier 变换的像函数 $F(\omega)$称为信号的频域表达式,$F(\omega)$通常也称为信号 $f(t)$的频谱密度函数,而$|F(\omega)|$称为 $f(t)$的振幅频谱函数,$\arg F(\omega)$称为相位频谱函数. 对一个函数作 Fourier 变换,就是求这个时间函数的频谱密度函数.

如果已知信号的频域表达式 $F(\omega)$,则信号的时域表达式为

$$f(t)=\frac{1}{2\pi}\int_{-\infty}^{+\infty}F(\omega)\mathrm{e}^{\mathrm{j}\omega t}\mathrm{d}\omega,$$

称 $f(t)$为 $F(\omega)$的 Fourier 变换的原像或称为 $F(\omega)$的 Fourier 逆变换. 记为 $F^{-1}[F(\omega)]$,即 $f(t)=F^{-1}[F(\omega)]=\frac{1}{2\pi}\int_{-\infty}^{+\infty}F(\omega)\mathrm{e}^{\mathrm{j}\omega t}\mathrm{d}\omega$.

例 5.2.1 求函数 $f(t)=\begin{cases}0, & t<0,\\ \mathrm{e}^{-\alpha t}, & t\geqslant 0\end{cases}$ 的 Fourier 变换的像函数,其中,$\alpha>0$, $f(t)$称为指数衰减函数,是工程技术中常碰到的一个函数,如图 5.3 所示.

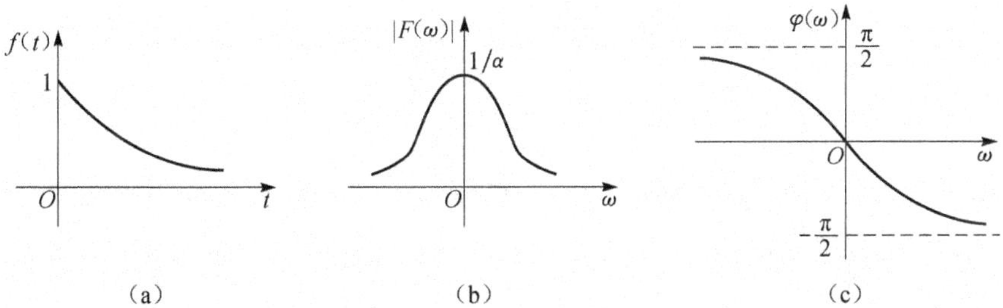

图 5.3

解

$$\begin{aligned}F(\omega)&=\int_{-\infty}^{+\infty}f(t)\mathrm{e}^{-\mathrm{j}\omega t}\mathrm{d}t\\&=\int_{0}^{+\infty}\mathrm{e}^{-\alpha t}\mathrm{e}^{-\mathrm{j}\omega t}\mathrm{d}t=\int_{0}^{+\infty}\mathrm{e}^{-(\alpha+\mathrm{j}\omega)t}\mathrm{d}t\\&=\frac{1}{\alpha+\mathrm{j}\omega}=\frac{\alpha-\mathrm{j}\omega}{\alpha^2+\omega^2}.\end{aligned}$$

由 Fourier 积分定理,有

$$\begin{aligned}f(t)&=\frac{1}{2\pi}\int_{-\infty}^{+\infty}\frac{1}{\alpha+\mathrm{j}\omega}\mathrm{e}^{\mathrm{j}\omega t}\mathrm{d}\omega=\frac{1}{2\pi}\int_{-\infty}^{+\infty}\frac{\alpha-\mathrm{j}\omega}{\alpha^2+\omega^2}\mathrm{e}^{\mathrm{j}\omega t}\mathrm{d}\omega\\&=\frac{1}{2\pi}\int_{0}^{+\infty}\left(\frac{\alpha\cos\omega t+\omega\sin\omega t}{\alpha^2+\omega^2}+\mathrm{j}\,\frac{-\omega\cos\omega t+\alpha\sin\omega t}{\alpha^2+\omega^2}\right)\mathrm{d}\omega\end{aligned}$$

$$=\frac{1}{\pi}\int_0^{+\infty}\frac{\alpha\cos\omega t+\omega\sin\omega t}{\alpha^2+\omega^2}\mathrm{d}\omega\,(t\neq 0).$$

得到一个含参变量的广义积分的结果：

$$\int_0^{+\infty}\frac{\alpha\cos\omega t+\omega\sin\omega t}{\alpha^2+\omega^2}\mathrm{d}\omega=\begin{cases}0, & t<0,\\ \frac{\pi}{2}, & t=0,\\ \pi e^{-\alpha t}, & t>0.\end{cases}$$

例 5.2.2　求单位矩形脉冲函数 $f(t)=\begin{cases}\frac{1}{\tau}, & -\frac{\tau}{2}\leqslant t\leqslant\frac{\tau}{2},\\ 0, & |t|>\frac{\tau}{2}\end{cases}$ 的 Fourier 变换.

解　如图 5.4 所示，$F(\omega)=\int_{-\infty}^{+\infty}f(t)e^{-j\omega t}\mathrm{d}t=\int_{-\frac{\tau}{2}}^{\frac{\tau}{2}}\frac{1}{\tau}e^{-j\omega t}\mathrm{d}t$

$$=\frac{1}{j\tau\omega}\left(e^{j\omega\frac{\tau}{2}}-e^{-j\omega\frac{\tau}{2}}\right)=\frac{2}{\tau\omega}\sin\frac{\tau\omega}{2}.$$

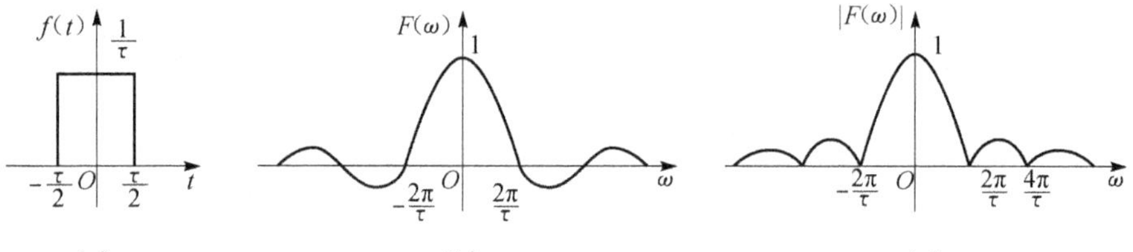

图 5.4

例 5.2.3　求钟状脉冲函数 $f(t)=Ee^{-\beta t^2}$ 的 Fourier 变换的像函数及其积分表达式，其中，$E>0,\beta>0$.

解
$$F(\omega)=\int_{-\infty}^{+\infty}f(t)e^{-j\omega t}\mathrm{d}t=E\int_{-\infty}^{+\infty}e^{-\beta t^2}e^{-j\omega t}\mathrm{d}t$$

$$=Ee^{-\frac{\omega^2}{4\beta}}\int_{-\infty}^{+\infty}e^{-\beta\left(t^2+\frac{j\omega}{\beta}t-\frac{\omega^2}{4\beta^2}\right)}\mathrm{d}t=Ee^{-\frac{\omega^2}{4\beta}}\int_{-\infty}^{+\infty}e^{-\beta\left(t+\frac{j\omega}{2\beta}\right)^2}\mathrm{d}t$$

$$=Ee^{-\frac{\omega^2}{4\beta}}\int_{-\infty+\frac{j\omega}{2\beta}}^{+\infty+\frac{j\omega}{2\beta}}e^{-\beta z^2}\mathrm{d}z.$$

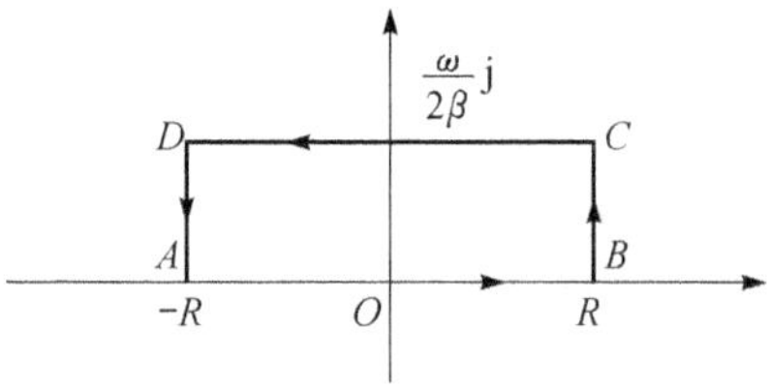

图 5.5

$e^{-\beta z^2}$ 是复平面上的解析函数，构造如图 5.5 所示的闭矩形回路 L：$ABCDA$，由 Cauchy 积分定理，知

$$\oint_L e^{-\beta z^2}\mathrm{d}z=0,$$

即

$$\left(\int_{AB}+\int_{BC}-\int_{DC}-\int_{AD}\right)\mathrm{e}^{-\beta z^2}\,\mathrm{d}z=0,$$

由 Poisson 积分知，

$$\lim_{R\to+\infty}\int_{AB}\mathrm{e}^{-\beta z^2}\,\mathrm{d}z=\int_{-\infty}^{+\infty}\mathrm{e}^{-\beta x^2}\,\mathrm{d}x=\sqrt{\frac{\pi}{\beta}},$$

$$\left|\int_{BC}\mathrm{e}^{-\beta z^2}\,\mathrm{d}z\right|=\left|\mathrm{j}\int_0^{\frac{\omega}{2\beta}}\mathrm{e}^{-\beta(R+\mathrm{j}y)^2}\,\mathrm{d}y\right|\leqslant\int_0^{\frac{\omega}{2\beta}}\mathrm{e}^{-\beta R^2+\beta y^2}\,\mathrm{d}y$$

$$=\mathrm{e}^{-\beta R^2}\int_0^{\frac{\omega}{2\beta}}\mathrm{e}^{\beta y^2}\,\mathrm{d}y\xrightarrow{R\to+\infty}0.$$

同理

$$\left|\int_{AD}\mathrm{e}^{-\beta z^2}\,\mathrm{d}z\right|\xrightarrow{R\to+\infty}0.$$

因此

$$\int_{-\infty+\frac{\mathrm{j}\omega}{2\beta}}^{+\infty+\frac{\mathrm{j}\omega}{2\beta}}\mathrm{e}^{-\beta z^2}\,\mathrm{d}z=\sqrt{\frac{\pi}{\beta}},$$

从而 $F(\omega)=E\mathrm{e}^{-\frac{\omega^2}{4\beta}}\sqrt{\frac{\pi}{\beta}}$，如图 5.6 所示.

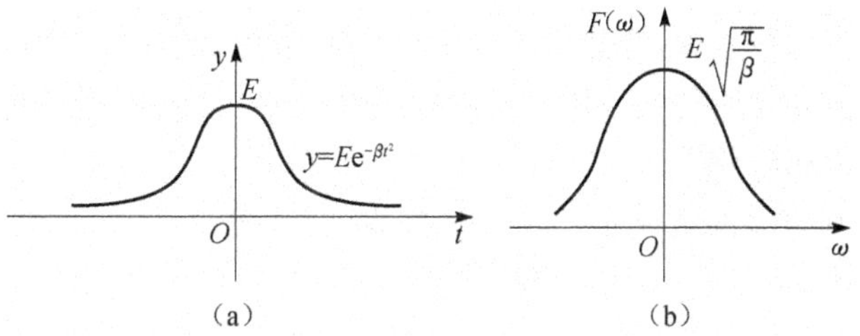

图 5.6

由 Fourier 积分定理，得

$$f(t)=E\mathrm{e}^{-\beta t^2}=\frac{1}{2\pi}E\sqrt{\frac{\pi}{\beta}}\int_{-\infty}^{+\infty}\mathrm{e}^{-\frac{\omega^2}{4\beta}}\mathrm{e}^{\mathrm{j}\omega t}\,\mathrm{d}\omega=\frac{E}{\sqrt{\pi\beta}}\int_0^{+\infty}\mathrm{e}^{-\frac{\omega^2}{4\beta}}\cos\omega t\,\mathrm{d}\omega,$$

由此得到一个反常积分的结果：

$$\int_0^{+\infty}\mathrm{e}^{-\frac{\omega^2}{4\beta}}\cos\omega t\,\mathrm{d}\omega=\sqrt{\pi\beta}\mathrm{e}^{-\beta t^2}.$$

上面的例 5.2.3 说明非周期信号含有所有频率的信号成分，通常称非周期函数具有连续频谱.

在许多工程技术领域中，人们经常利用下列的 Fourier 积分公式表达式

$$x(t)=\int_{-\infty}^{+\infty}\left[\int_{-\infty}^{+\infty}x(t)\mathrm{e}^{-\mathrm{j}2\pi ft}\,\mathrm{d}t\right]\mathrm{e}^{\mathrm{j}2\pi ft}\,\mathrm{d}f,$$

用上式定义函数的 Fourier 变换为

$$X(f)=F[x(t)]=\int_{-\infty}^{+\infty}x(t)\mathrm{e}^{-\mathrm{j}2\pi ft}\,\mathrm{d}t,$$

$X(f)$的 Fourier 逆变换为

$$x(t)=F^{-1}[X(f)]=\int_{-\infty}^{+\infty}X(f)\mathrm{e}^{\mathrm{j}2\pi ft}\,\mathrm{d}f.$$

这类 Fourier 变换我们不再另行讨论.

5.2.2 单位脉冲函数及其 Fourier 变换

利用 Fourier 积分定理

$$f(t)=\frac{1}{2\pi}\int_{-\infty}^{+\infty}\left[\int_{-\infty}^{+\infty}f(t)\mathrm{e}^{-\mathrm{j}\omega t}\,\mathrm{d}t\right]\mathrm{e}^{\mathrm{j}\omega t}\,\mathrm{d}\omega.$$

当函数 $f(t)$满足绝对可积条件时,像函数 $F(\omega)=\int_{-\infty}^{+\infty}f(t)\mathrm{e}^{-\mathrm{j}\omega t}\,\mathrm{d}t$ 可利用通常的反常积分的性质进行计算,但就 Fourier 积分定理的物理本质——谐波分解理论来看,对于简谐波函数 $\mathrm{e}^{\mathrm{j}\omega_0 t}$, $\cos\omega_0 t$, $\sin\omega_0 t$,由于不满足绝对可积条件,它们的 Fourier 变换的像函数如何定义是相当困难的问题. 为此,工程技术领域引进了一类特殊的广义函数——脉冲函数用来讨论上述函数的 Fourier 变换.

在物理和工程技术中,还经常用到单位脉冲函数,如在电学中,经常研究线性电路受到具有脉冲性质的电势作用后产生的电流;在力学中,要研究机械系统受冲击力作用后的运动情况等.

在原来电流为零的电路中,某一瞬时(设 $t=0$)进入一个单位电荷的脉冲,则可以用电荷函数

$$q(t)=\begin{cases}0, & t\leqslant 0,\\ 1, & t>0\end{cases}$$

来表示到任意时刻 t 为止通过导体截面的累积电量. 因此该电路上的电流强度

$$i(t)=\frac{\mathrm{d}q(t)}{\mathrm{d}t}=\lim_{\Delta t\to 0}\frac{q(t+\Delta t)-q(t)}{\Delta t},$$

由于 $q(t)$是不连续函数,所以 $q(t)$在 $t=0$ 时是不可导的,也就是说

$$i(0)=\frac{\mathrm{d}q(t)}{\mathrm{d}t}=\lim_{\Delta t\to 0}\frac{q(0+\Delta t)-q(0)}{\Delta t}=\infty,$$

即

$$i(t)=\begin{cases}\infty, & t=0,\\ 0, & t\neq 0.\end{cases}$$

在常见的数学意义下,找不到一个函数来表示上面电路中的电流强度. 为了确定这个函数,引入一个新的函数,称这个函数为 Dirac 函数或 δ 函数,记为 $\delta(t)$,工程上

常将这个函数称为单位脉冲函数. δ 函数在脉冲时刻没有普遍意义下的函数值,有专门的数学分支——广义函数论来讨论这个函数,这超出了我们在这里论述的范围. 在实际应用中,为便于理解,在形式上我们可将 $\delta(t)$ 看成下列函数 $\delta_\varepsilon(t)$ 在某种意义下的极限,即

$$\delta(t)=\lim_{\varepsilon\to0^+}\delta_\varepsilon(t),$$

其中,

$$\delta_\varepsilon(t)=\begin{cases}\dfrac{1}{\varepsilon}, & 0\leqslant t\leqslant\varepsilon,\\ 0, & \text{其他}.\end{cases}$$

δ 函数的图形表示如图 5.7 所示,图形中箭头代表的是脉冲函数,单位是脉冲强度.

δ 函数在工程技术上有广泛的应用,我们这里给出一个 δ 函数的重要结果,称为 δ 函数的筛选性质,即若 $f(t)$ 为任意无穷次可微的函数,则有 $\int_{-\infty}^{+\infty}\delta(t)f(t)\,\mathrm{d}t=f(0)$.

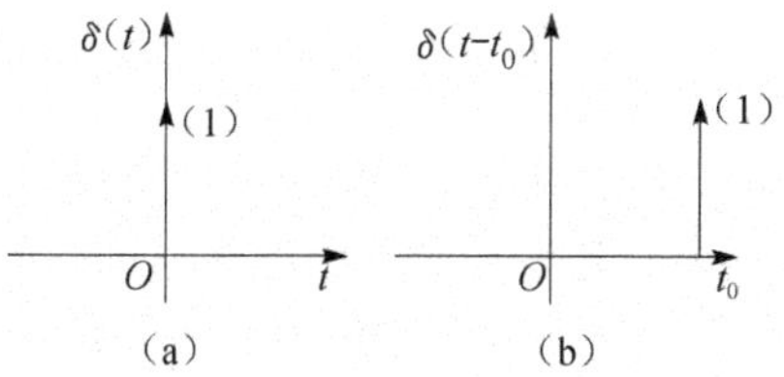

图 5.7

事实上因为

$$\begin{aligned}\int_{-\infty}^{+\infty}\delta(t)f(t)\,\mathrm{d}t&=\lim_{\varepsilon\to0}\int_{-\infty}^{+\infty}\delta_\varepsilon(t)f(t)\,\mathrm{d}t\\&=\lim_{\varepsilon\to0}\int_0^\varepsilon\frac{1}{\varepsilon}f(t)\,\mathrm{d}t=\lim_{\varepsilon\to0}\frac{1}{\varepsilon}\int_0^\varepsilon f(t)\,\mathrm{d}t,\end{aligned}$$

由于函数 $f(t)$ 是无穷次可微函数,根据积分中值定理,得到

$$\int_{-\infty}^{+\infty}\delta(t)f(t)\,\mathrm{d}t=\lim_{\varepsilon\to0}\frac{1}{\varepsilon}\int_0^\varepsilon f(t)\,\mathrm{d}t=\lim_{\varepsilon\to0}f(\theta\varepsilon)=f(0),\quad \text{其中},0<\theta<1,$$

更一般地,有

$$\int_{-\infty}^{+\infty}\delta(t-t_0)f(t)\,\mathrm{d}t=\int_{-\infty}^{+\infty}\delta(t)f(t+t_0)\,\mathrm{d}t=f(t_0).$$

单位脉冲函数(δ 函数)除了筛选性质以外,还可以得到以下三个性质:

(1) δ 函数是偶函数,即 $\delta(-t)=\delta(t)$.

事实上,对任意无穷次可微的函数 $f(t)$,

$$\int_{-\infty}^{+\infty}\delta(-t)f(t)\,\mathrm{d}t=\int_{-\infty}^{+\infty}\delta(t)f(-t)\,\mathrm{d}t=f(0).$$

因此,$\delta(-t)=\delta(t)$.

(2) $\int_{-\infty}^{t}\delta(\tau)\,\mathrm{d}\tau=u(t)$,$\dfrac{\mathrm{d}u(t)}{\mathrm{d}t}=\delta(t)$,其中,$u(t)=\begin{cases}0, & t<0,\\ 1, & t>0\end{cases}$ 为单位阶跃函数.

(3) 若 $f(t)$ 为无穷次可微的函数，则有 $\int_{-\infty}^{+\infty}\delta'(t)f(t)\mathrm{d}t=-f'(0)$，进一步有

$$\int_{-\infty}^{+\infty}\delta^{(n)}(t)f(t)\mathrm{d}t=(-1)^n f^{(n)}(0)(n=1,2,\cdots).$$

事实上，由分部积分公式得

$$\int_{-\infty}^{+\infty}\delta'(t)f(t)\mathrm{d}t=\int_{-\infty}^{+\infty}f(t)\mathrm{d}\delta(t)=f(t)\delta(t)\Big|_{-\infty}^{+\infty}-\int_{-\infty}^{+\infty}\delta(t)f'(t)\mathrm{d}t=-f'(0).$$

由 δ 函数的筛选性质可知，δ 函数的 Fourier 变换为

$$F(\omega)=F[\delta(t)]=\int_{-\infty}^{+\infty}\delta(t)\mathrm{e}^{-\mathrm{j}\omega t}\mathrm{d}t=\mathrm{e}^{-\mathrm{j}\omega t}\ \Big|_{t=0}=1.$$

同理 $\delta(t-t_0)$ 和 $\mathrm{e}^{-\mathrm{j}\omega t_0}$ 也构成了一个 Fourier 变换对，即

$$F[\delta(t-t_0)]=\int_{-\infty}^{+\infty}\delta(t-t_0)\mathrm{e}^{-\mathrm{j}\omega t}\mathrm{d}t=\mathrm{e}^{-\mathrm{j}\omega t_0}.$$

由于函数 $\mathrm{e}^{\mathrm{j}\omega_0 t}$，$\cos\omega_0 t$，$\sin\omega_0 t$ 不满足 Fourier 积分定理条件，通常我们可利用 Fourier 逆变换和 δ 函数的筛选性质得到其 Fourier 变换的像函数.

例 5.2.4 求 $F(\omega)=2\pi\delta(\omega-\omega_0)$ 的 Fourier 逆变换，并求 $F[\mathrm{e}^{\mathrm{j}\omega_0 t}]$.

解 $F^{-1}[2\pi\delta(\omega-\omega_0)]=\dfrac{1}{2\pi}\displaystyle\int_{-\infty}^{+\infty}2\pi\delta(\omega-\omega_0)\mathrm{e}^{\mathrm{j}\omega t}\mathrm{d}\omega=\mathrm{e}^{\mathrm{j}\omega_0 t}$，从而得到

$$F[\mathrm{e}^{\mathrm{j}\omega_0 t}]=2\pi\delta(\omega-\omega_0).$$

特别地，当 $\omega=0$ 时，$F[1]=2\pi\delta(\omega)$，如图 5.8 所示.

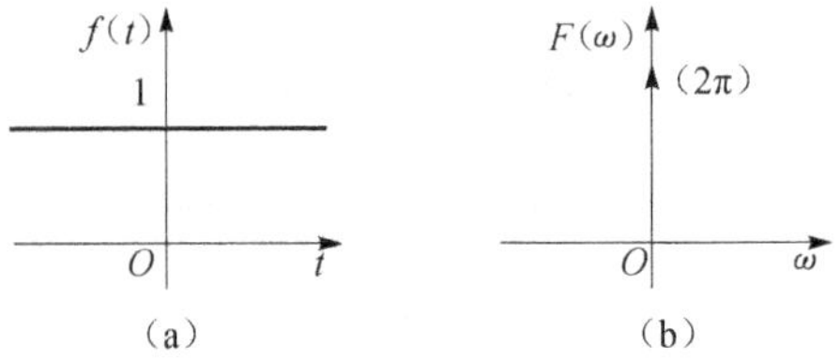

图 5.8

同理有

$$\begin{aligned}&F^{-1}\Big(\pi[\delta(\omega-\omega_0)+\delta(\omega+\omega_0)]\Big)\\=&\frac{1}{2\pi}\int_{-\infty}^{+\infty}\pi[\delta(\omega-\omega_0)+\delta(\omega+\omega_0)]\mathrm{e}^{\mathrm{j}\omega t}\mathrm{d}\omega\\=&\frac{1}{2}(\mathrm{e}^{\mathrm{j}\omega_0 t}+\mathrm{e}^{-\mathrm{j}\omega_0 t})=\cos\omega_0 t,\end{aligned}$$

从而，

$$F[\cos\omega_0 t] = \pi[\delta(\omega-\omega_0)+\delta(\omega+\omega_0)],$$

类似的方法可得 $F[\sin\omega_0 t]=\mathrm{j}\pi[\delta(\omega+\omega_0)-\delta(\omega-\omega_0)]$，如图 5.9 所示.

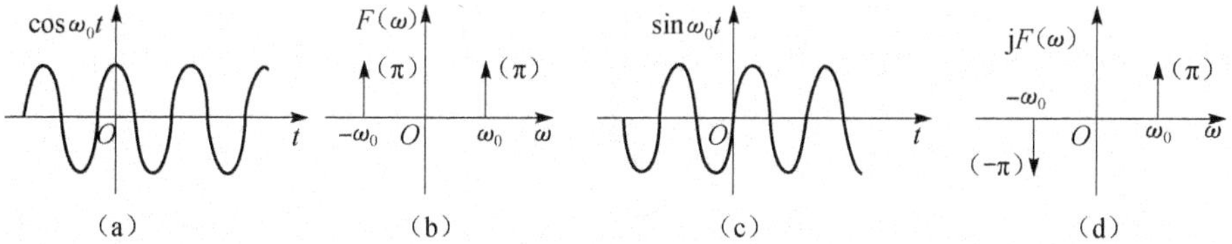

图 5.9

5.2.3 周期函数的 Fourier 变换

当 $f(t)$ 是周期为 $2l$ 的周期函数时，由函数的 Fourier 级数展开式得

$$F[f(t)] = F\Big[\sum_{n=-\infty}^{\infty} c_n \mathrm{e}^{\frac{n\pi t}{l}}\Big] = 2\pi\sum_{n=-\infty}^{\infty} c_n\delta\Big(\omega-\frac{n\pi}{l}\Big),$$

其中，$c_n=\dfrac{a_n-\mathrm{j}b_n}{2}=\dfrac{1}{2l}\displaystyle\int_{-l}^{l} f(t)\mathrm{e}^{-\mathrm{j}\frac{n\pi t}{l}}\,\mathrm{d}t\,(n=0,\pm1,\pm2,\pm3,\cdots)$.

对于周期为 T 的抽样脉冲函数 $f(t)=\displaystyle\sum_{n=-\infty}^{\infty}\delta(t-nT)$，有

$$c_n = \frac{1}{T}\int_{-\frac{T}{2}}^{\frac{T}{2}} f(t)\mathrm{e}^{-\mathrm{j}\frac{2n\pi t}{T}}\,\mathrm{d}t = \frac{1}{T}.$$

因此，

$$F\Big[\sum_{n=-\infty}^{\infty}\delta(t-nT)\Big] = \frac{2\pi}{T}\sum_{n=-\infty}^{\infty}\delta\Big(\omega-\frac{2n\pi}{T}\Big).$$

例 5.2.5 求如图 5.10 所示的周期为 T 的矩形抽样脉冲函数 $f(t)$ 的 Fourier 变换，其中 $f(t)$ 在一个周期内的表达式为

$$f_T(t) = \begin{cases} E, & |t| < \dfrac{\tau}{2}, \\ 0, & \dfrac{\tau}{2} \leqslant |t| \leqslant \dfrac{T}{2}. \end{cases}$$

解

$$c_0 = \frac{1}{T}\int_{-\frac{T}{2}}^{\frac{T}{2}} f(t)\,\mathrm{d}t = \frac{1}{T}\int_{-\frac{\tau}{2}}^{\frac{\tau}{2}} E\,\mathrm{d}t = \frac{E\tau}{T},$$

$$c_n = \frac{1}{T}\int_{-\frac{T}{2}}^{\frac{T}{2}} f(t)\mathrm{e}^{-\mathrm{j}\frac{2n\pi t}{T}}\,\mathrm{d}t = \frac{1}{T}\int_{-\frac{\tau}{2}}^{\frac{\tau}{2}} E\mathrm{e}^{-\mathrm{j}\frac{2n\pi t}{T}}\,\mathrm{d}t$$

$$= \frac{1}{T}\int_{-\frac{\tau}{2}}^{\frac{\tau}{2}} E\cos\frac{2n\pi t}{T}\,\mathrm{d}t = \frac{E}{n\pi}\sin\frac{n\pi\tau}{T}.$$

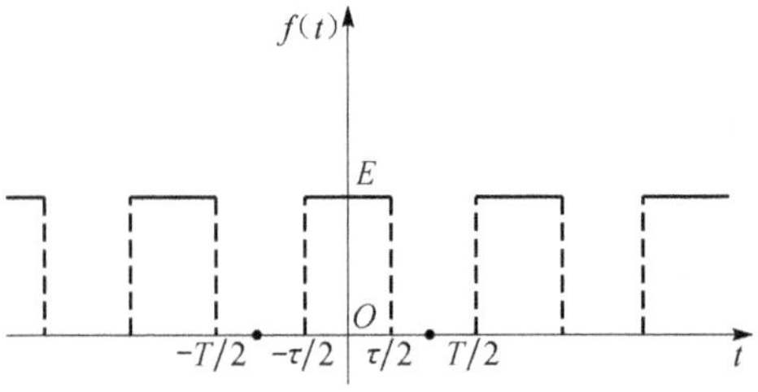

图 5.10

$f(t)$的 Fourier 级数为

$$f(t)=\frac{E\tau}{T}+\frac{E}{\pi}\sum_{n=-\infty}^{\infty}\frac{1}{n}\sin\frac{n\pi\tau}{T}e^{j\frac{2n\pi t}{T}},$$

其 Fourier 变换为

$$\frac{2\pi E\tau}{T}\delta(\omega)+\frac{2E}{\pi}\sum_{n=-\infty}^{\infty}\frac{1}{n}\sin\frac{n\pi\tau}{T}\delta\left(\omega-\frac{2n\pi t}{T}\right),$$

各次谐波振幅为

$$A_n=2|c_n|=\frac{2E}{n\pi}\left|\sin\frac{n\pi\tau}{T}\right|,\quad n=1,2,3,\cdots.$$

图 5.11 表达的是 $T=4\tau$ 情形的谐波振幅.

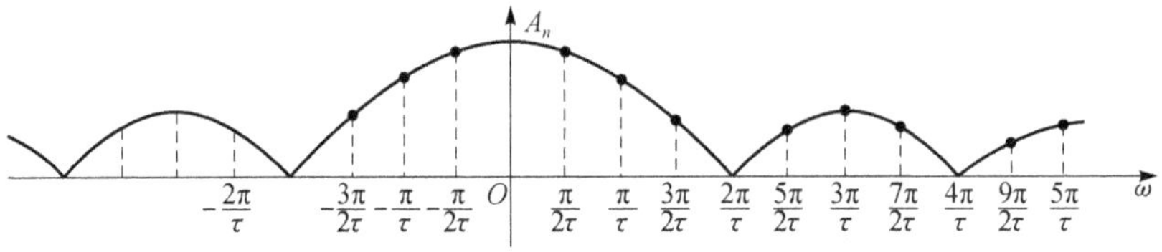

图 5.11

例 5.2.5 的结果说明周期函数的频谱通常是离散的. 初学者对 Fourier 变换的物理背景的理解较为困难,读者应针对周期信号的离散频谱及非周期信号的连续频谱进行比较分析,加深对 Fourier 变换的物理意义的理解.

5.3 Fourier 变换的性质

下面我们介绍 Fourier 变换的几个重要性质,在后面出现的性质中,假设所求 Fourier 变换的函数都满足 Fourier 积分定理的条件,且记

$$F(\omega)=F[f(t)],\quad F_1(\omega)=F[f_1(t)],\quad F_2(\omega)=F[f_2(t)],$$

以后将不再重复上述假设.

利用 Fourier 变换和逆变换的表达式,我们可得下列性质.

5.3.1 线性性质

性质 5.3.1(线性性质)

(1) $F[\alpha f_1(t)+\beta f_2(t)]=\alpha F_1(\omega)+\beta F_2(\omega)$,

(2) $F^{-1}[\alpha F_1(\omega)+\beta F_2(\omega)]=\alpha f_1(t)+\beta f_2(t)$,

其中,α,β 是常数.

性质 5.3.1 表明函数线性组合的 Fourier 变换或逆变换等于 Fourier 变换或逆变换的线性组合. 利用线性性质和 Euler 公式,有

$$F[\cos\omega_0 t] = F\left[\frac{e^{j\omega_0 t} + e^{-j\omega_0 t}}{2}\right]= \pi[\delta(\omega-\omega_0)+\delta(\omega+\omega_0)],$$

$$F[\sin\omega_0 t] = F\left[\frac{e^{j\omega_0 t} - e^{-j\omega_0 t}}{2j}\right]=-j\pi[\delta(\omega-\omega_0)-\delta(\omega+\omega_0)].$$

例 5.3.1 (1) 计算 $F[E+A\cos\omega_0 t]$; (2) 计算 $F^{-1}\left[\frac{2}{j\omega}\right]$.

解 (1) $F[E+A\cos\omega_0 t] = EF[1]+AF[\cos\omega_0 t]$

$$= 2\pi E\delta(\omega)+\pi A[\delta(\omega-\omega_0)+\delta(\omega+\omega_0)];$$

(2) $$F^{-1}\left[\frac{2}{j\omega}\right]=\frac{1}{j}F^{-1}\left[\frac{2}{\omega}\right]=\frac{1}{\pi j}\int_{-\infty}^{+\infty}\frac{1}{\omega}e^{j\omega t}d\omega$$

$$=\frac{1}{\pi j}\int_{-\infty}^{+\infty}\left(\frac{\cos\omega t}{\omega}+\frac{j\sin\omega t}{\omega}\right)d\omega$$

$$=\frac{1}{\pi}\int_{-\infty}^{+\infty}\frac{\sin\omega t}{\omega}d\omega=\frac{2}{\pi}\int_{0}^{+\infty}\frac{\sin\omega t}{\omega}d\omega,$$

由 Dirichlet 积分的结果知,$\int_0^{+\infty}\frac{\sin x}{x}dx=\frac{\pi}{2}$.

当 $t>0$ 时,$\frac{2}{\pi}\int_{-\infty}^{+\infty}\frac{\sin\omega t}{\omega}d\omega=\frac{2}{\pi}\int_{0}^{+\infty}\frac{\sin\omega t}{\omega t}d(\omega t)=\frac{2}{\pi}\int_{0}^{+\infty}\frac{\sin x}{x}dx=1$;

当 $t=0$ 时,$\frac{2}{\pi}\int_{0}^{+\infty}\frac{\sin\omega t}{\omega}d\omega=0$;

当 $t<0$ 时,

$$\frac{2}{\pi}\int_{0}^{+\infty}\frac{\sin\omega t}{\omega}d\omega=\frac{2}{\pi}\int_{0}^{+\infty}\frac{\sin\omega t}{\omega t}d(\omega t)$$

$$=\frac{2}{\pi}\int_{0}^{-\infty}\frac{\sin x}{x}dx=-\frac{2}{\pi}\int_{0}^{+\infty}\frac{\sin x}{x}dx=-1.$$

因此,$F^{-1}\left[\frac{2}{j\omega}\right]=\begin{cases}-1, & t<0,\\ 0, & t=0,\\ 1, & t>0.\end{cases}$

事实上,由例 5.3.1 的结论,我们可得到两个重要函数:符号函数和阶跃函数

的 Fourier 变换.

$$F[\mathrm{sgn}(t)]=\frac{2}{\mathrm{j}\omega}\text{(图 5.12)},$$

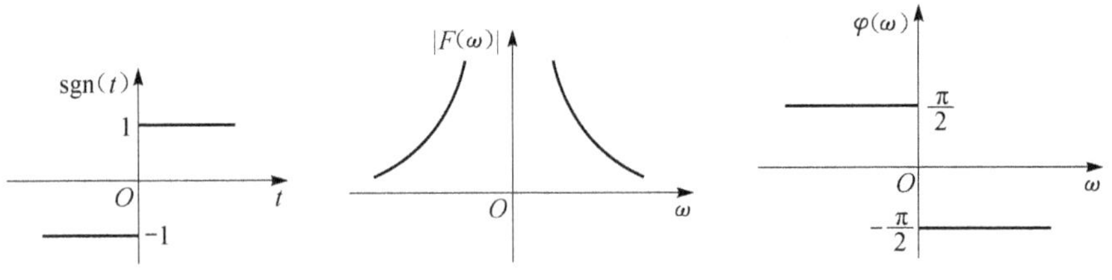

图 5.12

$$F[u(t)]=F\left[\frac{1}{2}(\mathrm{sgn}(t)+1)\right]=\frac{1}{\mathrm{j}\omega}+\pi\delta(\omega)\text{(图 5.13)},$$

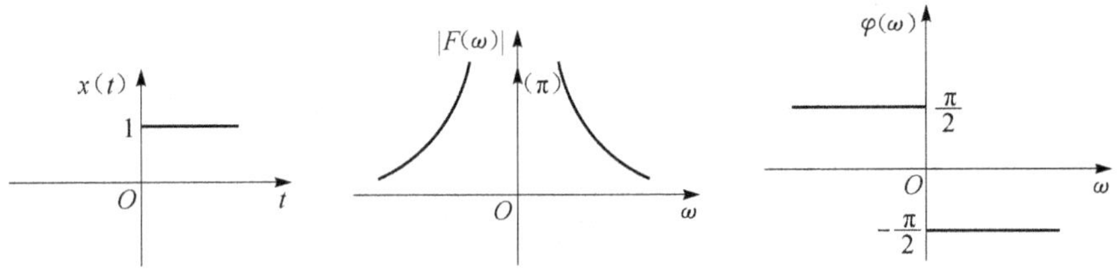

图 5.13

其中，$\mathrm{sgn}(t)=\begin{cases}-1, & t<0,\\ 1, & t>0,\end{cases}$ $u(t)=\begin{cases}0, & t<0,\\ 1, & t>0,\end{cases}$ 而 $u(t)=\frac{1}{2}[\mathrm{sgn}(t)+1]$.

值得注意的是，例 5.2.4 和例 5.3.1 的解题过程可知，对于不满足绝对可积条件的函数 $f(t)$，其 Fourier 变换的像函数的计算通常是通过计算某些函数的 Fourier 逆变换的方法得到.

5.3.2　平移性质

性质 5.3.2(时移性质)　$F[f(t\pm t_0)]=\mathrm{e}^{\pm\mathrm{j}\omega t_0}F[f(t)]$.

性质 5.3.2 表明函数 $f(t)$ 沿 t 轴向左或者向右位移 t_0 的 Fourier 变换等于 $f(t)$ 的 Fourier 变换乘以因子 $\mathrm{e}^{\mathrm{j}\omega t_0}$ 或 $\mathrm{e}^{-\mathrm{j}\omega t_0}$，即时移所得函数的振幅频谱密度函数和原函数的振幅频谱密度函数相同，但相位频谱函数进行了改变.

事实上，

$$F[f(t+t_0)]=\int_{-\infty}^{+\infty}f(t+t_0)\mathrm{e}^{-\mathrm{j}\omega t}\,\mathrm{d}t=\int_{-\infty}^{+\infty}f(\tau)\mathrm{e}^{-\mathrm{j}\omega(\tau-t_0)}\,\mathrm{d}\tau$$

$$=e^{j\omega t_0}\int_{-\infty}^{+\infty} f(\tau)e^{-j\omega\tau}dt = e^{j\omega t_0}F[f(t)].$$

性质 5.3.3(平移性质) $F[e^{j\omega_0 t}f(t)]=F(\omega-\omega_0)$;

性质 5.3.3 表明原函数乘以复指数函数 $e^{j\omega_0 t}$,相应的 Fourier 变换像函数右移 ω_0,这个性质在信号调制解调过程中有广泛的应用. 频谱函数 $F(\omega)$沿 ω 轴向右或向左位移 ω_0 的 Fourier 逆变换等于原来函数 $f(t)$乘以因子 $e^{j\omega_0 t}$或 $e^{-j\omega_0 t}$,

例 5.3.2 设 $F[f(t)]=F(\omega)$,求 $F[\cos\omega_0 t\cdot f(t)]$.

解 $F[\cos\omega_0 t\cdot f(t)] = F\left[\dfrac{e^{\omega_0 t}+e^{-\omega_0 t}}{2}f(t)\right]= \dfrac{F(\omega-\omega_0)+F(\omega+\omega_0)}{2}.$

5.3.3 微分积分性质

性质 5.3.4 (微分性质) 若 $f(t)$在$(-\infty,+\infty)$上连续或者只有有限个可去间断点,且当$|t|\to+\infty$时,$f(t)\to 0$,则 $F[f'(t)]=j\omega F[f(t)]=j\omega F(\omega)$.

证明 $F[f'(t)] = \int_{-\infty}^{+\infty} f'(t)e^{-j\omega t}dt = f(t)e^{-j\omega t}\Big|_{-\infty}^{+\infty} + j\omega\int_{-\infty}^{+\infty} f(t)e^{-j\omega t}dt$

$$= j\omega\int_{-\infty}^{+\infty} f(t)e^{-j\omega t}dt = j\omega F(\omega).$$

性质 5.3.4 表明一个函数的导数的 Fourier 变换等于这个函数的 Fourier 变换乘以因子 $j\omega$,即在 Fourier 变换像函数意义下,求导运算转换为乘法运算,这是积分变换有较大应用价值的关键之处. 性质 5.3.4 可以推广到 n 阶的情况.

推论 5.3.1 若 $f^{(k)}(t)$在$(-\infty,+\infty)$上连续或只有有限个可去间断点,且 $\lim\limits_{|t|\to+\infty} f^{(k)}(t)=0, k=0,1,2,\cdots,n-1$,则有

$$F[f^{(n)}(t)] = (j\omega)^n F[\omega].$$

同样地,还得到像函数的微分性质$\dfrac{d}{d\omega}F(\omega)=F[-jtf(t)]$,进一步有

$$\frac{d^n}{d\omega^n}F(\omega) = (-j)^n F[t^n f(t)].$$

特别地,

$$F[tf(t)]=j\frac{d}{d\omega}F(\omega).$$

事实上,不考虑积分与求导运算的可交换性,由

$$F(\omega) = F[f(t)] = \int_{-\infty}^{+\infty} f(t)e^{-j\omega t}dt,$$

上式两端对 ω 求导得

$$F'(\omega) = \int_{-\infty}^{+\infty} f(t)\frac{d}{d\omega}(e^{-j\omega t})dt = \int_{-\infty}^{+\infty} f(t)(-jt)e^{-j\omega t}dt = F[-jtf(t)].$$

性质 5.3.5（积分性质）　如果当 $t\to+\infty$ 时，$g(t)=\int_{-\infty}^{t}f(t)\mathrm{d}t\to 0$，则

$$F\left[\int_{-\infty}^{t}f(t)\mathrm{d}t\right]=\frac{1}{\mathrm{j}\omega}F[f(t)].$$

证明　由 $F\left[\frac{\mathrm{d}}{\mathrm{d}t}\int_{-\infty}^{t}f(t)\mathrm{d}t\right]=F[f(t)]$ 知，而根据微分性质

$$F\left[\frac{\mathrm{d}}{\mathrm{d}t}\int_{-\infty}^{t}f(t)\mathrm{d}t\right]=\mathrm{j}\omega F\left[\int_{-\infty}^{t}f(t)\mathrm{d}t\right],$$

故

$$F[f(t)]=\mathrm{j}\omega F\left[\int_{-\infty}^{t}f(t)\mathrm{d}t\right].$$

因此

$$F\left[\int_{-\infty}^{t}f(t)\mathrm{d}t\right]=\frac{1}{\mathrm{j}\omega}F[f(t)].$$

上面的式子表明一个函数积分后的 Fourier 变换等于这个函数的 Fourier 变换除以一个因子 $\mathrm{j}\omega$，即在 Fourier 变换像函数意义下，积分运算转换为除法运算.

5.3.4　其他性质

性质 5.3.6（尺度性质）　$F[f(at)]=\frac{1}{|a|}F\left(\frac{\omega}{a}\right)$，其中 a 为非零常数.

事实上，$F[f(at)]=\int_{-\infty}^{+\infty}f(at)\mathrm{e}^{-\mathrm{j}\omega t}\mathrm{d}t=\frac{1}{a}\int_{-\infty}^{+\infty}f(at)\mathrm{e}^{-\mathrm{j}\frac{\omega}{a}at}\mathrm{d}(at)$.

当 $a>0$ 时，$F[f(at)]=\frac{1}{a}\int_{-\infty}^{+\infty}f(\tau)\mathrm{e}^{-\mathrm{j}\frac{\omega}{a}\tau}\mathrm{d}\tau=\frac{1}{a}F\left(\frac{\omega}{a}\right)=\frac{1}{|a|}F\left(\frac{\omega}{a}\right)$；

当 $a<0$ 时，$F[f(at)]=\frac{1}{a}\int_{+\infty}^{-\infty}f(\tau)\mathrm{e}^{-\mathrm{j}\frac{\omega}{a}\tau}\mathrm{d}\tau=-\frac{1}{a}F\left(\frac{\omega}{a}\right)=\frac{1}{|a|}F\left(\frac{\omega}{a}\right)$.

性质 5.3.6 表明，信号在时域中压缩（$a>1$），像函数在频域中扩展；反之，信号在时域中扩展（$a<1$），像函数在频域中压缩. 图 5.14 是矩形脉冲函数的时域扩展及压缩与其 Fourier 变换像函数的相应变化情况.

性质 5.3.7（乘积定理）　若 $\overline{f_1(t)}$，$\overline{f_2(t)}$，$\overline{F_1(\omega)}$，$\overline{F_2(\omega)}$ 分别表示 $f_1(t)$，$f_2(t)$，$F_1(\omega)$，$F_2(\omega)$ 的共轭函数，若 $F_1(\omega)=F[f_1(t)]$，$F_2(\omega)=F[f_2(t)]$，则有

$$\int_{-\infty}^{+\infty}\overline{f_1(t)}f_2(t)\mathrm{d}t=\frac{1}{2\pi}\int_{-\infty}^{+\infty}\overline{F_1(\omega)}F_2(\omega)\mathrm{d}\omega,$$

$$\int_{-\infty}^{+\infty}f_1(t)\overline{f_2(t)}\mathrm{d}t=\frac{1}{2\pi}\int_{-\infty}^{+\infty}F_1(\omega)\overline{F_2(\omega)}\mathrm{d}\omega.$$

证明　$\int_{-\infty}^{+\infty}\overline{f_1(t)}f_2(t)\mathrm{d}t=\int_{-\infty}^{+\infty}\overline{f_1(t)}\frac{1}{2\pi}\left[\int_{-\infty}^{+\infty}F_2(\omega)\mathrm{e}^{\mathrm{j}\omega t}\mathrm{d}\omega\right]\mathrm{d}t$

$$= \frac{1}{2\pi}\int_{-\infty}^{+\infty} F_2(\omega)\left[\int_{-\infty}^{+\infty} \overline{f_1(t)}\,e^{j\omega t}\,dt\right]d\omega$$

$$= \frac{1}{2\pi}\int_{-\infty}^{+\infty} F_2(\omega)\left[\overline{\int_{-\infty}^{+\infty} f_1(t)\,e^{-j\omega t}\,dt}\right]d\omega$$

$$= \frac{1}{2\pi}\int_{-\infty}^{+\infty} \overline{F_1(\omega)}F_2(\omega)\,d\omega.$$

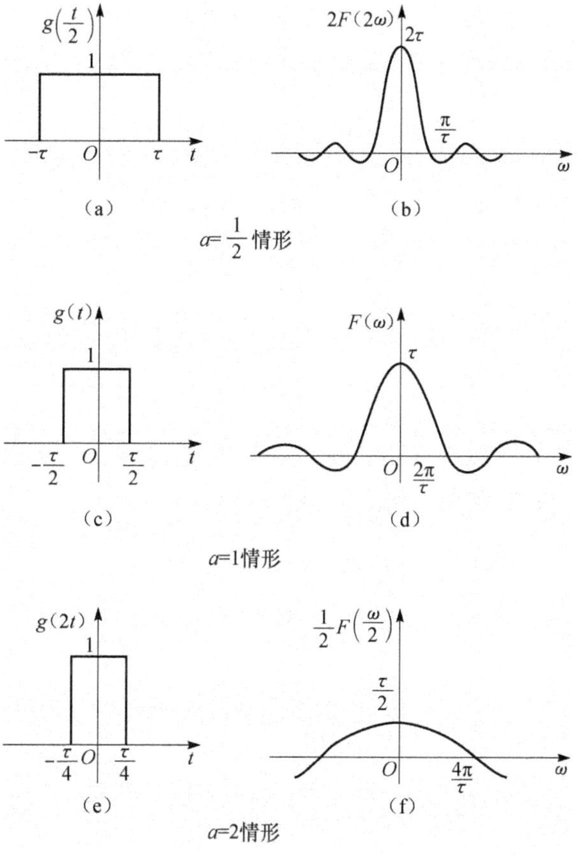

图 5.14

类似地可以证明 $\int_{-\infty}^{+\infty} f_1(t)\,\overline{f_2(t)}\,dt = \frac{1}{2\pi}\int_{-\infty}^{+\infty} F_1(\omega)\,\overline{F_2(\omega)}\,d\omega.$

当 $f_1(t)=f_2(t)=f(t)$ 时，有推论 5.3.2.

推论 5.3.2（能量积分性质，Parseval 恒等式）

$$\int_{-\infty}^{+\infty} [f(t)]^2\,dt = \frac{1}{2\pi}\int_{-\infty}^{+\infty} |F(\omega)|^2\,d\omega.$$

上式左端的物理解释为将电压(电流)信号 $f(t)$ 加到单位电阻所消耗的能量

为 $\int_{-\infty}^{+\infty}[f(t)]^2\mathrm{d}t$，上式中 $[f(t)]^2$ 解释为信号的瞬时功率. 右端 $\frac{1}{2\pi}\int_{-\infty}^{+\infty}|F(\omega)|^2\mathrm{d}\omega$ 也是信号的总能量，因此 $|F(\omega)|^2$ 解释为信号的能量谱密度函数. 上式说明，信号总能量可由功率密度函数在时域中积分计算可得，也可用能量谱密度函数在频域中的积分计算可得.

以下例题均假设 $F(\omega)=F[f(t)]$，以后不再重复.

例 5.3.3 求函数 $g(t)=f(2t)$ 的 Fourier 变换.

解 由 Fourier 变换变换的相似性质可知，

$$F[g(t)]=F[f(2t)]=\frac{1}{2}F\left[\frac{\omega}{2}\right].$$

例 5.3.4 求函数 $g(t)=f(2t-3)$ 的 Fourier 变换.

解 记 $h(t)=f(2t)$，

$$\begin{aligned}F[g(t)]&=F[f(2t-3)]=F\left[f\left(2\left(t-\frac{3}{2}\right)\right)\right]=F\left[h\left(t-\frac{3}{2}\right)\right]\\&=\mathrm{e}^{-\frac{3}{2}\mathrm{j}\omega}F[h(t)]=\mathrm{e}^{-\frac{3}{2}\mathrm{j}\omega}F[f(2t)]=\frac{1}{2}F\left[\frac{\omega}{2}\right]\cdot\mathrm{e}^{-\frac{3}{2}\mathrm{j}\omega}.\end{aligned}$$

例 5.3.5 求函数 $g(t)=tu(t)$ 的 Fourier 变换，其中 $u(t)$ 是单位阶跃函数.

解 由 Fourier 变换的像函数微分性质可知，

$$\begin{aligned}F[g(t)]&=F[tu(t)]=\mathrm{j}\frac{\mathrm{d}}{\mathrm{d}\omega}F[u(t)]\\&=\mathrm{j}\frac{\mathrm{d}}{\mathrm{d}\omega}\left[\frac{1}{\mathrm{j}\omega}+\pi\delta(\omega)\right]\\&=\mathrm{j}\left[\frac{-1}{\mathrm{j}\omega^2}+\pi\delta'(\omega)\right]\\&=\frac{-1}{\omega^2}+\mathrm{j}\pi\delta'(\omega).\end{aligned}$$

例 5.3.6 求函数 $g(t)=tf'(t)$ 的 Fourier 变换.

解

$$\begin{aligned}F[tf'(t)]&=\mathrm{j}\frac{\mathrm{d}}{\mathrm{d}\omega}\{F[f'(t)]\}=\mathrm{j}[\mathrm{j}\omega F(\omega)]'\\&=-[F(\omega)+\omega F'(\omega)].\end{aligned}$$

5.4 卷积与卷积定理

本节介绍 Fourier 的另一类重要的性质，就是卷积定理. 这是 Fourier 变换的一个重要的性质，在工程技术领域中有很重要的应用.

5.4.1 卷积的概念

定义 5.4.1 已知函数 $f_1(t)$, $f_2(t)$ 在 $(-\infty, +\infty)$ 有定义，则称积分 $\int_{-\infty}^{+\infty} f_1(\tau)f_2(t-\tau)\mathrm{d}\tau$ 为函数 $f_1(t)$ 与 $f_2(t)$ 的卷积，记为 $f_1(t) * f_2(t)$，即

$$f_1(t) * f_2(t) = \int_{-\infty}^{+\infty} f_1(\tau)f_2(t-\tau)\mathrm{d}\tau.$$

由卷积定义可知卷积满足交换律，即 $f_1(t) * f_2(t) = f_2(t) * f_1(t)$.

另外卷积具有对加法的分配律和卷积不等式，即

$$f_1(t) * [f_2(t) + f_3(t)] = f_1(t) * f_2(t) + f_1(t) * f_3(t),$$
$$| f_1(t) * f_2(t) | \leqslant | f_1(t) | * | f_2(t) |.$$

例 5.4.1 若已知 $f_1(t)=\begin{cases}0, & t<0,\\ \mathrm{e}^t, & t\geqslant 0,\end{cases}$ $f_2(t)=\begin{cases}0, & t<0,\\ \mathrm{e}^{-t}, & t\geqslant 0,\end{cases}$ 求 $f_1(t) * f_2(t)$.

解 由卷积定义可知，

$$f_1(t) * f_2(t) = \int_{-\infty}^{+\infty} f_1(\tau)f_2(t-\tau)\mathrm{d}\tau,$$

要使得 $f_1(\tau)f_2(t-\tau)\neq 0$，则 $\begin{cases}\tau\geqslant 0,\\ t-\tau\geqslant 0,\end{cases}$ 即 $0\leqslant\tau\leqslant t$. 因此

$$\begin{aligned} f_1(t) * f_2(t) &= \int_{-\infty}^{+\infty} f_1(\tau)f_2(t-\tau)\mathrm{d}\tau \\ &= \int_0^t \mathrm{e}^{\tau}\cdot\mathrm{e}^{-(t-\tau)}\mathrm{d}\tau = \mathrm{e}^{-t}\int_0^t \mathrm{e}^{2\tau}\mathrm{d}\tau = \frac{1}{2}(\mathrm{e}^t - \mathrm{e}^{-t}). \end{aligned}$$

例 5.4.2 计算 $\delta(t) * f(t)$, $\delta(t-t_0) * f(t)$.

解 $\delta(t) * f(t) = \int_{-\infty}^{+\infty}\delta(\tau)f(t-\tau)\mathrm{d}\tau = f(t-\tau)\big|_{\tau=0} = f(t)$,

$$\delta(t-t_0) * f(t) = \int_{-\infty}^{+\infty}\delta(\tau-t_0)f(t-\tau)\mathrm{d}\tau = f(t-\tau)\big|_{\tau=t_0} = f(t-t_0).$$

5.4.2 卷积定理

定理 5.4.1（卷积定理） 若函数 $f_1(t)$, $f_2(t)$ 都满足 Fourier 积分定理中的条件，则有

$$F[f_1(t) * f_2(t)] = F[f_1(t)]\cdot F[f_2(t)] = F_1(\omega)\cdot F_2(\omega),$$

或者

$$F^{-1}[F_1(\omega)\cdot F_2(\omega)] = f_1(t) * f_2(t).$$

证明 $F[f_1(t) * f_2(t)]$

$$
\begin{aligned}
&= \int_{-\infty}^{+\infty}\int_{-\infty}^{+\infty} f_1(\tau) f_2(t-\tau)\mathrm{d}\tau \mathrm{e}^{-\mathrm{j}\omega t}\mathrm{d}t \\
&= \int_{-\infty}^{+\infty}\int_{-\infty}^{+\infty} f_1(\tau) f_2(t-\tau)\mathrm{e}^{-\mathrm{j}\omega(t-\tau)}\mathrm{e}^{-\mathrm{j}\omega\tau}\mathrm{d}\tau\mathrm{d}t \\
&= \int_{-\infty}^{+\infty} f_1(\tau)\mathrm{e}^{-\mathrm{j}\omega\tau}\mathrm{d}\tau\left[\int_{-\infty}^{+\infty} f_2(t-\tau)\mathrm{e}^{-\mathrm{j}\omega(t-\tau)}\mathrm{d}t\right] \\
&= \int_{-\infty}^{+\infty} f_1(\tau)\mathrm{e}^{-\mathrm{j}\omega\tau}F_2(\omega)\mathrm{d}\tau \\
&= F_1(\omega)\cdot F_2(\omega).
\end{aligned}
$$

定理 5.4.1 说明,两个函数的卷积的 Fourier 变换等于这两个函数的 Fourier 变换的乘积.

同理可得

$$F[f_1(t)\cdot f_2(t)] = \frac{1}{2\pi}F_1(\omega) * F_2(\omega),$$

即两个函数乘积的 Fourier 变换等于这两个函数 Fourier 的卷积除以 2π.

卷积定理也可以推广到 n 个函数的卷积的 Fourier 变换及 Fourier 逆变换,即

$$F[f_1(t) * f_2(t) * \cdots * f_n(t)] = F_1(\omega)\cdot F_2(\omega)\cdot\cdots\cdot F_n(\omega);$$

$$F[f_1(t)\cdot f_2(t)\cdot\cdots\cdot f_n(t)] = \frac{1}{(2\pi)^{n-1}}F_1(\omega) * F_2(\omega) * \cdots * F_n(\omega).$$

在卷积的计算过程中,计算起来难度比较大,不是很容易计算的,但卷积定理为我们也提供了另外一种求卷积的简便方法,即先化函数的卷积运算为 Fourier 变换的乘积运算,再求 Fourier 逆变换,就可以得到函数的卷积.

例 5.4.3 若 $f(t)=\cos\omega t\cdot u(t)$,求 $F[f(t)]$.

解 由 $F[f_1(t)\cdot f_2(t)]=\frac{1}{2\pi}F_1(\omega) * F_2(\omega)$可得

$$F[f(t)] = \frac{1}{2\pi}F[\cos\omega_0 t] * F[u(t)],$$

而 $F[\cos\omega_0 t]=\pi[\delta(\omega-\omega_0)+\delta(\omega+\omega_0)]$,$F[u(t)]=\frac{1}{\mathrm{j}\omega}+\pi\delta(\omega)$,所以

$$
\begin{aligned}
F[f(t)] &= \frac{1}{2\pi}[\pi\delta(\omega-\omega_0)+\pi\delta(\omega+\omega_0)] * \left[\frac{1}{\mathrm{j}\omega}+\pi\delta(\omega)\right] \\
&= \frac{1}{2}\Big[\delta(\omega-\omega_0) * \frac{1}{\mathrm{j}\omega} + \delta(\omega+\omega_0) * \frac{1}{\mathrm{j}\omega} \\
&\quad + \delta(\omega-\omega_0) * \pi\delta(\omega) + \delta(\omega+\omega_0) * \pi\delta(\omega)\Big],
\end{aligned}
$$

而

$$\delta(\omega \pm \omega_0) * \frac{1}{j\omega} = \frac{1}{j(\omega \pm \omega_0)}.$$

且

$$\delta(\omega \pm \omega_0) * \pi\delta(\omega) = \pi\delta(\omega \pm \omega_0).$$

最后得到

$$\begin{aligned} F[f(t)] &= \frac{1}{2}\left[\frac{1}{j(\omega - \omega_0)} + \frac{1}{j(\omega + \omega_0)} + \pi\delta(\omega - \omega_0) + \pi\delta(\omega + \omega_0)\right] \\ &= \frac{j\omega}{\omega_0^2 - \omega^2} + \frac{\pi}{2}[\delta(\omega - \omega_0) + \delta(\omega + \omega_0)]. \end{aligned}$$

例 5.4.4 给出了一般函数积分的 Fourier 变换公式.

例 5.4.4 记 $F(\omega) = F[f(t)]$，证明：

$$F\left[\int_{-\infty}^{t} f(t)\mathrm{d}t\right] = \frac{1}{j\omega}F(\omega) + \pi F(0)\delta(\omega).$$

证明

$$\begin{aligned} g(t) &= \int_{-\infty}^{t} f(t)\mathrm{d}t = \int_{-\infty}^{t} f(\tau)\mathrm{d}\tau = \int_{-\infty}^{t} f(\tau)u(t-\tau)\mathrm{d}\tau \\ &= \int_{-\infty}^{+\infty} f(\tau)u(t-\tau)\mathrm{d}\tau = f(t) * u(t), \end{aligned}$$

其中，$u(t)$为单位阶跃函数. 因此，

$$F[g(t)] = F(\omega)\left[\frac{1}{j\omega} + \pi\delta(\omega)\right] = \frac{1}{j\omega}F(\omega) + \pi F(0)\delta(\omega).$$

特别地，当 $f(t)$绝对可积且 $\lim\limits_{t\to+\infty} g(t) = \lim\limits_{t\to+\infty}\int_{-\infty}^{t} f(t)\mathrm{d}t = 0$ 时，

$$F(0) = \lim_{\omega\to 0}\int_{-\infty}^{+\infty} f(t)\mathrm{e}^{-j\omega t}\mathrm{d}t = \int_{-\infty}^{+\infty} f(t)\mathrm{d}t = 0,$$

此时有

$$F\left[\int_{-\infty}^{t} f(t)\mathrm{d}t\right] = \frac{1}{j\omega}F(\omega),$$

这就是积分性质（性质 5.3.5）所表述的结果，可以看出性质 5.3.5 是例 5.4.4 结果的特例.

5.4.3 卷积定理的应用

滤波是数字信号处理中的一个重要内容，占有很重要的地位，而卷积定理是滤波的一个主要的数学原理. 卷积定理有时域卷积和频域卷积两个卷积定理，下面叙述其基本的数学思想.

在时间域内，如果 $h(t)$ 的 Fourier 变换为 $H(\omega)$，$x(t)$ 的 Fourier 变换为 $X(\omega)$，则有 $F[h(t)*x(t)]=H(\omega)\cdot X(\omega)$.

两个时间函数卷积的 Fourier 变换等于两个时间函数分别进行 Fourier 变换的复数乘积. 它说明两个时间函数卷积的频谱等于各个时间函数频谱的复数乘积，即在时域中两个函数的卷积，等效于在频域中两个函数频谱的乘积，可以简称为时域卷积等效于频谱乘积.

在频率域内，同样类似的有以下结论

$$F[h(t)x(t)]=\frac{1}{2\pi}H(\omega)*X(\omega),$$

即两个时间函数频谱卷积的 Fourier 逆变换等于两个时间函数频谱分别进行 Fourier 逆变换的乘积. 它说明两个时间函数频谱的卷积等效于时域两函数的乘积.

5.5　Fourier 变换的应用

Fourier 变换的应用非常广泛，在振动力学、电工学、无线电技术、自动控制理论以及其他学科及工程技术领域的研究中，有很重要的作用和地位. 本节主要讨论 Fourier 变换在求解微分积分方程中的应用.

5.5.1　微分积分方程的 Fourier 变换解法

根据 Fourier 变换的各种性质，对所求方程的两边取 Fourier 变换，将其转化为像函数的代数方程，利用这个代数方程求出像函数，再取其 Fourier 逆变换就可以得到原来方程的解，这是求这类方程的一个主要方法.

例 5.5.1　求解积分方程

$$g(t)=h(t)+\int_{-\infty}^{+\infty}f(\tau)g(t-\tau)\mathrm{d}\tau,$$

其中，$h(t)$，$f(t)$ 为已知函数，且 $g(t)$，$h(t)$，$f(t)$ 的 Fourier 变换都存在.

解　原方程为 $g(t)=h(t)+f(t)*g(t)$，记 $F[g(t)]=G(\omega)$，$F[h(t)]=H(\omega)$，$F[f(t)]=F(\omega)$，对方程两边取 Fourier 变换，由卷积定理可得

$$G(\omega)=H(\omega)+F(\omega)\cdot G(\omega),$$

得到 $G(\omega)=\dfrac{H(\omega)}{1-F(\omega)}$，由 Fourier 逆变换可得到积分方程的解为

$$g(t)=\frac{1}{2\pi}\int_{-\infty}^{+\infty}G(\omega)\mathrm{e}^{\mathrm{j}\omega t}\mathrm{d}\omega=\frac{1}{2\pi}\int_{-\infty}^{+\infty}\frac{H(\omega)}{1-F(\omega)}\mathrm{e}^{\mathrm{j}\omega t}\mathrm{d}\omega.$$

5.5.2 偏微分方程的 Fourier 变换解法

下面讨论线性偏微分方程中的未知函数是二元函数的情况，通过典型例题来说明 Fourier 变换如何求解这些偏微分方程.

例 5.5.2 求解以下定界问题：

$$\begin{cases}\dfrac{\partial^2 u}{\partial t^2}=\dfrac{\partial^2 u}{\partial x^2},\\ u\,|_{t=0}=\cos x, \quad (-\infty<x<+\infty,t>0).\\ \dfrac{\partial u}{\partial t}\,|_{t=0}=\sin x\end{cases}$$

解 这里假设未知函数 $u(x,t)$ 及其偏导数满足 Fourier 变换的微分性质的条件和满足偏导数与积分运算交换次序的条件. 记

$$F[u(x,t)]=U(\omega,t),$$

$$F\left[\frac{\partial^2 u}{\partial x^2}\right]=(\mathrm{j}\omega)^2U(\omega,t)=-\omega^2U(\omega,t),$$

$$F\left[\frac{\partial^2 u}{\partial t^2}\right]=\frac{\partial^2}{\partial t^2}F[u(x,t)]=\frac{\mathrm{d}^2}{\mathrm{d}t^2}U(\omega,t),$$

$$F[\cos x]=\pi[\delta(\omega+1)]+\delta(\omega-1),$$

$$F[\sin x]=\pi\mathrm{j}[\delta(\omega+1)-\delta(\omega-1)].$$

对上面方程两边对 x 取 Fourier 变换，这样将求定解问题转化为求解含有参数 ω 的常微分方程的初值问题：

$$\begin{cases}\dfrac{\mathrm{d}^2U}{\mathrm{d}t^2}=-\omega^2U,\\ U\,|_{t=0}=\pi[\delta(\omega+1)+\delta(\omega-1)],\\ \dfrac{\mathrm{d}U}{\mathrm{d}t}\,|_{t=0}=\mathrm{j}\pi[\delta(\omega+1)-\delta(\omega-1)].\end{cases}$$

这时，上面的方程变成了一个关于 t 的一个二阶常系数的齐次微分方程，比较容易地可以得到它的通解为

$$U(\omega,t)=c_1\cos\omega t+c_2\sin\omega t, \quad \text{其中},c_1,c_2\text{ 为任意常数}.$$

由初始条件可知，

$$c_1=\pi[\delta(\omega+1)+\delta(\omega-1)], \quad c_2=\frac{\mathrm{j}\pi}{\omega}[\delta(\omega+1)-\delta(\omega-1)],$$

故

$$U(\omega,t)=\pi[\delta(\omega+1)+\delta(\omega-1)]\cos\omega t+\frac{\mathrm{j}\pi}{\omega}[\delta(\omega+1)-\delta(\omega-1)]\sin\omega t$$

$$=\left(\frac{\mathrm{j}\pi}{\omega}\sin\omega t+\pi\cos\omega t\right)\delta(\omega+1)+\left(\pi\cos\omega t-\frac{\mathrm{j}\pi}{\omega}\sin\omega t\right)\delta(\omega-1).$$

对上面的 $U(\omega,t)$ 进行 Fourier 逆变换，利用 δ 函数的筛选性质，得原定问题的解为

$$u(x,t)=F^{-1}[U(\omega,t)]=\cos t\cdot\frac{\mathrm{e}^{\mathrm{j}x}+\mathrm{e}^{-\mathrm{j}x}}{2}+\sin t\cdot\frac{\mathrm{e}^{\mathrm{j}x}-\mathrm{e}^{-\mathrm{j}x}}{2\mathrm{j}}$$
$$=\sin t\sin x+\cos t\cos x=\cos(t-x).$$

通过例 5.5.2 可以看出，一般利用 Fourier 变换求解偏微分方程有下面的基本步骤.

首先，将定解问题中的未知函数看成某一个自变量的函数，将方程及定解问题条件化为像函数的常微分方程的定解问题；其次，根据相应的定解条件求出像函数；最后，再求出像函数的 Fourier 逆变换，从而得到原定解问题的解.

5.6 离散 Fourier 变换简介

在无线电技术传递信号时，人类最早是应用模拟信号进行传递的. 例如，传统的收音机和电视机的信号传递方式，其原理是将连续信号进行调制处理后直接传递，其本质传递的还是连续信号，即模拟信号(图 5.15). 模拟信号传递的抗干扰能力差，信号失真明显，特别是长距离传递和多级传递后，模拟信号传递的质量难以保证.

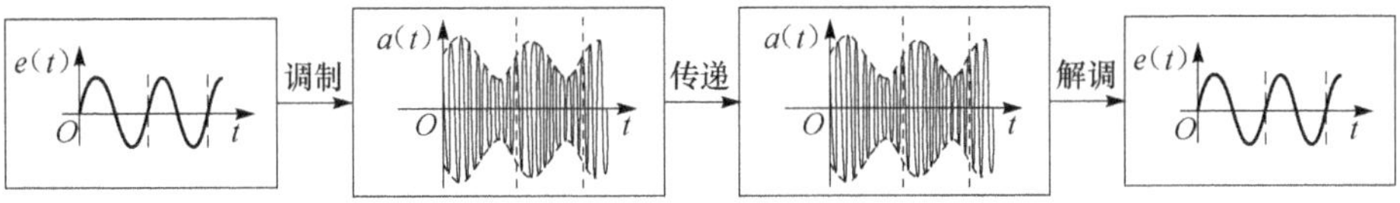

图 5.15

随着计算机技术的发展，人们开始应用数字信号的传递方式，这种方式不是传递连续信号 $x(t)$ 本身，而是每隔一个时间段 Δt，从信号 $x(t)$ 中提取一个值 $x(k\Delta t)$，即信号抽样. 这样形成数据序列 $x(0),x(1),\cdots,x(N-1)$，对上述序列经过编码后发送. 只要抽样的周期 Δt 充分小，数据序列 $x(0),x(1),\cdots,x(N-1)$ 能很好地反映原信号 $x(t)$. 接收端通过逆向处理就可以复原出原来的信号，这个过程就是数字信号传递的基本方式(图 5.16). 数字信号传递的抗干扰能力强，信号保真度高，易于加密和解密. 数字通信技术自问世以来就受到广泛的重视，至今方兴未艾.

为保证信号还原的效果，信号抽样的周期 Δt 必须充分小，N 要非常大，因此直接发送数据序列 $x(0),x(1),\cdots,x(N-1)$ 需要占用大量的存储和信道资源，难以达到理想的通信效果. 为达到较理想的通信效果，在信号传递之前需要对数据序列 $x(0),x(1),\cdots,x(N-1)$ 进行简化和压缩. 但通常数据序列的大小是散乱的，

我们不能随意舍弃,因此数据压缩编码也难以进行.

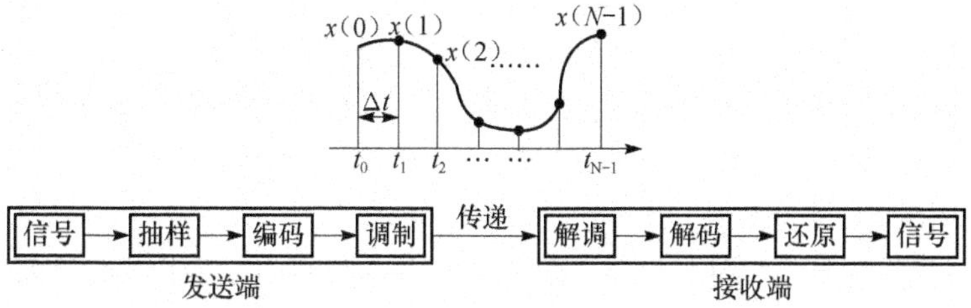

图 5.16

对于离散数据序列 $x(0),x(1),\cdots,x(N-1)$,人们利用的 Fourier 积分公式的一个等价表达式

$$x(t)=\int_{-\infty}^{+\infty}\left[\int_{-\infty}^{+\infty}x(t)\mathrm{e}^{-\mathrm{j}2\pi ft}\,\mathrm{d}t\right]\mathrm{e}^{\mathrm{j}2\pi ft}\,\mathrm{d}f,$$

以及用上式定义函数的 Fourier 变换

$$X(f)=F[x(t)]=\int_{-\infty}^{+\infty}x(t)\mathrm{e}^{-\mathrm{j}2\pi ft}\,\mathrm{d}t,$$

和 $X(f)$ 的 Fourier 逆变换为

$$x(t)=F^{-1}[X(f)]=\int_{-\infty}^{+\infty}X(f)\mathrm{e}^{\mathrm{j}2\pi ft}\,\mathrm{d}f.$$

对上述积分进行离散化,经过计算分析得到了下列恒等式

$$x(n)=\frac{1}{N}\sum_{k=0}^{N-1}\left[\sum_{n=0}^{N-1}x(n)\mathrm{e}^{-\mathrm{j}\frac{2\pi}{N}kn}\right]\mathrm{e}^{\mathrm{j}\frac{2\pi}{N}kn},\quad n=0,1,\cdots,N-1.$$

由上述恒等式定义离散数据序列 $x(0),x(1),\cdots,x(N-1)$ 的离散 Fourier 变换(DFT)为

$$X(k)=\sum_{n=0}^{N-1}x(n)\mathrm{e}^{-\mathrm{j}\frac{2\pi}{N}kn},\quad k=0,1,\cdots,N-1.$$

数据序列 $X(0),X(1),\cdots,X(N-1)$ 的离散 Fourier 逆变换

$$x(n)=\frac{1}{N}\sum_{k=0}^{N-1}X(k)\mathrm{e}^{\mathrm{j}\frac{2\pi}{N}kn},\quad n=0,1,\cdots,N-1.$$

在工程实际应用中,发送端将原信号 $x(0),x(1),\cdots,x(N-1)$ 进行离散 Fourier 变换(DFT),然后传递出 $X(0),X(1),\cdots,X(N-1)$ 接收端,将收到信号 $X(0),X(1),\cdots,X(N-1)$ 进行离散 Fourier 逆变换,来还原再现信号 $x(0)$, $x(1),\cdots,x(N-1)$. 从表面上看,传递的数据长度都是 N,而且还需要在发送端和接收端额外增加两次计算的工作量,工作量只增不减,但实际应用中有较大的优

点. 首先，如果改变数据序列 $X(0),X(1),\cdots,X(N-1)$ 中的个别数据，还原再现的信号 $x(0),x(1),\cdots,x(N-1)$ 改变非常小，这个特点表示通信的抗干扰能力增强. 其次，经过离散 Fourier 变换(DFT)后得到的数据序列 $X(0),X(1),\cdots,X(N-1)$ 比较有规律，特别是大量数据的绝对值都非常小，这样可将绝对值小的数据归零，这样易于对信号 $X(0),X(1),\cdots,X(N-1)$ 进行压缩编码. 事实上，常用的图像编码就是应用 DFT 的这一特点.

尽管离散 Fourier 变换(DFT)有上述诱人的优点，但在相当长时期内难以进入实际的应用领域. 制约应用的劣势在于 DFT 计算时需进行 N^2 次乘法和 $N(N-1)$ 次加法，而应用中的 N 又非常大，该方法的计算量对实时信号的传递是不可接受的. 直到 20 世纪 60 年代中期，Cooley 和 Tukey 发明了一种特别适用于计算机硬件操作的方法，快速 Fourier 变换(FFT)，离散 Fourier 变换才真正进入了实际应用阶段. 现阶段基于 FFT 的离散 Fourier 变换技术已成为信息传输、频谱分析、图像处理和数据压缩的领域的基础工具. 当 $N=2^k$ 时，FFT 只需进行 $\dfrac{N\log_2 N}{2}$ 次乘法和 $N\log_2 N$ 次加法，计算量较 DFT 大为减少. FFT 的计算程序可见于大量数学软件和工程计算软件中，这里我们对其算法、计算程序不作详细讨论.

习 题 5

1. 设 $f(t)$ 满足 Fourier 积分定理条件，证明当 $f(t)$ 为奇函数时，则有

$$f(t)=\frac{2}{\pi}\int_0^{+\infty} b(\omega)\sin\omega t\,\mathrm{d}\omega,$$

其中，$b(\omega)=\int_0^{+\infty} f(t)\sin\omega t\,\mathrm{d}t$;

当 $f(t)$ 为偶函数时，则有

$$f(t)=\frac{2}{\pi}\int_0^{+\infty} a(\omega)\cos\omega t\,\mathrm{d}\omega,$$

其中，$a(\omega)=\int_0^{+\infty} f(t)\cos\omega t\,\mathrm{d}t$.

2. 求下列函数的 Fourier 积分，并计算积分：

(1) $f(t)=\mathrm{e}^{-\alpha|t|}\ (\alpha>0)$，计算 $\displaystyle\int_0^{+\infty}\frac{\cos\omega t}{\alpha^2+\omega^2}\mathrm{d}\omega$;

(2) $f(t)=\begin{cases}\operatorname{sgn}(t), & |t|\leqslant 1,\\ 0, & |t|>1,\end{cases}$ 计算 $\displaystyle\int_0^{+\infty}\frac{1-\cos\omega}{\omega}\sin\omega t\,\mathrm{d}\omega$.

3. 求下列函数的 Fourier 变换：

(1) 矩形脉冲函数 $f(t)=\begin{cases}E, & 0\leqslant t\leqslant\tau,\\ 0, & \text{其他};\end{cases}$

(2) $f(t)=\begin{cases}1-|t|, & |t|\leqslant 1,\\ 0, & |t|>1;\end{cases}$

(3) $f(t)=\begin{cases} e^{3t}, & t\leqslant 0, \\ 0, & t>0; \end{cases}$

(4) $f(t)=e^{-\alpha|t|}\ (\alpha>0)$.

4. 计算积分

(1) $\int_{-\infty}^{+\infty}\delta(t)\cos t\,dt$； (2) $\int_{-\infty}^{+\infty}\delta''(t)e^{2t}\,dt$；

(3) $\int_{-\infty}^{+\infty}\delta(t+\frac{\pi}{4})\sin t\,dt$； (4) $\int_{-\infty}^{+\infty}\delta'(t-\frac{\pi}{4})\cos 2t\,dt$.

5. 证明 Fourier 变换的对称性质. 若 $F[f(t)]=F(\omega)$，则

$$F[F(t)]=2\pi f(-\omega),$$

进一步，若 $f(t)$ 为偶函数，则 $F[F(t)]=2\pi f(\omega)$.

6. 已知函数的 Fourier 变换为 $F(\omega)$，求 $F(\omega)$ 的 Fourier 逆变换 $f(t)$.

(1) $F(\omega)=\frac{\sin\omega}{\omega}$（提示：利用矩形脉冲函数的 Fourier 变换和上题结果）；

(2) $F(\omega)=\delta(\omega)+\delta(\omega+\omega_0)+\delta(\omega-\omega_0)$.

7. 求下列函数的 Fourier 变换

(1) $f(t)=\delta(t-t_0)+\delta(t+t_0)$；

(2) $f(t)=\sin 2t\cos t$；

(3) $f(t)=\sin(2t+\frac{\pi}{4})$；

(4) 如图 5.17 所示的锯齿波函数.

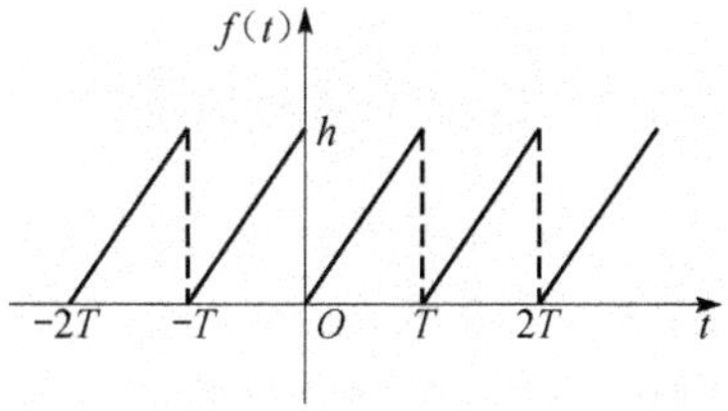

图 5.17

8. 证明下列等式：

(1) $f_1(t)*f_2(t)=f_2(t)*f_1(t)$；

(2) $f_1(t)*[f_2(t)+f_3(t)]=f_1(t)*f_2(t)+f_1(t)*f_3(t)$；

(3) $[\lambda f_1(t)]*f_2(t)=\lambda[f_2(t)*f_1(t)]$；

(4) $[e^{\alpha t}f_1(t)]*[e^{\alpha t}f_2(t)]=e^{\alpha t}[f_1(t)*f_2(t)]$；

(5) $[f_1(t)*f_2(t)]'=f_1'(t)*f_2(t)=f_1(t)*f'_2(t)$；

(6) $f(t)*\delta(t)=f(t)$；

(7) $f(t)*\delta(t-t_0)=f(t-t_0)$；

(8) $f(t)*\delta'(t)=f'(t)$；

(9) $f(t)*u(t)=\int_{-\infty}^{t}f(\tau)\,d\tau$.

9. 求下列函数的 Fourier 变换：

(1) $\cos\omega_0 t\cdot u(t)$； (2) $\sin\omega_0 t\cdot u(t)$； (3) $e^{j\omega_0 t}\cdot u(t-t_0)$.

第 6 章 Laplace 变换

Fourier 变换在大量的科学技术领域中发挥着重要的作用,事实上,信号的频谱分析已成为许多学科的理论基石.通过第 1 章的讨论,我们发现 Fourier 变换以及 Fourier 逆变换计算需要较多的数学知识,这个原因造成了 Fourier 变换实际应用的困难.本章将引入另一种较为常用的积分变换——Laplace 变换,Laplace 变换具有像函数易于计算的优点,同时保留了 Fourier 变换中许多好的性质(如微分性质、卷积定理等).

6.1 Laplace 变换的概念

6.1.1 Laplace 变换的定义

在实际应用中,大量函数是以时间 t 为自变量的,人们往往不知道或者不需要知道 $f(t)$在区间$(-\infty,0)$上的函数值,这就造成了 Fourier 变换在实际应用中的困难.此时,可以认为当 $t<0$ 时,$f(t)\equiv 0$.

此外,在我们易于理解的普通函数积分意义下,只有函数 $f(t)$在$(-\infty,+\infty)$上绝对可积时,其 Fourier 变换的像函数才是可计算的.然而,很多常见的初等函数(常值函数、多项式函数、正弦函数、余弦函数、指数函数等)都不能满足这个要求.绝对可积条件的要求导致 Fourier 变换理论难以理解.

为解决这个困难,定义在$[0,+\infty)$上的函数 $f(t)$,为使函数 $f(t)$在$[0,+\infty)$上绝对可积,我们只需考虑乘以某个指数衰减因子 $e^{-\beta t}(\beta>0)$,得到 $f_1(t)=f(t)\times e^{-\beta t}(\beta>0)$.例如,当 $f(t)$为常值函数、多项式函数、正弦函数、余弦或指数函数时,$f_1(t)=f(t)e^{-\beta t}(\beta>0)$都在$[0,+\infty)$上绝对可积.

上述讨论过程可归结如下:设单位阶跃函数为

$$u(t)=\begin{cases}0, & t<0,\\ 1, & t\geqslant 0.\end{cases}$$

对函数 $f(t)u(t)e^{-\beta t}(\beta>0)$应用 Fourier 积分定理,则在 $f(t)u(t)e^{-\beta t}$ 的连续点处,有

$$\begin{aligned} f(t)u(t)e^{-\beta t} &= \frac{1}{2\pi}\int_{-\infty}^{+\infty}\left[\int_{-\infty}^{+\infty} f(\tau)u(\tau)e^{-\beta\tau}e^{-j\omega\tau}\,d\tau\right]e^{j\omega t}\,d\omega \\ &= \frac{1}{2\pi}\int_{-\infty}^{+\infty} e^{j\omega t}\,d\omega\left[\int_{0}^{+\infty} f(\tau)e^{-(\beta+j\omega)\tau}\,d\tau\right], \end{aligned}$$

即

$$f(t)=\frac{1}{2\pi}\int_{-\infty}^{+\infty}\mathrm{e}^{(\beta+\mathrm{j}\omega)t}\mathrm{d}\omega\left[\int_{0}^{+\infty}f(\tau)\mathrm{e}^{-(\beta+\mathrm{j}\omega)\tau}\mathrm{d}\tau\right],\quad t>0.$$

将式中的 $\beta+\mathrm{j}\omega$ 记为 s，即 $s=\beta+\mathrm{j}\omega$，记

$$F(s)=\int_{0}^{+\infty}f(t)\mathrm{e}^{-st}\mathrm{d}t,$$

有

$$\begin{aligned}f(t)&=\frac{1}{2\pi}\int_{-\infty}^{+\infty}F(\beta+\mathrm{j}\omega)\mathrm{e}^{(\beta+\mathrm{j}\omega)t}\mathrm{d}\omega\\&=\frac{1}{2\pi\mathrm{j}}\int_{\beta-\mathrm{j}\infty}^{\beta+\mathrm{j}\infty}F(s)\mathrm{e}^{st}\mathrm{d}s,\quad t>0.\end{aligned}$$

由前面的讨论可知，为使得更多类型的函数能进行积分变换，对 Fourier 变换进行适当的调整，引入 Laplace 变换的定义.

定义 6.1.1 设 $f(t)$在 $t\geqslant 0$ 上有定义，且积分 $F(s)=\int_{0}^{+\infty}f(t)\mathrm{e}^{-st}\mathrm{d}t$($s$ 是复变量)关于某一范围内的 s 收敛，则由这个积分确定的函数

$$F(s)=\int_{0}^{+\infty}f(t)\mathrm{e}^{-st}\mathrm{d}t$$

称为函数 $f(t)$的 Laplace 变换的像函数，或称为函数 $f(t)$的 Laplace 变换，并记作 $L[f(t)]$，即

$$L[f(t)]=F(s)=\int_{0}^{+\infty}f(t)\mathrm{e}^{-st}\mathrm{d}t,$$

$f(t)=\frac{1}{2\pi\mathrm{j}}\int_{\beta-\mathrm{j}\infty}^{\beta+\mathrm{j}\infty}F(s)\mathrm{e}^{st}\mathrm{d}s$ 称为 $F(s)$的 Laplace 变换的原像，或称为函数 $F(s)$的 Laplace 逆变换，记作 $f(t)=L^{-1}[F(s)]$，其中，β 是使得 $f(t)\mathrm{e}^{-\beta t}$ 在$[0,+\infty)$上绝对可积的常数.

从上面的讨论可知，对于在$[0,+\infty)$上有定义的函数 $f(t)$，记函数 $f(t)$的 Fourier 变换的像函数为 $F_F(\omega)=F[f(t)]$，记函数 $f(t)$的 Laplace 变换的像函数为 $F_L(s)=L[f(t)]$，则 $F_F(\omega)$与 $F_L(s)$的关系为

$$F_F(\omega)=F_L(\mathrm{j}\omega).$$

6.1.2 常用函数的 Laplace 变换

例 6.1.1 求单位阶跃函数 $u(t)=\begin{cases}1, & t>0,\\0, & t<0\end{cases}$ 的 Laplace 变换.

解 根据 Laplace 变换的定义，当 $\mathrm{Re}(s)>0$ 时，

$$L[u(t)]=\int_0^{+\infty}\mathrm{e}^{-st}\mathrm{d}t=-\frac{1}{s}\mathrm{e}^{-st}\Big|_0^{+\infty}=\frac{1}{s}.$$

由于进行 Laplace 变换的函数 $f(t)$在 $t<0$ 时的函数值均为 0，因此单位阶跃函数的 Laplace 变换也经常记作

$$L[1]=\frac{1}{s}.$$

例 6.1.2 求指数函数 $f(t)=\mathrm{e}^{at}$（其中，a 是实数）的 Laplace 变换.

解 根据 Laplace 变换的定义，

$$F(s)=L[\mathrm{e}^{at}]=\int_0^{+\infty}\mathrm{e}^{at}\mathrm{e}^{-st}\mathrm{d}t=\int_0^{+\infty}\mathrm{e}^{-(s-a)t}\mathrm{d}t.$$

这个积分当 $\mathrm{Re}(s)>a$ 时收敛，且

$$\int_0^{+\infty}\mathrm{e}^{-(s-a)t}\mathrm{d}t=\frac{1}{s-a},$$

即

$$L[\mathrm{e}^{at}]=\frac{1}{s-a},\quad \mathrm{Re}(s)>a.$$

例 6.1.3 求指数函数 $f(t)=\cos\omega t$（其中，ω 是实数）的 Laplace 变换.

解 由分部积分公式知，

$$\begin{aligned}F(s)&=L[\cos\omega t]=-\frac{1}{s}\int_0^{+\infty}\cos\omega t\,\mathrm{d}\mathrm{e}^{-st}\\&=-\frac{1}{s}\left[\cos\omega t\cdot\mathrm{e}^{-st}\Big|_0^{+\infty}-\int_0^{+\infty}\mathrm{e}^{-st}(-\omega\sin\omega t)\mathrm{d}t\right]\\&=\frac{1}{s}+\frac{\omega}{s^2}\int_0^{+\infty}\sin\omega t\,\mathrm{d}\mathrm{e}^{-st}\\&=\frac{1}{s}-\frac{\omega}{s^2}\int_0^{+\infty}\cos\omega t\,\mathrm{e}^{-st}\mathrm{d}t=\frac{1}{s}-\frac{\omega^2}{s^2}F(s),\quad \mathrm{Re}(s)>0.\end{aligned}$$

故

$$F(s)=L[\cos\omega t]=\frac{s}{s^2+\omega^2},\quad \mathrm{Re}(s)>0.$$

同样的方法可得 $L[\sin\omega t]=\frac{\omega}{s^2+\omega^2}$.

例 6.1.4 求幂函数 $f(t)=t^m$ 的 Laplace 变换，其中，m 是非负整数.

解

$$\begin{aligned}L[t^m]&=\int_0^{+\infty}t^m\mathrm{e}^{-st}\mathrm{d}t=-\frac{1}{s}\int_0^{+\infty}t^m\mathrm{d}\mathrm{e}^{-st}\\&=-t^m\mathrm{e}^{-st}\Big|_0^{+\infty}+\frac{1}{\mathrm{s}}\int_0^{+\infty}\mathrm{e}^{-st}\mathrm{d}t^m\\&=m\int_0^{+\infty}t^{m-1}\mathrm{e}^{-st}\mathrm{d}t=mL[t^{m-1}],\quad \mathrm{Re}(s)>0,\end{aligned}$$

此外，$L[t^0]=L[1]=\int_0^{+\infty}e^{-st}\,dt=\frac{1}{s}$，$\mathrm{Re}(s)>0$，由数学归纳法知，$L[t^m]=\frac{m!}{s^{m+1}}$，其中，$m$ 是非负整数.

事实上，利用解析函数的积分性质，对一般的幂函数 $t^\alpha(\alpha>-1)$，有

$$L[t^\alpha]=\frac{\Gamma(\alpha+1)}{s^{\alpha+1}},\quad \mathrm{Re}(s)>0,$$

其中，$\Gamma(\alpha)$是 Euler 函数，$\Gamma(\alpha)=\int_0^{+\infty}s^{\alpha-1}e^{-s}\,ds(\alpha>0)$，Euler 函数的常用性质如下：

$$\Gamma(\alpha+1)=\alpha\Gamma(\alpha)\quad(\alpha>0),$$

$$\Gamma(m+1)=m!,\quad \text{其中}, m\text{ 是非负整数},\quad \Gamma\left(\frac{1}{2}\right)=\sqrt{\pi}.$$

在实际应用中，经常需要讨论脉冲函数的积分变换的像函数. 在 Laplace 变换中，对于脉冲函数 $\delta(t)$，形式上将 $\delta(t)$看成下列分段函数：

$$\delta_\varepsilon(t)=\begin{cases}\frac{1}{\varepsilon}, & 0\leqslant t\leqslant\varepsilon,\\ 0, & t>\varepsilon.\end{cases}$$

在某种意义下的极限函数，即

$$\delta(t)=\lim_{\varepsilon\to0^+}\delta_\varepsilon(t),$$

当函数 $f(t)$在点 $t=0$ 处连续时，不考虑运算次序的可交换性，有

$$\int_0^{+\infty}f(t)\delta(t)\,dt=\lim_{\varepsilon\to0^+}\int_0^{+\infty}f(t)\delta_\varepsilon(t)\,dt=\lim_{\varepsilon\to0^+}\frac{1}{\varepsilon}\int_0^{\varepsilon}f(t)\,dt$$
$$=\lim_{\varepsilon\to0^+}f(\xi)=f(0)(0\leqslant\xi\leqslant\varepsilon).$$

上述性质就是单位脉冲函数的筛选性质.

例 6.1.5 求单位脉冲函数 $\delta(t)$的 Laplace 变换.

解 $$L[\delta(t)]=\int_0^{+\infty}\delta(t)e^{-st}\,dt=e^{-st}\big|_{t=0}=1.$$

在积分变换课程学习及以后实际应用中，下列常用函数的 Laplace 变换需要熟练掌握.

$$L[\delta(t)]=1;$$

$$L[1]=\frac{1}{s},\quad \mathrm{Re}(s)>0;$$

$$L[e^{at}]=\frac{1}{s-a},\quad \mathrm{Re}(s)>a;$$

$$L[\sin\omega t]=\frac{\omega}{s^2+\omega^2},\quad \mathrm{Re}(s)>0;$$

$$L[\cos\omega t]=\frac{s}{s^2+\omega^2},\quad \mathrm{Re}(s)>0;$$

$$L[t^{\alpha}]=\frac{1}{s^{\alpha+1}}\Gamma(\alpha+1),\quad \mathrm{Re}(s)>0.$$

特别地，$L[t^m]=\frac{m!}{s^{m+1}}$，$\mathrm{Re}(s)>0$，其中，$m$ 是非负整数.

6.1.3 Laplace 变换存在定理

从例 6.1.5 可以看出，Laplace 变换存在的条件要比 Fourier 变换存在的条件弱得多，但是能对一个函数作 Laplace 变换也还是要具备一些条件的，那么一个函数究竟满足什么条件，它的 Laplace 变换一定存在呢？像函数的性质又如何呢？我们不加证明地引入定理 6.1.1 回答这个问题.

定理 6.1.1（Laplace 变换存在定理） 若函数 $f(t)$ 满足下列条件：

（1）在 $t\geqslant 0$ 的任一有限区间上分段连续；

（2）存在常数 $M>0$ 及 α，使得 $|f(t)|\leqslant Me^{\alpha t}$ $(0\leqslant t<+\infty)$，

则 $f(t)$ 的 Laplace 变换为

$$F(s)=\int_0^{+\infty}f(t)e^{-st}\,dt,$$

在右半平面 $\mathrm{Re}(s)>\alpha$ 上一定存在，并且在右半平面 $\mathrm{Re}(s)>\alpha$ 内，$F(s)$ 为解析函数.

定理 6.1.1 的条件是充分的，物理学和工程技术中常见的函数大都满足这两个条件. 一个函数的增大是不超过指数阶和函数要绝对可积这两个条件相比，前者的条件弱得多. $u(t)$，$\cos kt$，$\sin kt$，t^m，$t^m\cos kt$，$t^m\sin kt$，e^{at} $(a>0)$ 等函数都不满足 Fourier 积分定理中绝对可积的条件，但它们都能满足 Laplace 变换存在定理中的条件(2). 因此，在线性系统分析中，Laplace 变换比 Fourier 变换的应用更为广泛.

6.2 Laplace 变换的性质

本节我们将讨论实际应用中 Laplace 变换常用的性质. 为了叙述方便起见，假定在这些性质中，对需要进行 Laplace 变换的函数都满足 Laplace 变换存在定理中的条件，并且把这些函数的增长指数都统一取为 α，即存在常数 $M>0$ 及常数 α，使得 $|f(t)|\leqslant Me^{\alpha t}$ $(0\leqslant t<+\infty)$. 以后我们不再重述这些条件.

6.2.1 线性性质

根据 Laplace 变换的定义，利用积分的线性性质就可推出 Laplace 变换及

Laplace逆变换的线性性质.

性质 6.2.1(线性性质) 设 λ 是常数,$L[f(t)]=F(s)$,$L[f_1(t)]=F_1(s)$,$L[f_2(t)]=F_2(s)$,则有

$$L[f_1(t)+f_2(t)]=L[f_1(t)]+L[f_2(t)],$$
$$L[\lambda f(t)]=\lambda L[f(t)],$$
$$L^{-1}[F_1(s)+F_2(s)]=L^{-1}[F_1(s)]+L^{-1}[F_2(s)],$$
$$L^{-1}[\lambda F(s)]=\lambda L^{-1}[F(s)],$$

进一步,设 λ,μ 是常数,有

$$L[\lambda f_1(t)+\mu f_2(t)]=\lambda L[f_1(t)]+\mu L[f_2(t)],$$
$$L^{-1}[\lambda F_1(s)+\mu F_2(s)]=\lambda L^{-1}[F_1(s)]+\mu L^{-1}[F_2(s)].$$

性质 6.2.1 表明函数线性组合的 Laplace 变换为像函数的线性组合,函数线性组合的 Laplace 逆变换为 Laplace 逆变换的线性组合.

下面再计算一些常见函数的 Laplace 变换的像函数.

例 6.2.1 利用 Euler 公式 $e^{j\omega t}=\cos\omega t+j\sin\omega t$,计算 $L[\cos\omega t]$,$L[\sin\omega t]$.

解 由 Euler 公式知,$\cos\omega t=\frac{1}{2}[e^{j\omega t}+e^{-j\omega t}]$,有

$$\begin{aligned}L[\cos\omega t]&=L\left[\frac{1}{2}(e^{j\omega t}+e^{-j\omega t})\right]\\&=\frac{1}{2}\left[\frac{1}{s-j\omega}+\frac{1}{s+j\omega}\right]=\frac{s}{s^2+\omega^2},\quad \mathrm{Re}(s)>0.\end{aligned}$$

由 $\sin\omega t=\frac{1}{2j}[e^{j\omega t}-e^{-j\omega t}]$,有

$$\begin{aligned}L[\sin\omega t]&=L\left[\frac{1}{2j}(e^{j\omega t}-e^{-j\omega t})\right]\\&=\frac{1}{2j}\left[\frac{1}{s-j\omega}-\frac{1}{s+j\omega}\right]=\frac{\omega}{s^2+\omega^2},\quad \mathrm{Re}(s)>0.\end{aligned}$$

6.2.2 平移性质

性质 6.2.2(s 域平移性质) 若 $L[f(t)]=F(s)$,则

$$L[e^{at}f(t)]=F(s-a),\quad \mathrm{Re}(s-a)>\alpha.$$

证明 根据 Laplace 变换的定义,

$$F(s)=L[f(t)]=\int_0^{+\infty}f(t)e^{-st}\mathrm{d}t,$$

$$L[e^{at}f(t)]=\int_0^{+\infty}e^{at}f(t)e^{-st}dt=\int_0^{+\infty}f(t)e^{-(s-a)t}dt,$$

由此看出,上式右方只是在 $F(s)$中把 s 换成 $s-a$,所以

$$L[e^{at}f(t)]=F(s-a),\quad \mathrm{Re}(s-a)>\alpha.$$

性质 6.2.2 表明了函数乘以指数函数 e^{at},其 Laplace 变换等于其像函数平移 a 个单位.

例 6.2.2 求 $L[e^{at}t^m]$,其中,m 为非负整数.

解 已经知道 $L[t^m]=\frac{m!}{s^{m+1}}$,利用 s 域平移性质,可得

$$L[e^{at}t^m]=\frac{m!}{(s-a)^{m+1}}.$$

例 6.2.3 求 $L[e^{-at}\sin\omega t]$.

解 已知 $L[\sin\omega t]=\frac{\omega}{s^2+\omega^2}$,利用 s 域平移性质,可得

$$L[e^{-at}\sin\omega t]=\frac{\omega}{(s+a)^2+\omega^2}.$$

性质 6.2.3(时域平移性质) 若 $L[f(t)]=F(s)$,且当 $t<0$ 时,$f(t)=0$,则对任意非负实数 τ,有

$$L[f(t-\tau)]=e^{-s\tau}F(s),$$

或

$$L^{-1}[e^{-s\tau}F(s)]=f(t-\tau).$$

证明 $L[f(t-\tau)]=\int_0^{+\infty}f(t-\tau)e^{-st}dt=\int_0^{\tau}f(t-\tau)e^{-st}dt$

$$+\int_{\tau}^{+\infty}f(t-\tau)e^{-st}dt,$$

由条件可知,当 $t<\tau$ 时,$f(t-\tau)=0$,故

$$L[f(t-\tau)]=\int_{\tau}^{+\infty}f(t-\tau)e^{-st}dt=\int_0^{+\infty}f(u)e^{-s(u+\tau)}du$$

$$=e^{-s\tau}\int_0^{+\infty}f(u)e^{-su}du=e^{-s\tau}F(s)\ (\mathrm{Re}(s)>\alpha).$$

函数 $f(t-\tau)$与 $f(t)$相比,$f(t)$是从 $t=0$ 开始有非零数值.而 $f(t-\tau)$是从 $t=\tau$ 开始函数值非零,即延迟了一个时间 τ.从它们的图像来看,$f(t-\tau)$的图像是由$f(t)$的图像沿 t 轴向右平移距离 τ 而得,如图 6.1 所示.性质 6.2.3 表明,时间函数延迟 τ 的 Laplace 变换等于它的像函数乘以指数因子 $e^{-s\tau}$.

例 6.2.4 求如图 6.2 所示的锯齿波函数$f(t)$的 Laplace 变换.

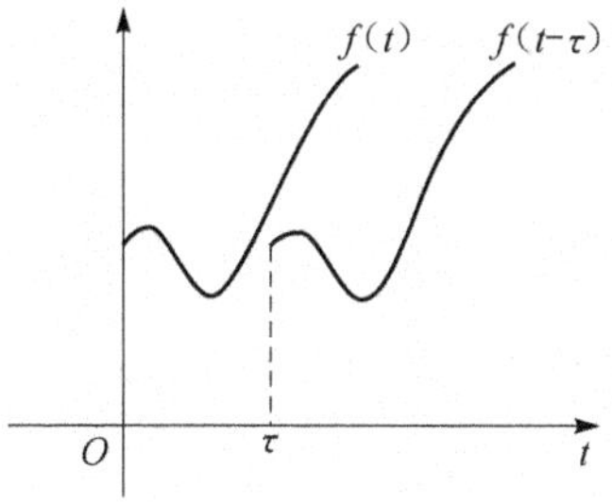

图 6.1

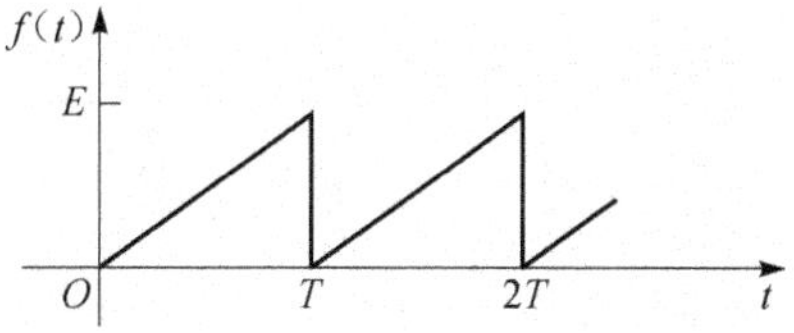

图 6.2

解 先求一个波形的函数 $g(t)=\begin{cases}\dfrac{E}{T}t, & 0\leqslant t\leqslant T,\\ 0, & 其他\end{cases}$ 的 Laplace 变换，

$$G(s)=L[g(t)]=\int_0^{+\infty}g(t)\mathrm{e}^{-st}\,\mathrm{d}t=\int_0^T\frac{E}{T}t\,\mathrm{e}^{-st}\,\mathrm{d}t$$

$$=-\frac{E}{Ts}\int_0^T t\mathrm{d}\mathrm{e}^{-st}=-\frac{E}{Ts}\left[t\mathrm{e}^{-st}\Big|_0^T-\int_0^T\mathrm{e}^{-st}\,\mathrm{d}t\right]$$

$$=-\frac{E}{Ts}\left[T\mathrm{e}^{-sT}-\frac{1}{s}(1-\mathrm{e}^{-sT})\right]=\frac{E}{Ts^2}[1-(Ts+1)\mathrm{e}^{-sT}].$$

而

$$f(t)=\sum_{k=0}^{\infty}g(t-kT),$$

故

$$L[f(t)]=L\left[\sum_{k=0}^{\infty}g(t-kT)\right]=\sum_{k=0}^{\infty}\mathrm{e}^{-skT}G(s)=\frac{1}{1-\mathrm{e}^{-sT}}G(s).$$

值得指出的是，例 6.2.4 的方法可应用于所有周期函数的 Laplace 变换计算中. 设周期为 T 的周期函数 $f(t)$的一个波形为 $g(t)$，当 $t<0$ 或 $t>T$ 时，$g(t)\equiv0$. 设 $L[g(t)]=G(s)$，则

$$L[f(t)]=L\left[\sum_{k=0}^{\infty}g(t-kT)\right]=\sum_{k=0}^{\infty}\mathrm{e}^{-skT}G(s)=\frac{1}{1-\mathrm{e}^{-sT}}G(s).$$

6.2.3 微分性质

此外，由 Laplace 变换存在定理及像函数的解析性质的推导过程，还可以得到像函数的微分性质.

性质 6.2.4(像函数微分性质) 若 $L[f(t)]=F(s)$，则

$$F'(s)=-L[tf(t)],\quad \mathrm{Re}(s)>\alpha.$$

一般地，有

$$F^{(n)}(s)=(-1)^nL[t^nf(t)],\quad \mathrm{Re}(s)>\alpha.$$

在函数 Laplace 变换的计算应用中，常用 $L[t^n f(t)]=(-1)^n F^{(n)}(s)$.

事实上，由 Laplace 变换的定义

$$L[f(t)]=\int_0^{+\infty} f(t)\mathrm{e}^{-st}\mathrm{d}t=F(s),$$

在上式两端中对 s 求导，不考虑求导运算和积分运算次序的可交换性，有

$$F'(s)=\int_0^{+\infty}\frac{\partial[f(t)\mathrm{e}^{-st}]}{\partial s}\mathrm{d}t=\int_0^{+\infty}-tf(t)\mathrm{e}^{-st}\mathrm{d}t=L[-tf(t)].$$

例 6.2.5 求函数 $t\sin\omega t$ 的 Laplace 变换.

解 因为 $L[\sin\omega t]=\frac{\omega}{s^2+\omega^2}$，根据性质 6.2.4 的像函数的微分性质可知，

$$L[t\sin\omega t]=-\frac{\mathrm{d}}{\mathrm{d}s}\left[\frac{\omega}{s^2+\omega^2}\right]=\frac{2\omega s}{(s^2+\omega^2)^2},\quad \mathrm{Re}(s)>0.$$

同理可得

$$L[t\cos\omega t]=-\frac{\mathrm{d}}{\mathrm{d}s}\left[\frac{s}{s^2+\omega^2}\right]=\frac{s^2-\omega^2}{(s^2+\omega^2)^2},\quad \mathrm{Re}(s)>0.$$

类似 Fourier 变换的微分性质，我们可得到 Laplace 变换的微分性质. 性质 6.2.5 表明经过 Laplace 变换后，函数的求导运算在像函数意义下转换成为代数运算.

性质 6.2.5(时域微分性质) 设 $L[f(t)]=F(s)$，则

$$L[f'(t)]=sF(s)-f(0).$$

证明 根据 Laplace 变换的定义，有

$$L[f'(t)]=\int_0^{+\infty} f'(t)\mathrm{e}^{-st}\mathrm{d}t,$$

对右端积分进行分部积分，可得

$$\begin{aligned}\int_0^{+\infty} f'(t)\mathrm{e}^{-st}\mathrm{d}t&=\int_0^{+\infty}\mathrm{e}^{-st}\mathrm{d}f(t)=f(t)\mathrm{e}^{-st}\Big|_0^{+\infty}+s\int_0^{+\infty}f(t)\mathrm{e}^{-st}\mathrm{d}t\\&=sL[f(t)]-f(0),\quad \mathrm{Re}(s)>\alpha.\end{aligned}$$

因此

$$L[f'(t)]=sF(s)-f(0).$$

推论 6.2.1 若 $L[f(t)]=F(s)$，则有

$$L[f''(t)]=s^2F(s)-sf(0)-f'(0),$$

进一步，

$$L[f^{(n)}(t)]=s^nF(s)-s^{n-1}f(0)-s^{n-2}f'(0)-\cdots-f^{(n-1)}(0)$$

$$= s^n F(s) - \sum_{i=0}^{n-1} s^{n-1-i} f^{(i)}(0), \quad \mathrm{Re}(s) > \alpha.$$

特别地,当初值 $f(0)=f'(0)=\cdots=f^{(n-1)}(0)=0$ 时,有

$$L[f'(t)] = sF(s), L[f''(t)] = s^2F(s), \cdots, L[f^{(n)}(t)] = s^nF(s).$$

推论 6.2.1 使我们可以将关于 $f(t)$ 的线性微分方程转化为像函数 $F(s)$ 的代数方程,因此 Laplace 变换在线性系统分析中有重要的应用. 下面利用微分性质推算一些函数的 Laplace 变换.

例 6.2.6 利用时域微分性质求函数 $f(t)=\sin\omega t$ 的 Laplace 变换.

解 由于 $f(0)=0, f'(0)=\omega, f''(t)=-\omega^2\sin\omega t$,则由时域微分性质知,

$$L[-\omega^2\sin\omega t] = L[f''(t)] = s^2L[f(t)] - sf(0) - f'(0),$$

即

$$-\omega^2L[\sin\omega t] = s^2L[\sin\omega t] - \omega,$$

移项化简得

$$L[\sin\omega t] = \frac{\omega}{s^2+\omega^2}, \quad \mathrm{Re}(s) > 0.$$

例 6.2.7 利用时域微分性质求函数 $f(t)=t^m$ 的 Laplace 变换,其中,m 是正整数.

解 由于 $f(0)=f'(0)=\cdots=f^{(m-1)}(0)=0, f^{(m)}(0)=m!$. 因此

$$L[m!] = L[f^{(m)}(t)] = s^mL[f(t)] - s^{m-1}f(0) - s^{m-2}f'(0) - \cdots - f^{(m-1)}(0),$$

即

$$\frac{m!}{s} = L[m!] = s^mL[t^m],$$

故

$$L[t^m] = \frac{m!}{s^{m+1}}.$$

6.2.4 积分性质

利用积分是微分的逆运算的性质,我们可以得到 Laplace 变换的积分性质.

性质 6.2.6(时域积分性质) 设 $L[f(t)]=F(s)$,则

$$L\left[\int_0^t f(t)\mathrm{d}t\right] = \frac{1}{s}F(s).$$

证明 设 $h(t) = \int_0^t f(t)\mathrm{d}t$,则有

$$h'(t) = f(t), \quad 且\ h(0) = 0.$$

由时域微分性质,有

$$L[h'(t)] = sL[h(t)] - h(0) = sL[h(t)],$$

即

$$L\left[\int_0^t f(t)\mathrm{d}t\right] = \frac{1}{s}L[f(t)] = \frac{1}{s}F(s).$$

重复应用时域积分性质,就可以得到

$$L\left[\int_0^t \mathrm{d}t\int_0^t \mathrm{d}t\cdots\int_0^t f(t)\mathrm{d}t\right] = \frac{1}{s^n}F(s).$$

性质 6.2.6 表明一个函数积分后再取 Laplace 变换等于这个函数的 Laplace 变换除以复参数 s,即在像函数意义下,Laplace 变换将积分运算转化为除法运算.

例 6.2.8 求函数 $f(t) = \mathrm{e}^{2t}\int_0^t t\sin t\mathrm{d}t$ 的 Laplace 变换.

解 由 $L[\sin t] = \frac{1}{s^2+1}$ 知,有

$$L[t\sin t] = -\left(\frac{1}{s^2+1}\right)' = \frac{2s}{(s^2+1)^2},$$

$$L\left[\int_0^t t\sin t\mathrm{d}t\right] = \frac{1}{s}\frac{2s}{(s^2+1)^2} = \frac{2}{(s^2+1)^2},$$

因此 $L\left[\mathrm{e}^{2t}\int_0^t t\sin t\mathrm{d}t\right] = \frac{2}{[(s-2)^2+1]^2}$.

此外,由 Laplace 变换存在定理还可以得到像函数的积分性质.

性质 6.2.7(s 域积分性质) 设 $L[f(t)] = F(s)$,则

$$L\left[\frac{f(t)}{t}\right] = \int_s^{+\infty} F(s)\mathrm{d}s.$$

证明 记 $\frac{f(t)}{t} = g(t)$,$L[g(t)] = G(s)$,由 s 域微分性质,有

$$L[tg(t)] = -G'(s),$$

而 $tg(t) = f(t)$,$L[f(t)] = F(s)$,因此

$$-G'(s) = F(s).$$

此外,对函数 $g(t)$,若存在 $\beta > 0$,使得 $g(t)\mathrm{e}^{-\beta t}$ 绝对可积时,易于得到 $G(+\infty) = 0$,此时

$$G(s) = G(+\infty) - \int_s^{+\infty} G'(s)\mathrm{d}s = \int_s^{+\infty} F(s)\mathrm{d}s.$$

进一步,可以得到

$$L\left[\frac{f(t)}{t^n}\right]=\underbrace{\int_s^{+\infty}\mathrm{d}s\int_s^{+\infty}\mathrm{d}s\cdots\int_s^{+\infty}F(s)\mathrm{d}s}_{n\text{重}}.$$

s 域积分性质有一个有趣的应用，如若积分$\int_0^{+\infty}\frac{f(t)}{t}\mathrm{d}t$ 存在，则在

$$\int_0^{+\infty}\frac{f(t)}{t}\mathrm{e}^{-st}\mathrm{d}t=L\left[\frac{f(t)}{t}\right]=\int_s^{+\infty}F(s)\mathrm{d}s$$

两端取 $s=0$，有

$$\int_0^{+\infty}\frac{f(t)}{t}\mathrm{d}t=\int_0^{+\infty}F(s)\mathrm{d}s.$$

当 $f(t)=\sin t$ 时，由 $L[\sin t]=\frac{1}{s^2+1}$，则有

$$\int_0^{+\infty}\frac{\sin t}{t}\mathrm{d}t=\int_0^{+\infty}\frac{1}{s^2+1}\mathrm{d}s=\arctan s\,\Big|_0^{+\infty}=\frac{\pi}{2}.$$

这就是著名的 Dirichlet 积分.

6.2.5 尺度变换性质与初值定理和终值定理

Laplace 变换还有一些其他的重要性质.

性质 6.2.8(尺度变换性质) 若 $L[f(t)]=F(s)$，$a>0$ 是常数，则

$$L[f(at)]=\frac{1}{a}F\left(\frac{s}{a}\right).$$

证明 $L[f(at)]=\int_0^{+\infty}f(at)\mathrm{e}^{-st}\mathrm{d}t=\frac{1}{a}\int_0^{+\infty}f(u)\mathrm{e}^{-\frac{s}{a}u}\mathrm{d}u=\frac{1}{a}F\left(\frac{s}{a}\right).$

尺度变换性质表示函数经过压缩后，将其 Laplace 变换的像函数进行拉伸.

性质 6.2.9(初值定理) 若 $L[f(t)]=F(s)$且$\lim\limits_{s\to\infty}sF(s)$存在，则

$$\lim_{t\to0}f(t)=\lim_{s\to\infty}sF(s),$$

或

$$f(0)=\lim_{s\to\infty}sF(s).$$

证明 根据 Laplace 变换的微分性质，有

$$\begin{aligned}L[f'(t)]&=sL[f(t)]-f(0)\\&=sF(s)-f(0).\end{aligned}$$

由于已假设$\lim\limits_{s\to\infty}sF(s)$存在，故$\lim\limits_{\mathrm{Re}(s)\to+\infty}sF(s)$也必存在且两者相等，即

$$\lim_{s\to\infty}sF(s)=\lim_{\mathrm{Re}(s)\to+\infty}sF(s),$$

在上式两端取 $\mathrm{Re}(s)\to+\infty$ 时的极限,得

$$\begin{aligned}\lim_{\mathrm{Re}(s)\to+\infty} L[f'(t)] &= \lim_{\mathrm{Re}(s)\to+\infty}[sF(s)-f(0)]\\ &= \lim_{s\to\infty} sF(s)-f(0),\end{aligned}$$

但

$$\lim_{\mathrm{Re}(s)\to+\infty} L[f'(t)] = \lim_{\mathrm{Re}(s)\to+\infty}\int_0^{+\infty} f'(t)\mathrm{e}^{-st}\,\mathrm{d}t = 0,\quad \lim_{s\to\infty} sF(s)-f(0)=0,$$

即

$$\lim_{t\to 0} f(t) = f(0) = \lim_{s\to\infty} sF(s).$$

性质 6.2.9 表明函数 $f(t)$ 在 $t=0$ 时的函数值可以通过 $f(t)$ 的 Laplace 变换 $F(s)$ 乘以 s 再取 $s\to\infty$ 的极限值而得到. 它建立了函数 $f(t)$ 的初值 $f(0)$ 与函数 $sF(s)$ 在无穷远点的值之间的关系.

性质 6.2.10(终值定理) 若 $L[f(t)]=F(s)$,且 $sF(s)$ 的所有奇点全在 s 平面的左半部,则

$$\lim_{t\to+\infty} f(t) = \lim_{s\to 0} sF(s),$$

或写为

$$f(+\infty) = \lim_{s\to 0} sF(s).$$

证明 根据给出的条件和微分性质

$$L[f'(t)] = sF(s)-f(0),$$

两边取 $s\to 0$ 的极限,得

$$\lim_{s\to 0} L[f'(t)] = \lim_{s\to 0}[sF(s)-f(0)] = \lim_{s\to 0} sF(s)-f(0),$$

但是

$$\begin{aligned}\lim_{s\to 0} L[f'(t)] &= \lim_{s\to 0}\int_0^{+\infty} f'(t)\mathrm{e}^{-st}\,\mathrm{d}t = \int_0^{+\infty}\lim_{s\to 0}\mathrm{e}^{-st} f'(t)\,\mathrm{d}t\\ &= \int_0^{+\infty} f'(t)\,\mathrm{d}t = f(t)\Big|_0^{+\infty} = \lim_{t\to+\infty} f(t)-f(0).\end{aligned}$$

所以

$$\lim_{t\to+\infty} f(t)-f(0) = \lim_{s\to 0} sF(s)-f(0),$$

即

$$\lim_{t\to+\infty} f(t) = f(+\infty) = \lim_{s\to 0} sF(s).$$

性质 6.2.10 表明函数 $f(t)$ 在 $t\to+\infty$ 时的数值(稳定值),可以通过 $f(t)$ 的 Laplace 变换乘以 s,取 $s\to 0$ 的极限值而得到,它建立了函数 $f(t)$ 在无穷远点的值与函数 $sF(s)$ 在坐标原点的值之间的关系.

在 Laplace 变换的应用中,往往先得到 $F(s)$再去求出 $f(t)$. 但我们有时并不关心函数 $f(t)$的表达式,而是需要知道 $f(t)$在 $t\to 0$ 或 $t\to\infty$时的性态,性质 6.2.10 和性质 6.2.10 给我们提供了方便,能直接由 $F(s)$来求出 $f(t)$的两个特殊值 $f(0)$,$f(+\infty)$.

例 6.2.9 若 $L[f(t)]=\dfrac{s+2}{s^2+2s+2}$,求 $f(0)$,$f(+\infty)$.

解

$$f(0)=\lim_{s\to\infty}sF(s)=\lim_{s\to\infty}s\cdot\frac{s+2}{s^2+2s+2}=1,$$

$$f(+\infty)=\lim_{s\to 0}sF(s)=\lim_{s\to 0}s\cdot\frac{s+2}{s^2+2s+2}=0.$$

事实上,由于 $L[f(t)]=\dfrac{s+2}{s^2+2s+2}=\dfrac{(s+1)+1}{(s+1)^2+1}$是由函数$\dfrac{s+1}{s^2+1}$平移而来,而

$$L^{-1}\left[\frac{s+1}{s^2+1}\right]=\cos t+\sin t,$$

故 $f(t)=L^{-1}\left[\dfrac{(s+1)+1}{(s+1)^2+1}\right]=\mathrm{e}^{-t}(\cos t+\sin t)$.

显然,上面所求结果与直接由 $f(t)$计算的结果是一致的.

但应用终值定理时需要注意定理条件是否满足. 例如,函数 $f(t)=\cos t$ 的 Laplace 变换为 $F(s)=\dfrac{s}{s^2+1}$,则 $sF(s)=\dfrac{s^2}{s^2+1}$的奇点为 $s=\pm\mathrm{j}$ 位于虚轴上,就不满足终值定理的条件. 显然$\lim\limits_{s\to 0}sF(s)=\lim\limits_{s\to 0}\dfrac{s^2}{s^2+1}=0$,但 $\lim\limits_{t\to+\infty}f(t)=\lim\limits_{t\to+\infty}\cos t$ 是不存在的.

6.2.6 卷积性质

在第 5 章已经讨论了 Fourier 变换的卷积性质,本小节我们将讨论 Laplace 变换的卷积性质. 卷积性质它不仅用来求某些函数的逆变换及一些积分,而且在线性系统的分析中起着重要的作用. 下面先讨论卷积的概念.

在 Fourier 变换理论中,两个函数的卷积是指

$$f_1(t)*f_2(t)=\int_{-\infty}^{+\infty}f_1(\tau)f_2(t-\tau)\mathrm{d}\tau,$$

而对于 Laplace 变换理论中讨论的函数,当 $t<0$ 时,有 $f_1(t)=f_2(t)=0$,因此上式可以写为

$$f_1(t)*f_2(t)=\int_{-\infty}^{0}f_1(\tau)f_2(t-\tau)\mathrm{d}\tau+\int_{0}^{t}f_1(\tau)f_2(t-\tau)\mathrm{d}\tau$$
$$+\int_{t}^{+\infty}f_1(\tau)f_2(t-\tau)\mathrm{d}\tau$$

$$=\int_0^t f_1(\tau)f_2(t-\tau)\mathrm{d}\tau.$$

在 Laplace 变换理论中，今后如无特别声明，都假定当 $t<0$ 时，函数 $f_1(t)$，$f_2(t)$ 取值恒为零，它们的卷积都按 $\int_0^t f_1(\tau)f_2(t-\tau)\mathrm{d}\tau$ 计算.

定义 6.2.1 已知函数 $f_1(t)$，$f_2(t)$ 在 $[0,+\infty)$ 有定义，则称积分 $\int_0^t f_1(\tau)f_2(t-\tau)\mathrm{d}\tau$ 为函数 $f_1(t)$ 与 $f_2(t)$ 的卷积，记为 $f_1(t)*f_2(t)$，即

$$f_1(t)*f_2(t)=\int_0^t f_1(\tau)f_2(t-\tau)\mathrm{d}\tau.$$

由卷积定义可知卷积满足交换律，和第 5 章卷积的性质一样，这里定义的卷积具有下列性质：

(1) $f_1(t)*f_2(t)=f_2(t)*f_1(t)$；

(2) $|f_1(t)*f_2(t)|\leqslant|f_1(t)|*|f_2(t)|$；

(3) $f_1(t)*[f_2(t)*f_3(t)]=[f_1(t)*f_2(t)]*f_3(t)$；

(4) $f_1(t)*[f_2(t)+f_3(t)]=f_1(t)*f_2(t)+f_1(t)*f_3(t)$.

例 6.2.10 求函数 $f_1(t)=t$ 和 $f_2(t)=\sin t$ 的卷积，即求 $t*\sin t$.

解 根据定义

$$\begin{aligned}t*\sin t&=\int_0^t \tau\sin(t-\tau)\mathrm{d}\tau=\int_0^t \tau\mathrm{d}\cos(t-\tau)\\&=\tau\cos(t-\tau)\Big|_0^t-\int_0^t\cos(t-\tau)\mathrm{d}\tau=t-\sin t.\end{aligned}$$

和第 5 章的卷积定理的结论一样，Laplace 变换也具有卷积性质.

性质 6.2.11 设 $f_1(t)$ 与 $f_2(t)$ 满足 Laplace 变换存在定理中的条件，且 $L[f_1(t)]=F_1(s)$，$L[f_2(t)]=F_2(s)$，则 $f_1(t)*f_2(t)$ 的 Laplace 变换一定存在，且

$$L[f_1(t)*f_2(t)]=F_1(s)\cdot F_2(s),$$

或

$$L^{-1}[F_1(s)\cdot F_2(s)]=f_1(t)*f_2(t).$$

证明 容易验证 $f_1(t)*f_2(t)$ 满足 Laplace 变换存在定理中的条件，它的变换式为

$$\begin{aligned}L[f_1(t)*f_2(t)]&=\int_0^{+\infty}[f_1(t)*f_2(t)]\mathrm{e}^{-st}\mathrm{d}t\\&=\int_0^{+\infty}\left[\int_0^t f_1(\tau)f_2(t-\tau)\mathrm{d}\tau\right]\mathrm{e}^{-st}\mathrm{d}t.\end{aligned}$$

可以看出上面的积分是 τ,t 平面上区域 $D:\begin{cases}0\leqslant t\leqslant+\infty,\\0\leqslant\tau\leqslant t,\end{cases}$ 即 $D:\begin{cases}0\leqslant\tau\leqslant+\infty,\\\tau\leqslant t\leqslant+\infty\end{cases}$ 上的

二重积分的二次积分,由于二重积分具有绝对可积性质,交换积分次序可得

$$L[f_1(t)*f_2(t)]=\int_0^{+\infty}f_1(\tau)\left[\int_\tau^{+\infty}f_2(t-\tau)e^{-st}dt\right]d\tau.$$

令 $t-\tau=u$,有

$$\int_\tau^{+\infty}f_2(t-\tau)e^{-st}dt=\int_0^{+\infty}f_2(u)e^{-s(u+\tau)}du=e^{-s\tau}F_2(s).$$

因此

$$\begin{aligned}L[f_1(t)*f_2(t)]&=\int_0^{+\infty}f_1(\tau)e^{-s\tau}F_2(s)d\tau\\&=F_2(s)\int_0^{+\infty}f_1(\tau)e^{-s\tau}d\tau\\&=F_1(s)\cdot F_2(s).\end{aligned}$$

性质 6.2.11 表明函数卷积的 Laplace 变换等于这两个函数 Laplace 变换的乘积.

不难证明,若 $f_k(t)(k=1,2,\cdots,n)$ 满足 Laplace 变换存在定理中的条件,记 $L[f_k(t)]=F_k(s)(k=1,2,\cdots,n)$,则

$$L[f_1(t)*f_2(t)*\cdots*f_n(t)]=F_1(s)F_2(s)\cdots F_n(s).$$

在 Laplace 变换的应用中,卷积定理起着十分重要的作用.我们可以利用它来计算一些函数的 Laplace 逆变换.

例 6.2.11 若 $F(s)=\dfrac{1}{s^2(1+s^2)}$,求 $f(t)$.

解 因为 $F(s)=\dfrac{1}{s^2(1+s^2)}=\dfrac{1}{s^2}\cdot\dfrac{1}{s^2+1}$,取 $F_1(s)=\dfrac{1}{s^2}$,$F_2(s)=\dfrac{1}{s^2+1}$,于是

$$f_1(t)=t,\quad f_2(t)=\sin t,$$

根据卷积性质和例 6.2.10 的结论,得 $f(t)=f_1(t)*f_2(t)=t*\sin t=t-\sin t$.

例 6.2.12 $L[f(t)]=\dfrac{1}{(s^2+4s+5)^2}$,求 $f(t)$.

解 因为
$$\begin{aligned}L[f(t)]&=\frac{1}{(s^2+4s+5)^2}=\frac{1}{[(s+2)^2+1^2]^2}\\&=\frac{1}{(s+2)^2+1^2}\cdot\frac{1}{(s+2)^2+1^2}.\end{aligned}$$

根据 s 域平移性质,

$$L^{-1}\left[\frac{1}{(s+2)^2+1^2}\right]=e^{-2t}\sin t,$$

所以

$$\begin{aligned}f(t)&=(e^{-2t}\sin t)*(e^{-2t}\sin t)\\&=\int_0^t e^{-2\tau}\sin\tau\, e^{-2(t-\tau)}\sin(t-\tau)d\tau\\&=e^{-2t}\int_0^t \sin\tau\sin(t-\tau)d\tau\\&=e^{-2t}\int_0^t \frac{1}{2}[\cos(2\tau-t)-\cos t]d\tau\\&=\frac{1}{2}e^{-2t}\left[\frac{\sin(2\tau-t)}{2}-\tau\cos t\right]\bigg|_0^t\\&=\frac{1}{2}e^{-2t}(\sin t-t\cos t).\end{aligned}$$

例 6.2.12 的计算过程中可以看到，函数卷积计算有时相当复杂，因此在某些场合可利用卷积定理来简化函数卷积计算.

例 6.2.13 (1) 计算 $L[t*\cos 2t]$；(2) 计算 $t*\cos 2t$.

解 (1) 由卷积性质知，

$$L[t*\cos 2t]=L[t]\cdot L[\cos 2t]=\frac{1}{s^2}\cdot\frac{s}{s^2+4};$$

(2)
$$\begin{aligned}t*\cos 2t&=L^{-1}\left[\frac{1}{s^2}\cdot\frac{s}{s^2+4}\right]=L^{-1}\left[\frac{s}{4}\left(\frac{1}{s^2}-\frac{1}{s^2+4}\right)\right]\\&=\frac{1}{4}L^{-1}\left[\frac{1}{s}-\frac{s}{s^2+4}\right]=\frac{1}{4}(1-\cos 2t).\end{aligned}$$

上述 Laplace 变换性质还经常用来计算像函数的 Laplace 逆变换.

例 6.2.14 求下列函数的 Laplace 逆变换 $f(t)=L^{-1}[F(s)]$.

(1) $F(s)=\dfrac{s+1}{s^2+5s+6}$； (2) $F(s)=\dfrac{s+1}{s^2+4}$；

(3) $F(s)=\dfrac{s+1}{s^2(s^2+4)}$； (4) $F(s)=\dfrac{s+1}{s^2+4s+13}$.

解 (1) $F(s)=\dfrac{s+1}{(s+3)(s+2)}=2\cdot\dfrac{1}{s+3}-\dfrac{1}{s+2}$，则

$$f(t)=L^{-1}[F(s)]=2L^{-1}\left[\frac{1}{s+3}\right]-L^{-1}\left[\frac{1}{s+2}\right]=2e^{-3t}-e^{-2t};$$

(2) $F(s)=\dfrac{s+1}{s^2+4}=\dfrac{s}{s^2+4}+\dfrac{1}{2}\cdot\dfrac{2}{s^2+4}$，则

$$f(t)=L^{-1}[F(s)]=L^{-1}\left[\frac{s}{s^2+4}\right]+\frac{1}{2}L^{-1}\left[\frac{2}{s^2+4}\right]=\cos 2t+\frac{1}{2}\sin 2t;$$

(3)
$$\begin{aligned}F(s)&=\frac{s}{s^2(s^2+4)}+\frac{1}{s^2(s^2+4)}\\&=s\cdot\frac{1}{4}\left[\frac{1}{s^2}-\frac{1}{s^2+4}\right]+\frac{1}{4}\left[\frac{1}{s^2}-\frac{1}{s^2+4}\right]\\&=\frac{\frac{1}{4}}{s}+\frac{\frac{1}{4}}{s^2}-\frac{\frac{1}{4}s}{s^2+4}-\frac{\frac{1}{4}}{s^2+4},\end{aligned}$$

则

$$\begin{aligned}f(t)&=L^{-1}[F(s)]\\&=L^{-1}\left[\frac{1}{s}\right]+\frac{1}{4}L^{-1}\left[\frac{1}{s^2}\right]-\frac{1}{4}L^{-1}\left[\frac{s}{s^2+4}\right]-\frac{1}{8}L^{-1}\left[\frac{2}{s^2+4}\right]\\&=\frac{1}{4}+\frac{1}{4}t-\frac{1}{4}\cos 2t-\frac{1}{8}\sin 2t;\end{aligned}$$

(4) $F(s)=\frac{s+1}{s^2+4s+13}=\frac{(s+2)-1}{(s+2)^2+9}$，$F(s)$由函数$\frac{s-1}{s^2+9}$平移而来，而

$$L^{-1}\left[\frac{s-1}{s^2+9}\right]=\cos 3t-\frac{1}{3}\sin 3t.$$

因此，$L^{-1}\left[\frac{(s+2)-1}{(s+2)^2+9}\right]=e^{-2t}(\cos 3t-\frac{1}{3}\sin 3t)$.

6.3 Laplace逆变换

前面我们主要讨论了由已知函数 $f(t)$求它的 Laplace 变换 $F(s)$. 但在实际应用中常会碰到与此相反的问题，即已知 Laplace 变换的像函数 $F(s)$，求它的原像 $f(t)$，本节来解决这个问题.

6.3.1 用部分分式分解方法求实系数有理函数的 Laplace 逆变换

在工程技术问题计算中，经常需要计算实系数有理函数 $F(s)$的 Laplace 逆变换，常用方法是部分分式展开方法，下面先讨论有理函数的部分分式展开问题.

设

$$F(s)=\frac{P(s)}{Q(s)}=\frac{a_0s^n+a_1s^{n-1}+\cdots+a_{n-1}s+a_n}{b_0s^m+b_1s^{m-1}+\cdots+b_{m-1}s+b_m},$$

其中，m,n 为非负整数，$a_0,a_1,\cdots,a_{n-1},a_n,b_0,b_1,\cdots,b_{m-1},b_m$ 为实数，$a_0\neq 0,b_0\neq 0$ 且 $P(s),Q(s)$互素.

当分子 $P(s)$的次数大于或等于分母 $Q(s)$的次数时，称有理函数 $F(s)=\frac{P(s)}{Q(s)}$

为假分式；当分子 $P(s)$ 的次数小于分母 $Q(s)$ 的次数时，称有理函数 $F(s)=\dfrac{P(s)}{Q(s)}$ 为真分式. 对假分式 $F(s)=\dfrac{P(s)}{Q(s)}$，可以将其化为一个多项式与一个真分式的和式. 例如，

$$\frac{s^3+s^2+s+1}{s^2-s+1}=s+2+\frac{2s-1}{s^2-s+1}.$$

由 Laplace 变换的性质知，多项式 $s+2$ 的原函数为 $L^{-1}[s+2]=\delta'(t)+2\delta(t)$. 因此，有理函数的原函数的计算关键在于真分式的原函数计算. 事实上，常见函数的 Laplace 变换的像函数是真分式. 下面讨论真分式分解为部分分式之和的方法并求其 Laplace 逆变换.

由多项式分解理论可知，实多项式 $Q(s)=b_0s^m+b_1s^{m-1}+\cdots+b_{m-1}s+b_m$ 在复数范围内可分解为如下因子之积：

$$\begin{aligned}Q(s)=&\ b_0(s-a)^{\alpha}\cdots(s-b)^{\beta}[s-(\alpha_1+\mathrm{j}\beta_1)]^{\lambda_1}[s-(\alpha_1-\mathrm{j}\beta_1)]^{\lambda_1}\\&\cdot\cdots\cdot[s-(\alpha_l+\mathrm{j}\beta_l)]^{\lambda_l}[s-(\alpha_l-\mathrm{j}\beta_l)]^{\lambda_l},\end{aligned}$$

其中，$a,\cdots,b,\alpha_1+\mathrm{j}\beta_1,\alpha_1-\mathrm{j}\beta_1,\cdots,\alpha_l+\mathrm{j}\beta_l,\alpha_l-\mathrm{j}\beta_l$ 分别为 $Q(s)$ 的相异复零点，$a,\cdots,b,\alpha_1,\beta_1,\alpha_2,\beta_2,\cdots,\alpha_l,\beta_l$ 为实数，则真分式 $F(s)=\dfrac{P(s)}{Q(s)}$ 可分解为下列部分分式之和：

$$\begin{aligned}\frac{P(s)}{Q(s)}=&\frac{A_1}{s-a}+\frac{A_2}{(s-a)^2}+\cdots+\frac{A_\alpha}{(s-a)^\alpha}\\&+\cdots+\frac{B_1}{s-b}+\frac{B_2}{(s-b)^2}+\cdots+\frac{B_\beta}{(s-b)^\beta}\\&+\frac{M_1}{s-(\alpha_1+\mathrm{j}\beta_1)}+\frac{M_2}{[s-(\alpha_1+\mathrm{j}\beta_1)]^2}+\cdots+\frac{M_{\lambda_1}}{[s-(\alpha_1+\mathrm{j}\beta_1)]^{\lambda_1}}\\&+\frac{\overline{M}_1}{s-(\alpha_1-\mathrm{j}\beta_1)}+\frac{\overline{M}_2}{[s-(\alpha_1-\mathrm{j}\beta_1)]^2}+\cdots+\frac{\overline{M}_{\lambda_1}}{[s-(\alpha_1-\mathrm{j}\beta_1)]^{\lambda_1}}\\&+\cdots+\frac{N_1}{s-(\alpha_l+\mathrm{j}\beta_l)}+\frac{N_2}{[s-(\alpha_l+\mathrm{j}\beta_l)]^2}+\cdots+\frac{N_{\lambda_l}}{[s-(\alpha_l+\mathrm{j}\beta_l)]^{\lambda_l}}\\&+\frac{\overline{N}_1}{s-(\alpha_l-\mathrm{j}\beta_l)}+\frac{\overline{N}_2}{[s-(\alpha_1-\mathrm{j}\beta_l)]^2}+\cdots+\frac{\overline{N}_{\lambda_l}}{[s-(\alpha_l-\mathrm{j}\beta_l)]^{\lambda_l}}.\end{aligned}$$

下面分类讨论有理函数的 Laplace 逆变换的计算方法.

(1) 当 $F(s)$ 有 m 个一阶实数极点，即 $Q(s)$ 有 m 个一阶实数零点时，此时有

$$F(s)=\frac{P(s)}{Q(s)}=\frac{A_1}{s-a_1}+\frac{A_2}{s-a_2}+\cdots+\frac{A_m}{s-a_m},$$

可得

$$(s-a_1)F(s)=A_1+(s-a_1)\left(\frac{A_2}{s-a_2}+\cdots+\frac{A_m}{s-a_m}\right),$$

故

$$A_1=\lim_{s\to a_1}\left[(s-a_1)\frac{P(s)}{Q(s)}\right].$$

同理有

$$A_k=\lim_{s\to a_k}\left[(s-a_k)\frac{P(s)}{Q(s)}\right],\quad k=1,2,\cdots,m.$$

由上述计算公式，有

$$A_k=\lim_{s\to a_k}\left[(s-a_k)\frac{P(s)}{Q(s)}\right]=\lim_{s\to a_k}\frac{P(s)}{\dfrac{Q(s)}{s-a_k}}$$

$$=\frac{\lim\limits_{s\to a_k}P(s)}{\lim\limits_{s\to a_k}\left[\dfrac{Q(s)}{s-a_k}\right]}=\frac{P(a_k)}{Q'(a_k)},\quad k=1,2,\cdots,m.$$

此时，$F(s)$的原函数为

$$f(t)=L^{-1}[F(s)]=L^{-1}\left[\sum_{k=1}^{m}\frac{A_k}{s-a_k}\right]=\sum_{k=1}^{m}A_k e^{a_k t}.$$

例 6.3.1 已知 $F(s)=\dfrac{4s+5}{s^2+5s+6}$，求原函数 $f(t)$.

解法一 $F(s)=\dfrac{4s+5}{s^2+5s+6}=\dfrac{4s+5}{(s+2)(s+3)}=\dfrac{A}{s+2}+\dfrac{B}{s+3}$，则

$$A=\left.\frac{4s+5}{s+3}\right|_{s=-2}=-3,\quad B=\left.\frac{4s+5}{s+2}\right|_{s=-3}=7,$$

故

$$F(s)=\frac{-3}{s+2}+\frac{7}{s+3}.$$

因此，$f(t)=L^{-1}[F(s)]=L^{-1}\left[\dfrac{-3}{s+2}+\dfrac{7}{s+3}\right]=-3e^{-2t}+7e^{-3t}$.

解法二 分母 $Q(s)=s^2+5s+6$ 有两个单零点 $s=-2$ 和 $s=-3$，故

$$F(s)=\frac{4s+5}{s^2+5s+6}=\frac{\left.\dfrac{4s+5}{(s^2+5s+6)'}\right|_{s=-2}}{s+2}+\frac{\left.\dfrac{4s+5}{(s^2+5s+6)'}\right|_{s=-3}}{s+3}$$

$$=\frac{-3}{s+2}+\frac{7}{s+3}.$$

因此 $f(t)=L^{-1}[F(s)]=L^{-1}\left[\frac{-3}{s+2}+\frac{7}{s+3}\right]=-3e^{-2t}+7e^{-3t}$.

例 6.3.2　已知 $F(s)=\frac{2s^2+s+1}{s(s+1)(s+2)}$,求原函数 $f(t)$.

解　$F(s)=\frac{2s^2+s+1}{s(s+1)(s+2)}=\frac{A}{s}+\frac{B}{s+1}+\frac{C}{s+2}$,由前面的讨论知,

$$A=\lim_{s\to 0}[sF(s)]=\left.\frac{2s^2+s+1}{(s+1)(s+2)}\right|_{s=0}=\frac{1}{2},$$

$$B=\lim_{s\to -1}[(s+1)F(s)]=\left.\frac{2s^2+s+1}{s(s+2)}\right|_{s=-1}=-2,$$

$$C=\lim_{s\to -2}[(s+2)F(s)]=\left.\frac{2s^2+s+1}{s(s+1)}\right|_{s=-2}=\frac{7}{2},$$

故

$$F(s)=\frac{2s^2+s+1}{s(s+1)(s+2)}=\frac{1}{2}\cdot\frac{1}{s}-2\cdot\frac{1}{s+1}+\frac{7}{2}\cdot\frac{1}{s+2}.$$

因此,$L^{-1}[F(s)]=L^{-1}\left[\frac{1}{2}\cdot\frac{1}{s}-2\cdot\frac{1}{s+1}-\frac{7}{2}\cdot\frac{1}{s+2}\right]=\frac{1}{2}-2e^{-t}+\frac{7}{2}e^{-2t}$.

(2) 当 $F(s)$有一阶共轭极点 $\alpha\pm j\beta$,即 $Q(s)$有一阶共轭复零点时,此时有

$$F(s)=\frac{P(s)}{Q(s)}=\frac{K_1}{s-(\alpha+j\beta)}+\frac{K_2}{s-(\alpha-j\beta)}+\frac{P_1(s)}{Q_1(s)},$$

其中,$Q_1(\alpha\pm j\beta)\neq 0$,类似于单重实极点的推导过程,有

$$K_1=\lim_{s\to\alpha+j\beta}\left\{[s-(\alpha+j\beta)]\frac{P(s)}{Q(s)}\right\},\quad K_2=\lim_{s\to\alpha-j\beta}\left\{[s-(\alpha-j\beta)]\frac{P(s)}{Q(s)}\right\},$$

或

$$K_1=\frac{P(\alpha+j\beta)}{Q'(\alpha+j\beta)},\quad K_2=\frac{P(\alpha-j\beta)}{Q'(\alpha-j\beta)}.$$

由于 $P(s)$,$Q(s)$都是实多项式,因此

$$\overline{K_1}=\overline{\frac{P(\alpha+j\beta)}{Q'(\alpha+j\beta)}}=\frac{P(\alpha-j\beta)}{Q'(\alpha-j\beta)}=K_2,$$

即 K_1,K_2 是共轭复数,记 $K_1=Ke^{j\varphi}=a+jb$,$K_2=Ke^{-j\varphi}=a-jb$,故

$$\begin{aligned}&L^{-1}\left[\frac{K_1}{s-(\alpha+j\beta)}+\frac{\overline{K_1}}{s-(\alpha-j\beta)}\right]\\&=Ke^{j\varphi}e^{(\alpha+j\beta)t}+Ke^{-j\varphi}e^{(\alpha-j\beta)t}\\&=Ke^{\alpha t}[e^{j(\beta t+\varphi)}+e^{-j(\beta t+\varphi)}]=2Ke^{\alpha t}\cos(\beta t+\varphi)\end{aligned}$$

$$= e^{\alpha t}[2K\cos\beta t\cos\varphi - 2K\sin\beta t\sin\varphi]$$
$$= 2e^{\alpha t}[a\cos\beta t - b\sin\beta t].$$

例 6.3.3 已知 $F(s)=\dfrac{3s^2+7s+12}{s^3+3s^2+7s+5}$，求原函数 $f(t)$.

解 经观察，$Q(s)=s^3+3s^2+7s+5$ 有有理因子 $s+1$，

$$Q(s)=s^3+3s^2+7s+5=(s+1)(s^2+2s+5)$$
$$=(s+1)[s-(-1+2j)][s-(-1-2j)],$$

故

$$F(s)=\frac{3s^2+7s+12}{s^3+3s^2+7s+5}$$
$$=\frac{A}{s+1}+\frac{K_1}{s-(-1+2j)}+\frac{K_2}{s-(-1-2j)},$$

其中，

$$A=\left.\frac{3s^2+7s+12}{(s^3+3s^2+7s+5)'}\right|_{s=-1}=2,$$
$$K_1=\left.\frac{3s^2+7s+12}{(s^3+3s^2+7s+5)'}\right|_{s=-1+2j}=\frac{1}{2}-\frac{1}{4}j,$$
$$K_2=\overline{K}_1=\frac{1}{2}+\frac{1}{4}j.$$

因此

$$L^{-1}[F(s)]=L^{-1}\left[\frac{2}{s+1}+\frac{\sqrt{5}}{4}e^{i\varphi}\cdot\frac{1}{s-(-1+2j)}+\frac{\sqrt{5}}{4}e^{-i\varphi}\cdot\frac{1}{s-(-1-2j)}\right]$$
$$=2e^{-t}+\frac{\sqrt{5}}{2}e^{-t}\cos(2t+\varphi)=e^{-t}(2+\cos 2t+\frac{1}{2}\sin 2t).$$

(3) 当 $F(s)$有 λ 阶实极点 $s=a$，即 $Q(s)$有 λ 重零点 $s=a$ 时，此时有

$$\frac{P(s)}{Q(s)}=\frac{A_1}{s-a}+\frac{A_2}{(s-a)^2}+\cdots+\frac{A_\lambda}{(s-a)^\lambda}+\frac{P_1(s)}{Q_1(s)},$$

其中，$Q_1(a)\neq 0$.

考察

$$(s-a)^\lambda\frac{P(s)}{Q(s)}=A_1(s-a)^{\lambda-1}+A_2(s-a)^{\lambda-2}+\cdots+A_\lambda+\frac{P_1(s)}{Q_1(s)}(s-a)^\lambda$$
$$=A_1(s-a)^{\lambda-1}+A_2(s-a)^{\lambda-2}+\cdots+A_\lambda+o[(s-a)^{\lambda-1}](s\to a),$$

由此得

$$A_k=\frac{1}{(\lambda-k)!}\lim_{s\to a}\left\{\frac{d^{\lambda-k}}{ds^{\lambda-k}}\left[(s-a)^\lambda\frac{P(s)}{Q(s)}\right]\right\},\quad k=1,2,\cdots,\lambda.$$

例 6.3.4 已知 $F(s)=\dfrac{s^2+s+1}{s(s-1)^2(s+2)}$,求原函数 $f(t)$.

解 $F(s)=\dfrac{s^2+s+1}{s(s-1)^2(s+2)}=\dfrac{A}{s}+\dfrac{B_1}{s-1}+\dfrac{B_2}{(s-1)^2}+\dfrac{C}{s+2}$,则

$$A=\lim_{s\to 0}[sF(s)]=\left.\frac{s^2+s+1}{(s-1)^2(s+2)}\right|_{s=0}=\frac{1}{2},$$

$$B_1=\lim_{s\to 1}\frac{\mathrm{d}}{\mathrm{d}s}[(s-1)^2F(s)]=\frac{\mathrm{d}}{\mathrm{d}s}\left.\left[\frac{s^2+s+1}{s(s+2)}\right]\right|_{s=1}$$

$$=\left.\frac{(2s+1)s(s+2)-(s^2+s+1)(2s+2)}{[s(s+2)]^2}\right|_{s=1}=-\frac{1}{3},$$

$$B_2=\lim_{s\to 1}[(s-1)^2F(s)]=\left.\left[\frac{s^2+s+1}{s(s+2)}\right]\right|_{s=1}=1,$$

$$C=\lim_{s\to -2}[(s+2)F(s)]=\left.\frac{s^2+s+1}{s(s-1)^2}\right|_{s=-2}=-\frac{1}{6},$$

故

$$F(s)=\frac{s^2+s+1}{s(s-1)^2(s+2)}=\frac{1}{2}\cdot\frac{1}{s}-\frac{1}{3}\cdot\frac{1}{s-1}+\frac{1}{(s-1)^2}-\frac{1}{6}\cdot\frac{1}{s+2}.$$

因此

$$f(t)=L^{-1}[F(s)]=L^{-1}\left[\frac{1}{2}\cdot\frac{1}{s}-\frac{1}{3}\cdot\frac{1}{s-1}+\frac{1}{(s-1)^2}-\frac{1}{6}\cdot\frac{1}{s+2}\right]$$

$$=\frac{1}{2}-\frac{1}{3}\mathrm{e}^t+t\mathrm{e}^t-\frac{1}{6}\mathrm{e}^{-2t}.$$

例 6.3.5 利用部分分式方法求 $F(s)=\dfrac{1}{s^2(s+1)}$的逆变换.

解 因为 $F(s)$为有理分式,可以利用部分分式的方法将 $F(s)$化成

$$F(s)=\frac{1}{s^2(s+1)}=\frac{1}{s}\,\frac{1}{s(s+1)}$$

$$=\frac{1}{s}\left(\frac{1}{s}-\frac{1}{s+1}\right)=-\frac{1}{s}+\frac{1}{s^2}+\frac{1}{s+1},$$

因此

$$f(t)=L^{-1}\left[\frac{1}{s^2(s+1)}\right]=-1+t+\mathrm{e}^{-t}.$$

例 6.3.5 给出了一个实数重极点的有理函数部分分式分解的一个有效方法,望读者注意总结.

(4) 当 $F(s)$有 λ 阶共轭复极点 $s=\alpha\pm\mathrm{j}\beta$,即 $Q(s)$有 λ 重共轭复零点 $s=\alpha\pm\mathrm{j}\beta$ 时,此时有

$$\frac{P(s)}{Q(s)}=\frac{M_1}{s-(\alpha+\mathrm{j}\beta)}+\frac{M_2}{[s-(\alpha+\mathrm{j}\beta)]^2}+\cdots+\frac{M_\lambda}{[s-(\alpha+\mathrm{j}\beta)]^\lambda}$$
$$+\frac{\overline{M}_1}{s-(\alpha-\mathrm{j}\beta)}+\frac{\overline{M}_2}{[s-(\alpha-\mathrm{j}\beta)]^2}+\cdots+\frac{\overline{M}_\lambda}{[s-(\alpha-\mathrm{j}\beta)]^\lambda}+\frac{P_1(s)}{Q_1(s)},$$

其中,$Q_1(\alpha\pm\mathrm{j}\beta)\neq 0$.类似于 λ 阶实极点 $s=a$ 的讨论,有

$$M_k=\frac{1}{(\lambda-k)!}\lim_{s\to\alpha+\mathrm{j}\beta}\left\{\frac{\mathrm{d}^{\lambda-k}}{\mathrm{d}s^{\lambda-k}}\left[(s-\alpha-\mathrm{j}\beta)^\lambda\frac{P(s)}{Q(s)}\right]\right\}$$
$$=A_k+\mathrm{j}B_k,\quad k=1,2,\cdots,\lambda.$$

此时有

$$L^{-1}\left\{\frac{M_k}{[s-(\alpha+\mathrm{j}\beta)]^k}+\frac{\overline{M}_k}{[s-(\alpha-\mathrm{j}\beta)]^k}\right\}$$
$$=\frac{1}{(k-1)!}(A_k+\mathrm{j}B_k)t^{k-1}\mathrm{e}^{(\alpha+\mathrm{j}\beta)t}+\frac{1}{(k-1)!}(A_k-\mathrm{j}B_k)t^{k-1}\mathrm{e}^{(\alpha-\mathrm{j}\beta)t}$$
$$=\frac{2}{(k-1)!}t^{k-1}\mathrm{e}^{\alpha t}(A_k\cos\beta t-B_k\sin\beta t).$$

例 6.3.6 已知 $F(s)=\dfrac{s+1}{s(s^2+1)^2}$,求原函数 $f(t)$.

解 $F(s)=\dfrac{s+1}{s(s^2+1)^2}$有一阶实极点 $s=0$,二阶共轭复极点 $s=\pm\mathrm{j}$,在复数范围内,$F(s)$可分解为

$$F(s)=\frac{A}{s}+\frac{M_1}{s-j}+\frac{\overline{M}_1}{s+j}+\frac{M_2}{(s-j)^2}+\frac{\overline{M}_2}{(s+j)^2},$$

由上述讨论知,

$$A=\left.\frac{s+1}{(s^2+1)^2}\right|_{s=0}=1,\quad M_2=\left.\frac{s+1}{s(s+\mathrm{j})^2}\right|_{s=\mathrm{j}}=\frac{-1+\mathrm{j}}{4},$$

$$M_1=\frac{\mathrm{d}}{\mathrm{d}s}\left[\frac{s+1}{s(s+\mathrm{j})^2}\right]\Bigg|_{s=\mathrm{j}}=\left.\frac{s(s+\mathrm{j})^2-(s+1)[(s+\mathrm{j})^2+2s(s+\mathrm{j})]}{s^2(s+\mathrm{j})^4}\right|_{s=\mathrm{j}}$$
$$=-\frac{1}{2}-\frac{1}{4}\mathrm{j}.$$

因此,

$$f(t)=L^{-1}[F(s)]=L^{-1}\left[\frac{1}{s}+\frac{-\frac{1}{2}-\frac{1}{4}\mathrm{j}}{s-\mathrm{j}}+\frac{-\frac{1}{2}+\frac{1}{4}\mathrm{j}}{s+\mathrm{j}}+\frac{\frac{-1+\mathrm{j}}{4}}{(s-\mathrm{j})^2}+\frac{\frac{-1-\mathrm{j}}{4}}{(s+\mathrm{j})^2}\right]$$
$$=1+\frac{1}{2}(-2\cos t+\sin t)-\frac{1}{2}t(\cos t+\sin t).$$

在后续课程的学习中,Laplace 变换及 Laplace 逆变换掌握的熟练程度,在较

大程度上决定了课程的学习效果，读者应该对 Laplace 变换及 Laplace 逆变换进行较多的练习.

6.3.2 用留数定理求有理函数的 Laplace 逆变换

由 Laplace 变换的概念可知，函数 $f(t)$ 的 Laplace 变换，实际上就是 $f(t)u(t)e^{-\beta t}$ 的 Fourier 变换. 于是，当 $f(t)u(t)e^{-\beta t}$ 满足 Fourier 积分定理的条件时，按 Fourier 积分公式，在 $f(t)$ 连续点处有

$$\begin{aligned} f(t)u(t)e^{-\beta t} &= \frac{1}{2\pi}\int_{-\infty}^{+\infty}\left[\int_{-\infty}^{+\infty} f(\tau)u(\tau)e^{-\beta\tau}e^{-j\omega\tau}d\tau\right]e^{j\omega t}d\omega \\ &= \frac{1}{2\pi}\int_{-\infty}^{+\infty} e^{j\omega t}d\omega\left[\int_{0}^{+\infty} f(\tau)e^{-(\beta+j\omega)\tau}d\tau\right] \\ &= \frac{1}{2\pi}\int_{-\infty}^{+\infty} F(\beta+j\omega)e^{j\omega t}d\omega, \quad t>0, \end{aligned}$$

等式两边同乘以 $e^{\beta t}$，并考虑到与积分变量 ω 无关，则

$$f(t)=\frac{1}{2\pi}\int_{-\infty}^{+\infty} F(\beta+j\omega)e^{(\beta+j\omega)t}d\omega, \quad t>0.$$

令 $\beta+j\omega=s$，有

$$f(t)=\frac{1}{2\pi j}\int_{\beta-j\infty}^{\beta+j\infty} F(s)e^{st}ds, \quad t>0,$$

这就是从像函数 $F(s)$ 求它的原像 $f(t)$ 的一般公式. 右端的积分称为 Laplace **反演积分**.

由前面的讨论知，$F(s)$ 是 $f(t)$ 的 Laplace 变换，当 $f(t)$ 满足 Dirichlet 条件且存在常数 $M>0$ 及常数 α，使得 $|f(t)|\leqslant Me^{\alpha t}\ (0\leqslant t<+\infty)$，则在 $f(t)$ 的连续点处，有

$$f(t)=\frac{1}{2\pi j}\int_{\beta-j\infty}^{\beta+j\infty} F(s)e^{st}ds\ (t>0),$$

并称 $\frac{1}{2\pi j}\int_{\beta-j\infty}^{\beta+j\infty} F(s)e^{st}ds$ 为像函数 $F(s)$ 的 Laplace 反演积分，其中，$\beta>\alpha$ 是常数.

由于 Laplace 反演积分计算相当困难，通常在应用中较少直接用 Laplace 反演积分计算 Laplace 逆变换，而是应用解析函数的积分性质来计算. 类似于幂级数讨论中的 Abel 定理，我们不加证明地引入定理 6.3.1.

定理 6.3.1 如果 $\int_{0}^{+\infty} f(t)e^{-st}dt$ 在 $s_1=\beta_1+i\omega_1$ 处收敛，则这个积分在右半平面 $\mathrm{Re}(s)>\beta_1$ 内处处收敛，且由这个积分确定的函数 $F(s)$ 在 $\mathrm{Re}(s)>\beta_1$ 内解析；如果 $\int_{0}^{+\infty} f(t)e^{-st}dt$ 在 $s_2=\beta_2+i\omega_2$ 处发散，则这个积分在左半平面 $\mathrm{Re}(s)<\beta_2$ 内

处处发散.

根据定理 6.3.1 存在实数 σ(或者 $\pm\infty$),使得 $\mathrm{Re}(s)>\sigma$ 上,积分 $\int_0^{+\infty} f(t)\mathrm{e}^{-st}\mathrm{d}t$ 收敛;而在 $\mathrm{Re}(s)<\sigma$ 上,积分 $\int_0^{+\infty} f(t)\mathrm{e}^{-st}\mathrm{d}t$ 处处发散. 在收敛区域 $\mathrm{Re}(s)>\sigma$ 上,Laplace 变换的像函数 $F(s)=L[f(t)]$ 是 s 的解析函数.

尽管前面我们利用 Laplace 变换的一些积分性质推出了某些原像和像函数之间的对应关系,但对一些比较复杂的像函数,要求出其原像,就不得不借助于 Laplace 反演公式,它和 $F(s)=\int_0^{+\infty} f(t)\mathrm{e}^{-st}\mathrm{d}t$ 成为一对互逆的积分变换公式,我们也称 $f(t)$ 和 $F(s)$ 构成了一个 Laplace 变换对. 由于反演积分是一个复变函数的积分,而直接计算复变函数的积分通常又比较困难,通常在 $F(s)$ 满足一定条件时,可用留数方法来进行反演积分计算. 下面的定理 6.3.2 将提供计算这种反演积分的方法.

定理 6.3.2 若 $s_1,s_2,\cdots,s_n$ 是函数 $F(s)$ 的所有奇点(适当选取 β 使这些奇点全在 $\mathrm{Re}(s)<\beta$ 的范围内),且当 $s\to\infty$ 时,$F(s)\to 0$,则有

$$\frac{1}{2\pi\mathrm{j}}\int_{\beta-\mathrm{j}\infty}^{\beta+\mathrm{j}\infty} F(s)\mathrm{e}^{st}\mathrm{d}s=\sum_{k=1}^{n}\mathrm{Res}[F(s)\mathrm{e}^{st}],$$

即

$$f(t)=\sum_{k=1}^{n}\underset{s=s_k}{\mathrm{Res}}[F(s)\mathrm{e}^{st}],\quad t>0.$$

证明 作如图 6.3 所示的闭曲线 $C=L+C_R$,C_R 在 $\mathrm{Re}(s)<\beta$ 的区域内是半径为 R 圆弧,当 R 充分大后,可以使 $F(s)$ 的所有奇点包含在闭曲线 C 围成的区域内. 同时 e^{st} 在全平面上解析,所以 $F(s)\mathrm{e}^{st}$ 的奇点就是 $F(s)$ 的奇点. 根据留数定理可得

$$\oint_C F(s)\mathrm{e}^{st}\mathrm{d}s=2\pi\mathrm{j}\sum_{k=1}^{n}\underset{s=s_k}{\mathrm{Res}}[F(s)\mathrm{e}^{st}],$$

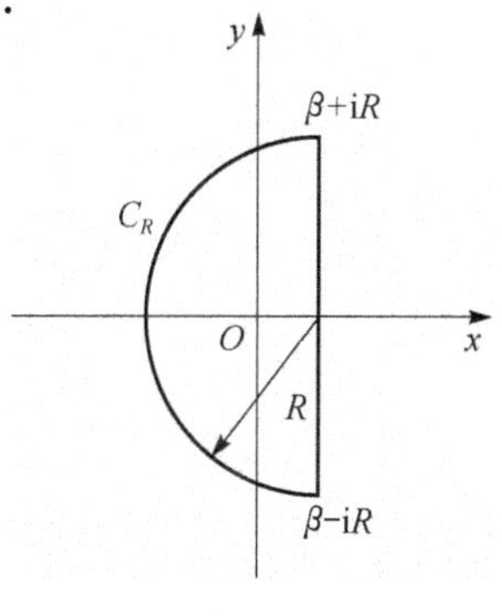

图 6.3

即

$$\frac{1}{2\pi\mathrm{j}}\left[\int_{\beta-\mathrm{j}\infty}^{\beta+\mathrm{j}\infty} F(s)\mathrm{e}^{st}\mathrm{d}s+\int_{C_R} F(s)\mathrm{e}^{st}\mathrm{d}s\right]=\sum_{k=1}^{n}\underset{s=s_k}{\mathrm{Res}}[F(s)\mathrm{e}^{st}],$$

在上式左方,取 $R\to+\infty$ 的极限,并根据复变函数论中的 Jordan 引理,当 $t>0$ 时,有

$$\lim_{R\to+\infty}\int_{C_R} F(s)\mathrm{e}^{st}\mathrm{d}s=0,$$

从而

$$\frac{1}{2\pi \mathrm{j}}\int_{\beta-\mathrm{j}\infty}^{\beta+\mathrm{j}\infty} F(s)\mathrm{e}^{st}\mathrm{d}s = \sum_{k=1}^{n} \operatorname*{Res}_{s=s_k}[F(s)\mathrm{e}^{st}], \quad t>0,$$

这就证明了定理 6.3.2.

若函数 $F(s)$是有理函数,$F(s)=\dfrac{P(s)}{Q(s)}$,其中 $P(s)$,$Q(s)$是不可约的多项式,$Q(s)$的次数是 n,而且 $P(s)$的次数小于 $Q(s)$的次数,在这种情况下它满足定理对 $F(s)$所要求的条件,因此定理 6.3.2 成立.

情形一 若 s_k 是 $Q(s)$的单零点,即 s_k 是 $F(s)=\dfrac{P(s)}{Q(s)}$的一阶极点,根据留数的计算方法,有

$$\operatorname*{Res}_{s=s_k}\left[\frac{P(s)}{Q(s)}\mathrm{e}^{st}\right]=\frac{P(s_k)}{Q'(s_k)}\mathrm{e}^{s_k t},$$

或

$$\operatorname*{Res}_{s=s_k}\left[\frac{P(s)}{Q(s)}\mathrm{e}^{st}\right]=\lim_{s\to s_k}\left[(s-s_k)\frac{P(s)}{Q(s)}\mathrm{e}^{st}\right].$$

情形二 若 s_l 是 $Q(s)$的一个 m 重零点,即 s_l 是 $F(s)=\dfrac{P(s)}{Q(s)}$的 m 阶极点. 根据留数的计算方法,有

$$\operatorname*{Res}_{s=s_l}\left[\frac{P(s)}{Q(s)}\mathrm{e}^{st}\right]=\frac{1}{(m-1)!}\lim_{s\to s_l}\frac{\mathrm{d}^{m-1}}{\mathrm{d}s^{m-1}}\left[(s-s_l)^m\frac{P(s)}{Q(s)}\mathrm{e}^{st}\right].$$

例 6.3.7 利用留数方法求 $F(s)=\dfrac{1}{s^2+4}$的逆变换.

解 因为 $Q(s)=s^2+4=(s+2\mathrm{j})(s-2\mathrm{j})$,它有两个单零点 $s_1=2\mathrm{j}$,$s_2=-2\mathrm{j}$,

$$\begin{aligned} f(t) &= L^{-1}\left[\frac{1}{s^2+4}\right] \\ &= \operatorname*{Res}_{s=2\mathrm{j}}\left[\frac{1}{s^2+4}\mathrm{e}^{st}\right]+\operatorname*{Res}_{s=-2\mathrm{j}}\left[\frac{1}{s^2+4}\mathrm{e}^{st}\right] \\ &= \frac{1}{2s}\mathrm{e}^{st}\Big|_{s=2\mathrm{j}}+\frac{1}{2s}\mathrm{e}^{st}\Big|_{s=-2\mathrm{j}} \\ &= \frac{1}{4\mathrm{j}}(\mathrm{e}^{2\mathrm{j}t}-\mathrm{e}^{-2\mathrm{j}t}) = \frac{1}{2}\sin 2t. \end{aligned}$$

这和我们熟知的结果是一致的.

例 6.3.8 利用留数方法求 $F(s)=\dfrac{1}{s(s+1)^2}$的逆变换.

解 这里 $Q(s)=s(s+1)^2$,$s=0$ 为单零点,$s=-1$ 为二重零点. 因此

$$f(t)=L^{-1}\left[\frac{1}{s(s+1)^2}\right]$$

$$
\begin{aligned}
&= \operatorname*{Res}_{s=0}\left[\frac{1}{s(s+1)^2}e^{st}\right]+\operatorname*{Res}_{s=-1}\left[\frac{1}{s(s+1)^2}e^{st}\right]\\
&= \frac{1}{(s+1)^2}e^{st}\Big|_{s=0}+\lim_{s\to -1}\frac{d}{ds}\left[(s+1)^2\frac{1}{s(s+1)^2}e^{st}\right]\\
&= 1+\frac{d}{ds}\left[\frac{1}{s}e^{st}\right]\Big|_{s=-1}=1+\left[\frac{t}{s}e^{st}-\frac{1}{s^2}e^{st}\right]\Big|_{s=-1}\\
&= 1+(-te^{-t}-e^{-t})=1-e^{-t}(t+1).
\end{aligned}
$$

6.4 Laplace 变换的应用

在大量应用系统的特性研究中，人们往往从实际问题出发，将研究的对象归结为一个数学模型. 在一定条件下，对这些数学模型进行线性化，或者系统建立的数学模型本身就是线性系统. 换句话说，大量应用问题的数学模型(或者可以简化)为线性的微分方程、积分方程、微分积分方程以及偏微分方程. 由于在积分变换的像函数意义下，求导(求积分)运算可归结为乘法(除法)运算. 因此，利用积分变换可将微分积分方程转化为像函数的代数方程求解. 类似于 Fourier 变换的应用，我们可以用 Laplace 变换方法去分析和求解这类线性方程，而且可以发现这一方法是十分有效的. 它的求解步骤和用 Fourier 变换方法求解此类线性方程的步骤完全类似. Laplace 变换和 Fourier 变换一样，在力学系统、电学系统、自动控制系统等领域的研究中起着重要的作用. 下面本节将分别加以介绍，最后给出线性系统的传递函数，频率特性等概念及其在交流电路中的应用.

6.4.1 用 Laplace 变换求解线性微分、积分方程

例 6.4.1 求解微分方程的初值问题 $\begin{cases} y''+3y'+2y=e^t, \\ y|_{t=0}=2, y'|_{t=0}=1, \end{cases}$

解 设 $L[y(t)]=Y(s)$，对方程的两边进行 Laplace 变换，得

$$s^2Y(s)-2s-1+3[sY(s)-2]+2Y(s)=\frac{1}{s-1},$$

这是含未知量 $Y(s)$ 的代数方程，整理后解出 $Y(s)$，得

$$Y(s)=\frac{2s^2+5s-6}{(s+1)(s+2)(s-1)},$$

这便是所求函数的 Laplace 变换，取它的逆变换便可以得出所求函数 $y(t)$.

为了求 $Y(s)$ 的逆变换，将它化为部分分式的形式

$$Y(s)=\frac{2s^2+5s-6}{(s+1)(s+2)(s-1)}=\frac{\frac{9}{2}}{s+1}+\frac{-\frac{8}{3}}{s+2}+\frac{\frac{1}{6}}{s-1},$$

取逆变换,最后得

$$y(t)=L^{-1}[Y(s)]=\frac{9}{2}e^{-t}-\frac{8}{3}e^{-2t}+\frac{1}{6}e^{t}.$$

这便是所求微分方程满足所给初始条件的解.

下面讨论一个非齐次常系数线性微分方程组的初值问题.

例 6.4.2 求解$\begin{cases}x'-y'-2x-y=5e^{t},\\x'+2y'-2x+2y=-7e^{t},\\x|_{t=0}=0,y|_{t=0}=-1.\end{cases}$

解 记 $L[x(t)]=X(s)$,$L[y(t)]=Y(s)$,对方程组的两边进行 Laplace 变换,得

$$\begin{cases}sX-[sY+1]-2X-Y=\dfrac{5}{s-1},\\sX+2[sY+1]-2X+2Y=\dfrac{-7}{s-1},\end{cases}$$

即

$$\begin{cases}(s-2)X-(s+1)Y=\dfrac{s+4}{s-1},\\(s-2)X+2(s+1)Y=-\dfrac{2s+5}{s-1}.\end{cases}$$

解得

$$\begin{cases}X=\dfrac{1}{(s-2)(s-1)}=\dfrac{1}{s-2}-\dfrac{1}{s-1},\\Y=-\dfrac{s+3}{(s+1)(s-1)}=\dfrac{1}{s+1}-\dfrac{2}{s-1}.\end{cases}$$

故

$$\begin{cases}x(t)=L^{-1}[X(s)]=e^{2t}-e^{t},\\y(t)=L^{-1}[Y(s)]=e^{-t}-2e^{t}.\end{cases}$$

例 6.4.3 求解积分方程 $y(t)=at^2+\int_0^t\sin(t-\tau)y(\tau)d\tau$.

解 事实上,积分方程就是

$$y(t)=at^2+\sin t*y(t),$$

记 $L[y(t)]=Y(s)$,对方程两边进行 Laplace 变换,由卷积定理可得

$$Y(s)=\frac{2a}{s^3}+\frac{1}{s^2+1}Y(s),$$

故

$$\left(1-\frac{1}{s^2+1}\right)Y(s)=\frac{2a}{s^3},$$

即

$$Y(s)=\frac{\dfrac{2a}{s^3}}{1-\dfrac{1}{s^2+1}}=\frac{2a}{s^3}+\frac{2a}{s^5},$$

从而 $y(t)=L^{-1}[Y(s)]=at^2+\dfrac{at^4}{12}$.

在许多科学技术领域中，经常需要计算矩阵指数函数 $\mathrm{e}^{\boldsymbol{A}t}=\sum\limits_{n=0}^{\infty}\dfrac{(\boldsymbol{A}t)^n}{n!}$ 的表达式，其中，$\boldsymbol{A}$ 是 n 阶方阵. 矩阵指数函数 $\mathrm{e}^{\boldsymbol{A}t}$ 是线性系统动态性质分析的基础. 记 $X(t)=\mathrm{e}^{\boldsymbol{A}t}$，由幂级数逐项求导性质知，$\boldsymbol{X}(t)$ 满足下列矩阵微分方程：

$$\begin{cases}\dfrac{\mathrm{d}\boldsymbol{X}(t)}{\mathrm{d}t}=\boldsymbol{A}\boldsymbol{X}(t),\\ \boldsymbol{X}(0)=\boldsymbol{I},\end{cases}$$

其中，$\boldsymbol{X}(t)$ 是 n 阶方阵，$\boldsymbol{I}$ 是 n 阶单位阵.

记 $L[\boldsymbol{X}(t)]=\widetilde{\boldsymbol{X}}(s)$，对矩阵微分方程的两边进行 Laplace 变换，由微分性质得

$$s\widetilde{\boldsymbol{X}}(s)-\boldsymbol{X}(0)=A\widetilde{\boldsymbol{X}}(s),$$

即

$$(s\boldsymbol{I}-\boldsymbol{A})\widetilde{X}(s)=\boldsymbol{I},$$

故

$$\widetilde{\boldsymbol{X}}(s)=(s\boldsymbol{I}-\boldsymbol{A})^{-1},$$

从而

$$\mathrm{e}^{\boldsymbol{A}t}=\boldsymbol{X}(t)=L^{-1}[\widetilde{\boldsymbol{X}}(s)]=L^{-1}[(s\boldsymbol{I}-\boldsymbol{A})^{-1}].$$

例 6.4.4 设 $\boldsymbol{A}=\begin{pmatrix}-1 & 1\\ -1 & -1\end{pmatrix}$，

(1) 求 $\mathrm{e}^{\boldsymbol{A}t}$；

(2) 求解初值问题 $\begin{cases}x'_1=-x_1+x_2,\\ x'_2=-x_1-x_2,\\ x_1(0)=1,x_2(0)=2.\end{cases}$

解 (1) 由上述讨论知，$\mathrm{e}^{\boldsymbol{A}t}=\boldsymbol{X}(t)=L^{-1}[\widetilde{X}(s)]=L^{-1}[(s\boldsymbol{I}-\boldsymbol{A})^{-1}]$，而

$$(s\boldsymbol{I}-\boldsymbol{A})^{-1}=\begin{pmatrix}s+1 & -1\\ 1 & s+1\end{pmatrix}^{-1}=\frac{1}{(s+1)^2+1}\begin{pmatrix}s+1 & 1\\ -1 & s+1\end{pmatrix}$$

$$=\begin{pmatrix} \dfrac{s+1}{(s+1)^2+1} & \dfrac{1}{(s+1)^2+1} \\ -\dfrac{1}{(s+1)^2+1} & \dfrac{s+1}{(s+1)^2+1} \end{pmatrix},$$

故

$$\mathrm{e}^{\boldsymbol{A}t}=L^{-1}[(s\boldsymbol{I}-\boldsymbol{A})^{-1}]=\begin{pmatrix} L^{-1}\left[\dfrac{s+1}{(s+1)^2+1}\right] & L^{-1}\left[\dfrac{1}{(s+1)^2+1}\right] \\ L^{-1}\left[-\dfrac{1}{(s+1)^2+1}\right] & L^{-1}\left[\dfrac{s+1}{(s+1)^2+1}\right] \end{pmatrix}$$

$$=\begin{pmatrix} \mathrm{e}^{-t}\cos t & \mathrm{e}^{-t}\sin t \\ -\mathrm{e}^{-t}\sin t & \mathrm{e}^{-t}\cos t \end{pmatrix}=\mathrm{e}^{-t}\begin{pmatrix} \cos t & \sin t \\ -\sin t & \cos t \end{pmatrix}.$$

(2) 初值问题的解为

$$\begin{pmatrix} x_1(t) \\ x_2(t) \end{pmatrix}=\mathrm{e}^{\boldsymbol{A}t}\begin{pmatrix} x_1(0) \\ x_2(0) \end{pmatrix}$$

$$=\mathrm{e}^{-t}\begin{pmatrix} \cos t & \sin t \\ -\sin t & \cos t \end{pmatrix}\begin{pmatrix} 1 \\ 2 \end{pmatrix}=\mathrm{e}^{-t}\begin{pmatrix} \cos t+2\sin t \\ 2\cos t-\sin t \end{pmatrix},$$

即 $x_1(t)=\mathrm{e}^{-t}(\cos t+2\sin t)$，$x_2(t)=\mathrm{e}^{-t}(2\cos t-\sin t)$.

例 6.4.5 质量为 m 的物体挂在弹簧系数为 k 的弹簧一端(图 6.4)，作用在物体上的外力为 $f(t)$. 若物体自静止平衡位置 $x=0$ 处开始运动，求该物体的运动规律.

解 由 Hooke 定律和 Newton 定律知，

$$mx''=f(t)-kx,$$

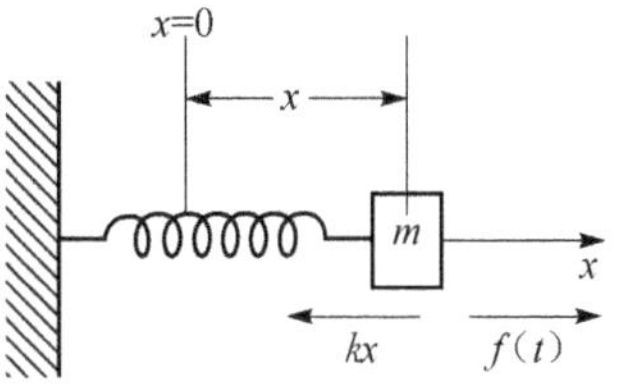

图 6.4

所以，物体的运动方程为二阶常系数线性非齐次方程

$$mx''+kx=f(t)\ (t\geqslant 0),$$

初始条件为

$$x(0)=x'(0)=0.$$

记 $\omega_0^2=\dfrac{k}{m}$，运动方程为

$$x''+\omega_0^2 x=\frac{1}{m}f(t)\ (t\geqslant 0).$$

这是二阶线性常系数非齐次微分方程，对方程两边取 Laplace 变换，设 $L[x(t)]=X(s)$，$L[f(t)]=F(s)$，并考虑到初始条件，则得

$$s^2X(s)+\omega_0^2X(s)=\frac{1}{m}F(s),$$

$$X(s)=\frac{1}{m}\cdot\frac{F(s)}{s^2+\omega_0^2}=\frac{1}{m}\cdot\frac{1}{s^2+\omega_0^2}F(s).$$

因为 $L\left[\frac{\sin\omega_0 t}{\omega_0}\right]=\frac{1}{s^2+\omega_0^2}$，应用卷积定理，所以有

$$\begin{aligned}x(t)&=\frac{1}{m}\cdot\frac{\sin\omega_0 t}{\omega_0}*f(t)\\&=\frac{1}{m\omega_0}\int_0^t f(\tau)\sin\omega_0(t-\tau)\mathrm{d}\tau.\end{aligned}$$

如果 $f(t)$ 具体给出时，可以直接从解的像函数 $X(s)$ 的关系式中解出 $x(t)$ 来.

注 1 当物体在 $t=0$ 时受到单位脉冲的冲击力 $f(t)=\delta(t)$ 作用，即系统满足下列初值问题

$$x''+\omega_0^2 x=\frac{1}{m}\delta(t)(t\geqslant 0),$$
$$x(0)=x'(0)=0.$$

此时，

$$L[f(t)]=L[\delta(t)]=1,$$

所以

$$X(s)=\frac{1}{m}\cdot\frac{1}{s^2+\omega_0^2},$$

从而

$$x(t)=\frac{1}{m\omega_0}\sin\omega_0 t,\quad t>0.$$

可见，在冲击力 $f(t)=\delta(t)$ 作用下，运动为一正弦振动，振幅是 $\frac{1}{m\omega_0}$，角频率是 ω_0，称 ω_0 为该系统的固有频率.

注 2 当物体所受作用力为 $f(t)=A\sin\omega t$（A 为常数）时，

$$L[f(t)]=A\frac{\omega}{s^2+\omega^2},$$

所以

$$\begin{aligned}X(s)&=\frac{1}{m}\cdot\frac{1}{s^2+\omega_0^2}\cdot\frac{A\omega}{s^2+\omega^2}\\&=\frac{A\omega}{m}\cdot\frac{1}{(s^2+\omega_0^2)(s^2+\omega^2)}\\&=\frac{A\omega}{m}\cdot\frac{1}{\omega^2-\omega_0^2}\left(\frac{1}{s^2+\omega_0^2}-\frac{1}{s^2+\omega^2}\right),\end{aligned}$$

从而

$$x(t)=\frac{A\omega}{m(\omega^2-\omega_0^2)}\left(\frac{\sin\omega_0 t}{\omega_0}-\frac{\sin\omega t}{\omega}\right)$$
$$=\frac{A}{m\omega_0(\omega^2-\omega_0^2)}(\omega\sin\omega_0 t-\omega_0\sin\omega t),$$

其中，ω 为作用力的频率(或称扰动频率). 若 $\omega\approx\omega_0$(扰动频率接近于固有频率)，方程解的振幅非常大，工程上解释为系统产生共振现象. 实际上，在振幅过大时，使物体回到平衡位置弹簧的恢复力不再满足 Hooke 定律，即不再是 $-kx$，此时系统已不再满足原来的微分方程. 事实上，当 $\omega=\omega_0$ 时，

$$X(s)=\frac{1}{m}\cdot\frac{A\omega}{(s^2+\omega_0^2)^2},$$

有

$$x(t)=L^{-1}[X(s)]=L^{-1}\left[\frac{1}{m}\cdot\frac{A\omega_0}{(s^2+\omega_0^2)^2}\right]=\frac{A}{2m\omega_0^2}(\sin\omega_0 t-\omega_0 t\cos\omega_0 t),$$

解的振幅随时间增大而无限增大，系统已不再有满足我们推导出的微分方程.

例 6.4.6 如图 6.5 所示的 RC 串联电路，若外加电动势为正弦交流电压 $e(t)=U_m\sin\omega t$，求开关闭合后，回路中电流 $i(t)$ 及电容器两端的电压 $u_C(t)$.

解 根据 Kirchhoff 定律，有

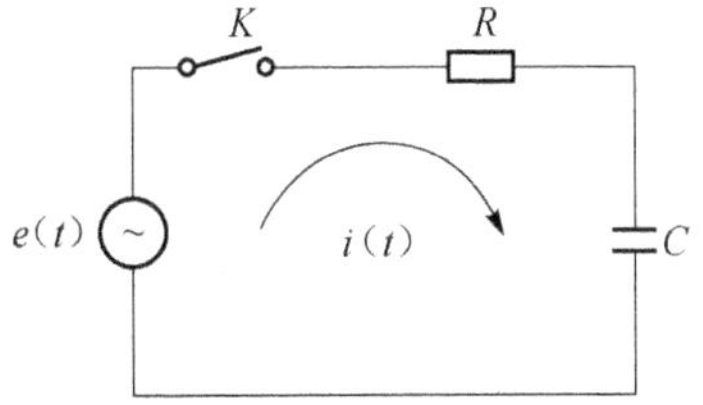

图 6.5

$$u_R+u_C=e(t),$$

其中，

$$u_R=Ri(t),\quad i(t)=C\frac{\mathrm{d}u_C}{\mathrm{d}t}.$$

所以

$$RC\frac{\mathrm{d}u_C}{\mathrm{d}t}+u_C=U_m\sin\omega t,$$

这就是该电路中电容器两端电压所满足的关系式，它是一阶线性非齐次微分方程，先对方程式两边取 Laplace 变换，设 $L[u_C(t)]=U_C(s)$，并注意到 $u_C(t)|_{t=0}=0$，得

$$L[e(t)]=L[U_m\sin\omega t]=\frac{U_m\omega}{s^2+\omega^2}.$$

所以

$$RCsU_C(s)+U_C(s)=\frac{U_m\omega}{s^2+\omega^2},$$

即

$$U_C(s)=\frac{U_m\omega}{RC\left(s+\frac{1}{RC}\right)(s-\mathrm{j}\omega)(s+\mathrm{j}\omega)},$$

故

$$\begin{aligned}u_C(t)=&\frac{U_m\omega}{RC\left(-\frac{1}{RC}-\mathrm{j}\omega\right)\left(-\frac{1}{RC}+\mathrm{j}\omega\right)}\mathrm{e}^{-\frac{1}{RC}t}+\frac{U_m\omega}{RC\left(\mathrm{j}\omega+\frac{1}{RC}\right)(\mathrm{j}\omega+\mathrm{j}\omega)}\mathrm{e}^{\mathrm{j}\omega t}\\&+\frac{U_m\omega}{RC\left(-\mathrm{j}\omega+\frac{1}{RC}\right)(-\mathrm{j}\omega-\mathrm{j}\omega)}\mathrm{e}^{-\mathrm{j}\omega t}\\=&\frac{U_m\omega}{RC\left(\frac{1}{R^2C^2}+\omega^2\right)}\mathrm{e}^{-\frac{1}{RC}t}+\frac{U_m\omega}{2\mathrm{j}\omega RC}\left[\frac{1}{\mathrm{j}\omega+\frac{1}{RC}}\mathrm{e}^{\mathrm{j}\omega t}-\frac{1}{-\mathrm{j}\omega+\frac{1}{RC}}\mathrm{e}^{-\mathrm{j}\omega t}\right]\\=&\frac{1}{\omega C}\frac{U_m}{\sqrt{R^2+\frac{1}{\omega^2C^2}}}\frac{R}{\sqrt{R^2+\frac{1}{\omega^2C^2}}}\mathrm{e}^{-\frac{1}{RC}t}\\&-\frac{1}{\omega C}\frac{U_m}{\sqrt{R^2+\frac{1}{\omega^2C^2}}}\left[\frac{R}{\sqrt{R^2+\frac{1}{\omega^2C^2}}}\cos\omega t+\frac{-\frac{1}{\omega C}}{\sqrt{R^2+\frac{1}{\omega^2C^2}}}\sin\omega t\right].\end{aligned}$$

在电路理论中串联 RC 电路的复阻抗为 $Z=R+\frac{1}{\mathrm{j}\omega C}=|Z|\mathrm{e}^{\mathrm{i}\varphi_0}$，其中，$|Z|=\sqrt{R^2+\frac{1}{\omega^2C^2}}$，$\varphi_0=\arg Z$. 记 $I_m=\frac{U_m}{|Z|}$，因此，

$$\begin{aligned}u_C(t)&=\frac{I_m}{\omega C}\cos\varphi_0\mathrm{e}^{-\frac{1}{RC}t}-\frac{I_m}{\omega C}\left[\cos\varphi_0\cos\omega t+\sin\varphi_0\sin\omega t\right]\\&=\frac{I_m}{\omega C}\cos\varphi_0\mathrm{e}^{-\frac{1}{RC}t}-\frac{I_m}{\omega C}\cos(\omega t-\varphi_0),\end{aligned}$$

RC 电路中的电流为

$$\begin{aligned}i(t)&=C\frac{\mathrm{d}u_C}{\mathrm{d}t}=C\left[\frac{I_m}{\omega C}\cos\varphi_0\mathrm{e}^{-\frac{1}{RC}t}\left(-\frac{1}{RC}\right)+\frac{I_m}{\omega C}\sin(\omega t-\varphi_0)\cdot\omega\right]\\&=-\frac{I_m}{\omega RC}\cos\varphi_0\mathrm{e}^{-\frac{1}{RC}t}+I_m\sin(\omega t-\varphi_0).\end{aligned}$$

通过分析上述 $u_C(t)$ 和 $i(t)$ 的表达式，在电路接通电源 $\mathrm{e}(t)$ 之后，$u_c(t)$ 和 $i(t)$ 由两部分构成. 第一部分为衰减的指数函数项，是齐次线性微分方程通解中的一项，工程中通常称为系统的自然响应分量或暂态分量(暂态解)；第二部分为非齐次

线性微分方程的一个特解，特解形式常由方程右端的输入函数类型所决定，工程中通常称为系统的强迫响应(受迫响应)或稳态分量(稳态解). 当 $t\to\infty$ 时，暂态分量趋于0，系统进入稳定状态. 在实际应用中，称 $T=RC$ 为系统的时间常数，当 $t>3T$ 时，表示系统进入了稳定状态.

积分变换方法在线性偏微分方程的求解过程中有广泛的应用，应用方法见例 6.4.7.

例 6.4.7　求解下列热传导方程的定解问题：

$$\begin{cases} u_t - a^2 u_{xx} = 0, \\ u\,|_{x=0} = f(t), u\,|_{x\to+\infty} \text{ 有限}, \\ u\,|_{t=0} = 0. \end{cases}$$

解　对方程作关于 t 的 Laplace 变换，记

$$U(x,s) = L[u(x,t)] = \int_0^{+\infty} u(x,t)\mathrm{e}^{-st}\mathrm{d}s(s>0),$$

则

$$\begin{cases} sU(x,s) - a^2 \dfrac{\mathrm{d}^2U(x,s)}{\mathrm{d}x^2} = 0, \\ U(0,s) = F(s), U(x,s)\,|_{x\to+\infty} \text{ 有限}, \end{cases}$$

其中，$F(s)=L[f(t)]$，而齐次方程

$$sU(x,s) - a^2 \frac{\mathrm{d}^2U(x,s)}{\mathrm{d}x^2} = 0$$

的通解为

$$U(x,s) = C_1\mathrm{e}^{\frac{\sqrt{s}}{a}x} + C_2\mathrm{e}^{-\frac{\sqrt{s}}{a}x},$$

由条件 $U(0,s)=F(s)$，$U(x,s)\,|_{x\to+\infty}$ 有限，得

$$U(x,s) = F(s)\mathrm{e}^{-\frac{\sqrt{s}}{a}x}.$$

因此，$u(x,t)=L^{-1}[U(x,s)]=L^{-1}[F(s)\mathrm{e}^{-\frac{\sqrt{s}}{a}x}]=f(t)*L^{-1}[\mathrm{e}^{-\frac{\sqrt{s}}{a}x}]$，经计算可得

$$L\left[\frac{x}{2a\sqrt{\pi}t^{\frac{3}{2}}}\mathrm{e}^{-\frac{x^2}{4a^2t}}\right] = \mathrm{e}^{-\frac{x}{a}\sqrt{s}},$$

故所求热传导方程的解为

$$u(x,t) = f(t)*L^{-1}[\mathrm{e}^{-\frac{\sqrt{s}}{a}x}] = \frac{x}{2a\sqrt{\pi}}\int_0^t f(\tau)\,(t-\tau)^{-\frac{3}{2}}\,\mathrm{e}^{-\frac{x^2}{4a^2(t-\tau)}}\,\mathrm{d}\tau.$$

值得注意的是，在例 6.4.7 中如果对方程作关于 x 的 Laplace 变换，则由于方程中含有关于 x 的两阶导数，而函数关于 x 的一阶导数初值不能确定，这会导致

计算过程过于复杂. 因此在用积分变换方法求解线性偏微分方程时,必须慎重选择对哪个变量作积分变换.

6.4.2 线性系统的传递函数

在前面的讨论中,用一阶微分方程

$$RC\frac{\mathrm{d}u_C}{\mathrm{d}t}+u_C=e(t)$$

描述RC电路的性质,通常称外加电动势 $e(t)$ 为RC电路的输入(激励),方程中的未知函数(电容两端的电压) $u_C(t)$ 称为系统的输出(响应). 对于RC电路,将它看成有输出和输入的系统. 一个系统的响应由系统本身特性(网络形式)和激励所决定. 对于同一系统,如果激励函数不同,则响应函数不同;对于同一激励函数,如果系统不同,则响应函数也不同.

一般情况下,定常线性系统的激励 $u(t)$ 和响应 $x(t)$ 的关系可用下列微分方程描述

$$a_0\frac{\mathrm{d}^n x}{\mathrm{d}t^n}+a_1\frac{\mathrm{d}^{n-1}x}{\mathrm{d}t^{n-1}}+\cdots+a_{n-1}\frac{\mathrm{d}x}{\mathrm{d}t}+a_nx=b_0\frac{\mathrm{d}^m u}{\mathrm{d}t^m}+b_1\frac{\mathrm{d}^{m-1}u}{\mathrm{d}t^{m-1}}+\cdots+b_{m-1}\frac{\mathrm{d}u}{\mathrm{d}t}+b_mu,$$

其中, $a_0,a_1,\cdots,a_{n-1},a_n,b_0,b_1,\cdots,b_{m-1},b_m$ 是常数, $m\geqslant 0,n>0$ 是整数, $n\geqslant m$,上述微分方程在许多场合称为系统的状态方程.

如果形式上记 s 为微分运算算子,即 $(sf)(t)=\frac{\mathrm{d}f(t)}{\mathrm{d}t}$,则形式上 $\frac{\mathrm{d}x}{\mathrm{d}t}=sx,\frac{\mathrm{d}^2x}{\mathrm{d}t^2}=s^2x,\cdots,\frac{\mathrm{d}^nx}{\mathrm{d}t^n}=s^nx,\frac{\mathrm{d}u}{\mathrm{d}t}=su,\frac{\mathrm{d}^2u}{\mathrm{d}t^2}=s^2u,\cdots,\frac{\mathrm{d}^mu}{\mathrm{d}t^m}=s^mu$,那么上式形式上可记为

$$(a_0s^n+a_1s^{n-1}+\cdots+a_{n-1}s+a_n)x=(b_0s^m+b_1s^{m-1}+\cdots+b_{m-1}s+b_m)u,$$

从而

$$x=\frac{b_0s^m+b_1s^{m-1}+\cdots+b_{m-1}s+b_m}{a_0s^n+a_1s^{n-1}+\cdots+a_{n-1}s+a_n}u.$$

这时,我们称

$$G(s)=\frac{b_0s^m+b_1s^{m-1}+\cdots+b_{m-1}s+b_m}{a_0s^n+a_1s^{n-1}+\cdots+a_{n-1}s+a_n}$$

为定常线性系统的**传递函数**. 传递函数是由系统本身的特性决定,而与系统的激励和初始条件无关.

此外,记 $X(s)=L[x(t)],U(s)=L[u(t)]$,在零初始状态下,即

$$x(0)=0,\frac{\mathrm{d}x(0)}{\mathrm{d}t}=0,\cdots,\frac{\mathrm{d}^{n-1}x(0)}{\mathrm{d}t^{n-1}}=0,u(0)=0,\frac{\mathrm{d}u(0)}{\mathrm{d}t}=0,\cdots,\frac{\mathrm{d}^{m-1}u(0)}{\mathrm{d}t^{m-1}}=0$$

时，对定常线性系统两端进行 Laplace 变换，有

$$X(s)=\frac{b_0s^m+b_1s^{m-1}+\cdots+b_{m-1}s+b_m}{a_0s^n+a_1s^{n-1}+\cdots+a_{n-1}s+a_n}U(s),$$

或

$$\frac{X(s)}{U(s)}=\frac{b_0s^m+b_1s^{m-1}+\cdots+b_{m-1}s+b_m}{a_0s^n+a_1s^{n-1}+\cdots+a_{n-1}s+a_n},$$

即

$$G(s)=\frac{X(s)}{U(s)}.$$

上式说明，在零初始状态下，传递函数为响应的 Laplace 变换与激励的 Laplace 变换之比.

如果系统的激励为单位脉冲函数，即 $u(t)=\delta(t)$时，有

$$U(s)=L[u(t)]=L[\delta(t)]=1,$$

在零初始状态下，响应为

$$\frac{b_0s^m+b_1s^{m-1}+\cdots+b_{m-1}s+b_m}{a_0s^n+a_1s^{n-1}+\cdots+a_{n-1}s+a_n}=G(s).$$

记 $g(t)=L^{-1}[G(s)]$，则状态方程在零初始状态下，激励为单位脉冲函数时，系统的响应为传递函数 $G(s)$的 Laplace 逆变换 $g(t)$，通常称 $g(t)$为系统的**脉冲响应函数**.

对于其他的激励函数 $u(t)$，由

$$X(s)=G(s)U(s),$$

得到系统的响应函数为

$$x(t)=L^{-1}[G(s)U(s)]=g(t)*u(t)=\int_0^t g(t-\tau)u(\tau)\mathrm{d}\tau.$$

上式说明，在零初始状态下，系统的响应为单位脉冲响应与激励的卷积.

当系统的激励为角频率为 ω 的复正弦函数 $u(t)=\mathrm{e}^{\mathrm{j}\omega t}$时，根据常系数非齐次线性微分方程解的理论，通常系统有一个角频率为 ω 的特解(稳态响应)$x(t)=A\mathrm{e}^{\mathrm{j}\omega t}$，其中，$A$ 是待定复数. 代入系统，则有

$$\begin{aligned}&[a_0(\mathrm{j}\omega)^n+a_1(\mathrm{j}\omega)^{n-1}+\cdots+a_{n-1}(\mathrm{j}\omega)+a_n]A\mathrm{e}^{\mathrm{j}\omega t}\\=&[b_0(\mathrm{j}\omega)^m+b_1(\mathrm{j}\omega)^{m-1}+\cdots+b_{m-1}(\mathrm{j}\omega)+b_m]\mathrm{e}^{\mathrm{j}\omega t},\end{aligned}$$

故

$$A=\frac{b_0(\mathrm{j}\omega)^m+b_1(\mathrm{j}\omega)^{m-1}+\cdots+b_{m-1}(\mathrm{j}\omega)+b_m}{a_0(\mathrm{j}\omega)^n+a_1(\mathrm{j}\omega)^{n-1}+\cdots+a_{n-1}(\mathrm{j}\omega)+a_n}=G(\mathrm{j}\omega).$$

在工程应用中，上述结论的解释：当激励为角频率为 ω 的复正弦函数 $u(t)=e^{j\omega t}$ 时，系统的稳态响应是 $x(t)=G(j\omega)e^{j\omega t}$. 传递函数在点 $s=j\omega$ 处的值称为系统的**频率特性**，频率特性在工程应用中又经常被称为**正弦传递函数**.

在正弦电路中常用到稳态电流计算的相量分析法和上述的正弦传递函数有密切的联系，如串联 LRC 电路中，将电压 $e(t)=U_m e^{j\omega t+\varphi_0}$ 看成系统输入（激励），回路电流 $i(t)$ 看成系统输出（响应），由

$$u_R+u_L+u_C=e(t),$$

其中，

$$u_R=Ri(t),\quad i(t)=C\frac{du_C}{dt},\quad u_L=L\frac{di}{dt},$$

故

$$Ri+L\frac{di}{dt}+\frac{1}{C}\int_0^t i(t)dt=e(t),$$

则

$$L\frac{d^2i}{dt^2}+R\frac{di}{dt}+\frac{1}{C}i=\frac{de}{dt},$$

系统的传递函数为

$$G(s)=\frac{s}{Ls^2+Rs+\frac{1}{C}}.$$

系统的频率特性为

$$G(j\omega)=\frac{j\omega}{L(j\omega)^2+Rj\omega+\frac{1}{C}}=\frac{1}{R+j\omega L+\frac{1}{j\omega C}}.$$

当输入电压 $e(t)=U_m e^{j(\omega t+\varphi_0)}$ 为，系统的稳态电流为 $i(t)=U_m G(j\omega)e^{j(\omega t+\varphi_0)}$.

在电工理论的正弦电路计算中，人们常引入正弦电流的相量表达式及复阻抗概念，即正弦电压 $e(t)=U_m e^{j(\omega t+\varphi_0)}$. 电阻的复阻抗为实数 R，电感的复阻抗为纯虚数 $j\omega L$，电容的复阻抗为纯虚数 $\frac{1}{j\omega C}$，则串联 LRC 电路中的复阻抗为 $Z=R+j\omega L+\frac{1}{j\omega C}=\frac{1}{G(j\omega)}$，记为 $Z=|Z|e^{i\varphi}$. 由前面的讨论知，系统的稳态电流为

$$i(t)=U_m G(j\omega)e^{j(\omega t+\varphi_0)}=\frac{U_m e^{j(\omega t+\varphi_0)}}{Z}=\frac{U_m e^{j(\omega t+\varphi_0)}}{|Z|e^{i\varphi}}=\frac{U_m}{|Z|}e^{j(\omega t+\varphi_0-\varphi)},$$

当系统输入为

$$e(t)=U_m\sin(\omega t+\varphi_0)=\mathrm{Im}[U_m\mathrm{e}^{\mathrm{j}(\omega t+\varphi_0)}]$$

时，其相量表达式为

$$e(t)=U_m\angle\varphi_0,$$

串联 LRC 电路中的复阻抗为 $Z=|Z|\mathrm{e}^{\mathrm{j}\varphi}$，用相量表达式记为 $Z=|Z|\angle\varphi$.

系统的稳态电流为

$$i(t)=\mathrm{Im}\left[\frac{U_m}{|Z|}\mathrm{e}^{\mathrm{j}(\omega t+\varphi_0-\varphi)}\right],$$

同电压输入的相量表达式的表达法可记为

$$i(t)=\frac{U_m}{|Z|}\angle(\varphi_0-\varphi),$$

即

$$i(t)=\frac{U_m}{|Z|}\sin(\omega t+\varphi_0-\varphi).$$

在工程技术领域中，传递函数、脉冲响应函数及频率特性是描述线性系统特征的几个重要概念，在以后的课程中将有进一步讨论.

6.5 离散系统的 Z 变换初步

连续线性系统的动态性质和稳态性质可利用 Laplace 变换进行讨论，与之类似，离散线性系统的性质可用 Z 变换的方法进行分析. 值得注意的是，本节中只讨论右边序列 $x(k)(k\geqslant 0)$情形，双边序列可根据实际情况进行推导.

6.5.1 Z 变换

Z 变换可看成 Laplace 变换在离散序列的一种变形. 设函数 $f(t)$在$[0,+\infty)$上有定义，对函数 $x(t)$以时间间隔 T_S 进行均匀取样，相当于取样函数为

$$f_S(t)=\sum_{k=0}^{\infty}f(t)\delta(t-kT_S).$$

对取样函数 $f_S(t)$进行 Laplace 变换，则有

$$\begin{aligned}F_S(s)&=\int_0^{+\infty}\sum_{k=0}^{\infty}f(t)\delta(t-kT_S)\mathrm{e}^{-st}\,\mathrm{d}t\\&=\sum_{k=0}^{\infty}\int_0^{+\infty}f(t)\delta(t-kT_S)\mathrm{e}^{-st}\,\mathrm{d}t=\sum_{k=0}^{\infty}f(kT_S)\mathrm{e}^{-skT_S}.\end{aligned}$$

记 $x(k)=f(kT_S)$，$z=\mathrm{e}^{sT_S}$，则上式变成为 z 的函数，用 $X(z)$表示，即

$$X(z)=\sum_{k=0}^{\infty}x(k)z^{-k}.$$

由此得到下列 Z 变换定义.

设 $x(k)(k\geqslant 0)$是离散序列,z 是复变量,定义 $x(k)$的 Z 变换为

$$Z[x(k)]=X(z)=\sum_{k=0}^{\infty}x(k)z^{-k},$$

称 $x(k)$是 $X(z)$的 Z 逆变换,即

$$x(k)=Z^{-1}[X(z)].$$

类似于 Laplace 变换像函数的解析性质的讨论,当序列 $x(k)$有如下的指数估计式

$$x(k)\leqslant MR^{k},$$

其中,M,R 是常数,则 $X(z)=Z[x(k)]$在圆外区域$|z|>R$ 上解析.

下面给出六个常用函数的 Z 变换.

(1) 单位阶跃序列 $u(k)=1,k=0,1,2,\cdots$的 Z 变换为

$$Z[u(k)]=\sum_{k=0}^{\infty}u(k)z^{-k}=1+z^{-1}+z^{-2}+\cdots=\frac{1}{1-z^{-1}}=\frac{z}{z-1}\left(|z|>1\right).$$

(2) 指数序列 $a^{k},k=0,1,2,\cdots$的 Z 变换为

$$Z[a^{k}]=\sum_{k=0}^{\infty}a^{k}z^{-k}=1+\left(\frac{z}{a}\right)^{-1}+\left(\frac{z}{a}\right)^{-2}+\cdots=\frac{1}{1-\left(\frac{z}{a}\right)^{-1}}$$

$$=\frac{z}{z-a}(|z|>|a|).$$

(3) 单位序列 $\delta(k)=\begin{cases}1, & k=0,\\ 0, & k=1,2,\cdots\end{cases}$ 的 Z 变换为

$$Z[\delta(k)]=\sum_{k=0}^{\infty}\delta(k)z^{-k}=1.$$

(4) 单位时滞序列 $\delta(k-m)=\begin{cases}1, & k=m,\\ 0, & k\neq m\end{cases}(m\in\mathbf{N})$的 Z 变换为

$$Z[\delta(k-m)]=\sum_{k=0}^{\infty}\delta(k-m)z^{-k}=z^{-m}.$$

利用指数序列 $a^{k},k=0,1,2,\cdots$的 Z 变换,有

$$Z[(\mathrm{e}^{\mathrm{j}\theta})^{k}]=Z[\mathrm{e}^{\mathrm{j}k\theta}]=\frac{z}{z-\mathrm{e}^{\mathrm{j}\theta}}(|z|>1).$$

(5) $$Z[\cos k\theta]=Z\left[\frac{1}{2}(\mathrm{e}^{\mathrm{j}k\theta}+\mathrm{e}^{-\mathrm{j}k\theta})\right]$$
$$=\frac{1}{2}\left(\frac{z}{z-\mathrm{e}^{\mathrm{j}\theta}}+\frac{z}{z-\mathrm{e}^{-\mathrm{j}\theta}}\right)=\frac{z^2-z\cos\theta}{z^2-2z\cos\theta+1}(|z|>1).$$

(6) $$Z[\sin k\theta]=Z\left[\frac{1}{2\mathrm{j}}(\mathrm{e}^{\mathrm{j}k\theta}-\mathrm{e}^{-\mathrm{j}k\theta})\right]$$
$$=\frac{1}{2\mathrm{j}}\left(\frac{z}{z-\mathrm{e}^{\mathrm{j}\theta}}-\frac{z}{z-\mathrm{e}^{-\mathrm{j}\theta}}\right)=\frac{z\sin\theta}{z^2-2z\cos\theta+1}(|z|>1).$$

6.5.2 Z 变换的性质

Z 变换有类似于 Laplace 变换的性质.

性质 6.5.1(线性性质) 若 $Z[x_1(k)]=X_1(z)$,$Z[x_2(k)]=X_2(z)$,λ,μ 是常数,则

$$Z[\lambda x_1(k)+\mu x_2(k)]=\lambda X_1(z)+\mu X_2(z),$$
$$Z^{-1}[\lambda X_1(z)+\mu X_2(z)]=\lambda x_1(k)+\mu x_2(k).$$

事实上,前面 $Z[\cos k\theta]$,$Z[\sin k\theta]$的讨论中已用到了 Z 变换的线性性质.

性质 6.5.2(平移性质) 若 $Z[x(k)]=X(z)$,m 是正整数,则

$$Z[x(k+m)]=z^mX(z)-z^mx(0)-z^{m-1}x(1)-\cdots-zx(m-1)$$
$$=z^mX(z)-z^m\sum_{l=0}^{m-1}x(l)z^{-l}.$$

特别地,$Z[x(k+1)]=zX(z)-zx(0)$,$Z[x(k+2)]=z^2X(z)-z^2x(0)-zx(1)$.

平移性质在求解线性差分方程时有重要应用,以后将会进一步讨论.

性质 6.5.3(尺度性质) 若 $Z[x(k)]=X(z)$,a 是常数,则

$$Z[a^kx(k)]=X\left(\frac{z}{a}\right).$$

性质 6.5.4(乘 k 性质) 若 $Z[x(k)]=X(z)$,则

$$Z[kx(k)]=-z\frac{\mathrm{d}}{\mathrm{d}z}X(z),$$

进一步,有

$$Z[k^mx(k)]=\left(-z\frac{\mathrm{d}}{\mathrm{d}z}\right)^mX(z).$$

类似于两函数的卷积定义,对两个右边序列 $x_1(k)$,$x_2(k)(k\geqslant 0)$可定义他们

的卷积

$$(x_1 * x_2)(k) = \sum_{l=0}^{k} x_1(l)x_2(k-l).$$

对 Z 变换有如下的卷积定理.

性质 6.5.5(卷积定理) 若 $Z[x_1(k)]=X_1(z)$,$Z[x_2(k)]=X_2(z)$,则

$$Z[(x_1 * x_2)(k)] = X_1(z)X_2(z).$$

6.5.3 Z 逆变换的计算方式

本小节我们只计算留数定理计算 Z 逆变换的方法,有关计算 Z 逆变换的长除法和部分分式展开法可查阅其他有关 Z 变换的书籍.

由 Z 变换的定义

$$X(z) = \sum_{k=0}^{\infty} x(k)z^{-k}(|z|>R),$$

以及复变函数理论中的 Cauchy 公式

$$\frac{1}{2\pi j}\oint_C z^m dz = \begin{cases}1, & m=-1,\\ 0, & m\neq -1,\end{cases}$$

其中,C 是包围坐标原点的闭曲线的正向方向,不妨取为 $|z|=2R$,则

$$x(k) = \frac{1}{2\pi j}\oint_C X(z)z^{k-1}dz,$$

$X(z)z^{k-1}$ 是有理函数,其极点都是孤立奇点,借助留数定理,有

$$x(k) = \sum_l \mathrm{Res}[X(z)z^{k-1},z_l](k=0,1,2,\cdots),$$

其中,z_l 是 $X(z)z^{k-1}$ 的所有极点.

有关极点处留数的计算方法为当 z_l 是 $X(z)z^{k-1}$ 的 r 阶极点时,

$$\mathrm{Res}[X(z)z^{k-1},z_l] = \frac{1}{(r-1)!}\frac{d^{r-1}}{dz^{r-1}}[(z-z_l)^r X(z)z^{k-1}]\bigg|_{z=z_l},$$

特别地,z_l 是 $X(z)z^{k-1}$ 的单极点时,有

$$\mathrm{Res}[X(z)z^{k-1},z_l] = (z-z_l)X(z)z^{k-1}\bigg|_{z=z_l}.$$

例 6.5.1 求 $X(z)=\dfrac{z-1}{(z+1)^2(z+2)}$ 的 Z 逆变换.

解 由 $x(k) = \sum_l \mathrm{Res}[X(z)z^{k-1},z_l](k=0,1,2,\cdots)$ 可知,当 $k=0$ 时,

有$\frac{z-1}{(z+1)^2(z+2)}\cdot z^{-1}$有 3 个极点 $z=0, z=-1, z=-2$，故 $x(0)=$ $\left.\frac{z-1}{(z+1)^2(z+2)}\right|_{z=0}+\left.\frac{z-1}{(z+1)^2 z}\right|_{z=-2}+\left.\frac{\mathrm{d}}{\mathrm{d}z}\left[\frac{z-1}{z(z+2)}\right]\right|_{z=-1}=-\frac{1}{2}+\frac{3}{2}-1$,

当 $k=1,2,\cdots$ 时，有$\frac{z-1}{(z+1)^2(z+2)}\cdot z^{-1}$有二重极点 $z=-1$ 和单极点 $z=-2$，故

$$x(k)=\left.\frac{z^{k-1}(z-1)}{(z+1)^2}\right|_{z=-2}+\left.\frac{\mathrm{d}}{\mathrm{d}z}\left[\frac{z^{k-1}(z-1)}{(z+2)}\right]\right|_{z=-1}$$

$$=-3(-2)^{k-1}+(-1)^{k-1}(2k+1)=\frac{3}{2}(-2)^k-(2k+1)(-1)^k.$$

因此，$x(k)=-\frac{1}{2}\delta(k)+\frac{3}{2}(-2)^k-(2k+1)(-1)^k(k=0,1,2,\cdots)$.

6.5.4 用 Z 逆变换求解差分方程

类似于用 Laplace 变换求解线性微分、积分方程，Z 变换可用来求解线性差分方程及差分方程组.

例 6.5.2 用 Z 变换方法求解

$$\begin{cases}x(k+2)-5x(k+1)+6x(k)=15\cdot 2^{-k},\\ x(0)=2,x(1)=-3.\end{cases}$$

解 对方程组进行 Z 变换，记 $X(z)=Z[x(k)]$，则

$$[z^2X(z)-2z^2+3z]-5[zX(z)-2z]+6X(z)=\frac{15z}{z-\frac{1}{2}},$$

故

$$X(z)=\frac{z\left(2z^2-14z+\frac{43}{2}\right)}{(z-2)(z-3)\left(z-\frac{1}{2}\right)},$$

$$\frac{X(z)}{z}=\frac{2z^2-14z+\frac{43}{2}}{(z-2)(z-3)\left(z-\frac{1}{2}\right)}=\frac{-1}{z-2}+\frac{-1}{z-3}+\frac{4}{z-\frac{1}{2}}.$$

因此

$$x(k)=-2^k-3^k+4\cdot 2^{-k}(k=0,1,2,\cdots).$$

习 题 6

1. 直接计算下列函数的 Laplace 变换，给出其收敛域，并用常用函数的变换表来验证结果.

(1) $f(t)=\cos\frac{t}{3}$；　(2) $f(t)=e^{2t}$；　(3) $f(t)=\sin t\cos t$；　(4) $f(t)=\cos^2 t$.

2. 求下列函数的 Laplace 变换：

(1) $f(t)=\begin{cases} e^t, & 0\leqslant t\leqslant 1, \\ 0, & t>1; \end{cases}$　(2) $f(t)=e^{-2t}+5\delta(t-1)$；

(3) $f(t)=e^{2t}\cdot\delta(t)-\cos t\cdot u(t)$.

3. 求下列函数的 Laplace 变换式：

(1) $f(t)=t^2+2t+2$；　(2) $f(t)=2\sin 3t-3\cos 3t$；

(3) $f(t)=(t-2)^2e^t$；　(4) $f(t)=1-te^{-t}$；

(5) $f(t)=e^{-3t}\sin 2t$；　(6) $f(t)=e^{-2t}\cos 3t$；

(7) $f(t)=t^n e^{at}$；　(8) $f(t)=\frac{t}{2a}\sin at$；

(9) $f(t)=t\cos 3t$；　(10) $f(t)=u(2t-3)$；

(11) $f(t)=\frac{e^{at}}{\sqrt{t}}$.

4. 若 $L[f(t)]=F(s)$，利用像函数的微分性质

$$F^{(n)}(s)=(-1)^n L[t^n f(t)],\quad \mathrm{Re}(s)>c.$$

特别地，$L[tf(t)]=-F'(s)$，计算下列各式：

(1) $f(t)=te^{-3t}\sin 2t$，求 $F(s)$；　(2) $f(t)=t\int_0^t e^{-3t}\sin 2t\mathrm{d}t$，求 $F(s)$；

(3) $f(t)=\int_0^t te^{-3t}\sin 2t\mathrm{d}t$，求 $F(s)$；

(4) $F(s)=\ln\frac{s+1}{s-1}$，求 $f(t)$（提示：$f(t)=-\frac{1}{t}L^{-1}[F'(s)]$）.

5. 若 $L[f(t)]=F(s)$，利用像函数的积分性质 $L\left[\frac{f(t)}{t}\right]=\int_s^{+\infty}F(s)\mathrm{d}s$ 计算下列各式：

(1) $f(t)=\frac{\sin at}{t}$，求 $F(s)$；　(2) $f(t)=\frac{e^{-2t}\sin 3t}{t}$，求 $F(s)$；

(3) $f(t)=\int_0^t\frac{e^{-2t}\sin 3t}{t}\mathrm{d}t$，求 $F(s)$；

(4) $F(s)=\frac{s}{(s^2-1)^2}$，求 $f(t)$ $\left(提示：f(t)=tL^{-1}\left[\int_s^{+\infty}F(s)\mathrm{d}s\right]\right)$.

6. 计算下列积分：

(1) $\int_0^{+\infty}\frac{e^{-2t}-e^{-3t}}{t}\mathrm{d}t$；　(2) $\int_0^{+\infty}\frac{\sin 2t}{t}e^{-t}\mathrm{d}t$；

(3) $\int_0^{+\infty}\frac{e^{-at}\cos mt-e^{-bt}\cos nt}{t}\mathrm{d}t(a>0,b>0)$；

(4) $\int_0^{+\infty}e^{-2t}\cos 3t\mathrm{d}t$；　(5) $\int_0^{+\infty}te^{-2t}\cos t\mathrm{d}t$；　(6) $\int_0^{+\infty}\frac{\sin^2 t}{t^2}\mathrm{d}t$.

7. 利用 Laplace 变换的性质，求下列函数的 Laplace 逆变换：

(1) $F(s)=\frac{1}{s^2+9}$；　(2) $F(s)=\frac{1}{s^5}$；

(3) $F(s)=\dfrac{1}{(s+3)^4}$；　　(4) $F(s)=\dfrac{1}{s+4}$；

(5) $F(s)=\dfrac{s+1}{s^2+16}$；　　(6) $F(s)=\dfrac{s+2}{s^2+2s-3}$；

(7) $F(s)=\dfrac{2s+5}{s^2+4s+13}$；　　(8) $F(s)=\dfrac{s}{(s^2+4)(s^2-1)}$.

8. 求图 6.6 所示函数 $f(t)$ 的 Laplace 变换：

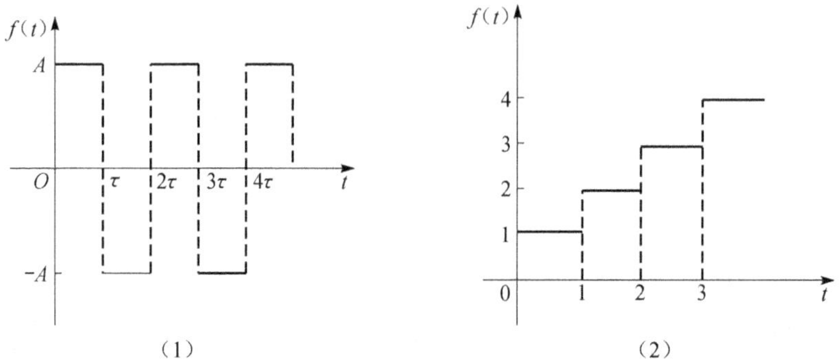

图 6.6

9. 设 $f_1(t)$，$f_2(t)$ 均满足 Laplace 变换存在定理的条件(设它们的增长指数均为 c)，且 $L[f_1(t)]=F_1(s)$，$L[f_2(t)]=F_2(s)$，证明乘积 $f_1(t)\cdot f_2(t)$ 的 Laplace 变换一定存在，且

$$L[f_1(t)\cdot f_2(t)]=\frac{1}{2\pi \mathrm{j}}\int_{\beta-\mathrm{j}\infty}^{\beta+\mathrm{j}\infty}F_1(q)F_2(s-q)\mathrm{d}q,$$

其中，$\beta>c$，$\mathrm{Re}(s)>\beta+c$.

10. 求下列函数的 Laplace 逆变换(原像)，并用另一种方法加以验证：

(1) $F(s)=\dfrac{1}{s^2+9}$；　　(2) $F(s)=\dfrac{s-c}{(s-a)(s-b)}$；

(3) $F(s)=\dfrac{s+c}{(s+a)(s+b)^2}$；　　(4) $F(s)=\dfrac{s^2}{(s^2+a^2)^2}$；

(5) $F(s)=\dfrac{1}{(s^2+a^2)s^3}$；　　(6) $F(s)=\dfrac{1}{(s-a)(s-b)(s-c)}$；

(7) $F(s)=\dfrac{1}{s^4-a^4}$；　　(8) $F(s)=\dfrac{s^2-2s-1}{s(s-1)^2}$；

(9) $F(s)=\dfrac{1}{s^2(s^2-1)}$；　　(10) $F(s)=\dfrac{s}{(s^2+1)(s^2+4)}$.

11. 求下列函数的 Laplace 逆变换：

(1) $F(s)=\dfrac{1}{(s^2+9)^2}$；　　(2) $F(s)=\dfrac{s}{s-3}$；

(3) $F(s)=\dfrac{s+3}{s(s+1)(s+2)}$；　　(4) $F(s)=\dfrac{1}{s^4+3s^2+2}$；

(5) $F(s)=\dfrac{s+1}{9s^2+6s+5}$；　　(6) $F(s)=\ln\dfrac{s^2-1}{s^2}$；

(7) $F(s)=\dfrac{s+2}{(s^2+2s+2)^2}$； (8) $F(s)=\dfrac{1}{(s^2+4s+5)^2}$；

(9) $F(s)=\dfrac{s^2+4s+4}{(s^2+4s+13)^2}$； (10) $F(s)=\dfrac{2s^2+s+5}{s^3+6s^2+11s+6}$；

(11) $F(s)=\dfrac{s+3}{s^3+3s^2+6s+4}$； (12) $F(s)=\dfrac{2s^2+3s+3}{(s+1)(s+3)^3}$；

(13) $F(s)=\dfrac{1+e^{-2s}}{s^2}$； (14) $F(s)=\dfrac{s^3+5s^2+9s+7}{(s+1)(s+2)}$.

12. 求下列卷积：

(1) $1*1$； (2) t^m*t^n(m,n 为正整数)；

(3) $t*e^{-t}$； (4) $\sin at*\cos bt(ab\neq 0)$；

(5) $u(t-a)*f(t)(a\geqslant 0)$； (6) $\delta(t-a)*f(t)(a\geqslant 0)$.

13. 利用卷积定理，证明 $L^{-1}\left[\dfrac{s}{(s^2+a^2)^2}\right]=\dfrac{t}{2a}\sin at$.

14. 求下列常系数微分方程的解：

(1) $y'+y=e^t, y(0)=0$；

(2) $y''+3y'+2y=e^{-t}, y(0)=2, y'(0)=1$；

(3) $y''+3y'+2y=u(t-1), y(0)=0, y'(0)=1$；

(4) $y''+2y'+2y=2e^{-t}\sin t, y(0)=0, y'(0)=1$；

(5) $y''-y=\sin t+\cos 2t, y(0)=-1, y'(0)=0$；

(6) $y''+2y'+2y=f(t), y(0)=c_1, y'(0)=c_2$($c_1, c_2$ 为常数)；

(7) $y'''-3y''+3y'-y=te^t, y(0)=1, y'(0)=0, y''(0)=2$；

(8) $y^{(4)}+6y''+9y=0, y(0)=y'(0)=y''(0)=0, y'''(0)=1$；

(9) $y''+2\varepsilon y'+\omega^2 y=\sin\omega t, y(0)=0, y'(0)=0(\omega>0, \varepsilon>0$ 是常数)；

(10) $y''-y=0, y(0)=0, y(1)=1$.

15. 求下列积分方程的解：

(1) $y(t)=at^\alpha+\int_0^t \sin(t-\tau)y(\tau)d\tau(\alpha>-1)$；

(2) $y(t)=e^{-t}-2\int_0^t y(\tau)d\tau$.

16. 求下列微分积分方程的解：

(1) $\int_0^t y(\tau)\cos(t-\tau)d\tau=y'(t), y(0)=1$； (2) $y'(t)+\int_0^t y(\tau)d\tau=1$.

17. 求下列微分方程组的解：

(1) $\begin{cases}x'+x-2y=2e^t,\\ y'-2x-2y=e^t,\end{cases}$ $x(0)=y(0)=0$；

(2) $\begin{cases}\boldsymbol{x}'=\boldsymbol{A}\boldsymbol{x}+\boldsymbol{f}(t),\\ \boldsymbol{x}(0)=\boldsymbol{x}_0,\end{cases}$ $\boldsymbol{x}, \boldsymbol{x}_0, \boldsymbol{f}(t)\in\mathbf{R}^n$.

部分习题参考答案

习　题　1

1. $2+\mathrm{i}$.

2. (1) $\dfrac{\sqrt{13}}{13}$,　$\mathrm{Arg}z=-\arctan\dfrac{2}{3}+2k\pi(k\in\mathbf{Z})$,　$\dfrac{\sqrt{13}}{13}\mathrm{e}^{\mathrm{i}\left(-\arctan\frac{2}{3}\right)}$,

$\dfrac{\sqrt{13}}{13}\left[\cos\left(-\arctan\dfrac{2}{3}\right)+\mathrm{i}\sin\left(-\arctan\dfrac{2}{3}\right)\right]$;

(2) $\sqrt{2}$,　$\mathrm{Arg}z=-\dfrac{\pi}{4}+2k\pi(k\in\mathbf{Z})$,　$\sqrt{2}\mathrm{e}^{-\mathrm{i}\frac{\pi}{4}}$,　$\sqrt{2}\left[\cos\left(-\dfrac{\pi}{4}\right)+\mathrm{i}\sin\left(-\dfrac{\pi}{4}\right)\right]$;

(3) $\dfrac{5\sqrt{29}}{2}$,　$\mathrm{Arg}z=\left(\arctan\dfrac{26}{7}-\pi\right)+2k\pi(k\in\mathbf{Z})$,　$\dfrac{5\sqrt{29}}{2}\mathrm{e}^{\mathrm{i}\left(\arctan\frac{26}{7}-\pi\right)}$,

$\dfrac{5\sqrt{29}}{2}\left[\cos\left(\arctan\dfrac{26}{7}-\pi\right)+\mathrm{i}\sin\left(\arctan\dfrac{26}{7}-\pi\right)\right]$;

(4) 1,　$\mathrm{Arg}z=19\varphi+2k\pi(k\in\mathbf{Z})$,　$\mathrm{e}^{\mathrm{i}19\varphi}$,　$\cos19\varphi+\mathrm{i}\sin19\varphi$.

3. $\dfrac{13\sqrt{10}}{10}$,　16.

4. (1) $-16\sqrt{3}-16\mathrm{i}$;　(2) $-8\mathrm{i}$;　(3) $\cos\dfrac{\pi+2k\pi}{6}+\mathrm{i}\sin\dfrac{\pi+2k\pi}{6}(k=0,1,\cdots,5)$;

(4) $\sqrt[6]{2}\left(\cos\dfrac{\left(-\frac{\pi}{4}\right)+2k\pi}{3}+\mathrm{i}\sin\dfrac{\left(-\frac{\pi}{4}\right)+2k\pi}{3}\right)(k=0,1,2)$.

5. (1) $\dfrac{1-3\mathrm{i}}{2}$,　(2) $2\mathrm{i}$.

7. 提示:讨论 $y=mx,x\to0$ 函数的极限.

9. (1) $f(z)=x^2-\mathrm{i}y$ 在直线 $x=-\dfrac{1}{2}$ 上处处可导,但在整个复平面上处处不解析;

(2) 处处不可导,处处不解析.

10. (1) $f'(z)=[(z-1)^3]'=3(z-1)^2$,其解析区域为复平面 $\mathbf{C}$;

(2) $f'(z)=3z^2+2\mathrm{i}$,解析区域为复平面 $\mathbf{C}$;

(3) $f'(z)=\dfrac{-2z}{(z^2-1)^2}$,解析区域为$\{z\,|\,z\neq\pm1\}$.

11. $z_1=0$,　$z_2=\mathrm{i}$,　$z_3=-\mathrm{i}$;　(2) $z_1=-1$,　$z_2=\mathrm{i}$,　$z_3=-\mathrm{i}$.

14. $l=-3$,　$m=1$,　$n=-3$.

15. $\mathrm{Ln}3=\ln3+\mathrm{i}2k\pi(k\in\mathbf{Z})$,　$\ln3$;　$\mathrm{Ln}(-1)=\mathrm{i}(\pi+2k\pi)(k\in\mathbf{Z})$,

$\ln(-1)=\mathrm{i}\arg(-1)=\mathrm{i}\pi$.

16. (1) $-\frac{1}{2}(e-e^{-1})$； (2) $\frac{\sqrt{2}}{2}$； (3) $\frac{13}{5}$.

17. $\frac{4}{17}\sqrt{34}$， $\arctan\frac{3}{5}$.

18. (1) $-ie$； (2) $\frac{\sqrt{2}}{2}e^{\frac{1}{4}}(1-i)$； (3) $e^{-2k\pi}(\cos\ln3+i\sin\ln3)$；

(4) $e^{-\pi(\frac{1}{4}+2k)}\left(\cos\frac{\ln2}{2}+i\sin\frac{\ln2}{2}\right)$.

习 题 2

1. (1) $\frac{1}{3}(1+i)^3$； (2) $\frac{1}{3}(1+i)^3$； (3) $\frac{1}{3}(1+i)^3$.

(提示：单连通区域上的解析函数在任意一段光滑曲线 L 上的积分完全由它的上限、下限决定，而与路径无关)

2. $\frac{1}{6}+\frac{5}{6}i$， $\frac{1}{6}+\frac{13}{15}i$.

3. 不成立. 例如，$f(z)=z$ 在复平面上解析，取 C 为单位圆周：$z=\cos t+i\sin t$，t：$0\to2\pi$，有

$$\oint_C \mathrm{Re}f(z)\mathrm{d}z=\int_0^{2\pi}\cos t\mathrm{d}(\cos t+i\sin t)=i\pi\neq0;$$

$$\oint_C \mathrm{Im}f(z)\mathrm{d}z=\int_0^{2\pi}\sin t\mathrm{d}(\cos t+i\sin t)=-\pi\neq0.$$

4. (1) $4\pi i$； (2) $8\pi i$.

5. (1) 0； (2) 0； (3) $6\pi i$； (4) 0； (5) 0； (6) 0.

6. (1) $2\pi ie^2$； (2) $\frac{\pi i}{a}$； (3) $\frac{\pi}{e}$； (4) 0； (5) 0.

7. (1) 0； (2) $\frac{\pi i}{12}$； (3) $2\pi i$； (4) $-\frac{\pi^5}{12}i$； (5) $\begin{cases} i\pi e^a, & |a|<1, \\ 0, & |a|>1. \end{cases}$

8. (1) 0； (2) $(-1+i)\pi$； (3) $14\pi i$； (4) 0.

9. 是解析函数.

10. 不是.

11. 不对.

12. 提示 $(u+iv)^2$ 是解析函数.

13. (1) $v=\frac{3}{2}x^2y^2-\frac{y^4}{4}-\frac{x^4}{4}+c$，$f(z)=-\frac{i}{4}z^4+ic$；

(2) $u=2xy+y$，$f(z)=-iz(z+1)$.

习 题 3

1. (1) 级数发散； (2) 收敛(条件收敛).

2. (1) 条件收敛； (2) 绝对收敛.

3. (1) $R=\frac{1}{e}$； (2) $R=1$； (3) $R=\frac{1}{\sqrt{2}}$； (4) $R=1$； (5) $R=1$.

4. (1) $\dfrac{1}{1+z^2}=\sum\limits_{n=0}^{\infty}(-1)^n z^{2n}$, $|z|<1, R=1$;

(2) $\dfrac{1}{(1+z^3)^2}=\sum\limits_{n=0}^{\infty}(-1)^n(n+1)z^{3n}$, $|z|<1, R=1$;

(3) $\cosh z=\sum\limits_{n=0}^{\infty}\dfrac{z^{2n}}{(2n)!}$, $|z|<+\infty, R=+\infty$.

5. 求下列函数在指定点 z_0 处的泰勒展开式,并指出它们的收敛半径.

(1) $\dfrac{1}{2-3z}=\sum\limits_{n=0}^{\infty}(-1)^{n+1}\dfrac{3^n}{(1+3\mathrm{i})^{n+1}}[z-(1+\mathrm{i})]^n$, $|z-(1+\mathrm{i})|<\dfrac{\sqrt{10}}{3}, R=\dfrac{\sqrt{10}}{3}$;

(2) $\arctan z=\sum\limits_{n=0}^{\infty}(-1)^n\dfrac{z^{2n+1}}{2n+1}$, $|z|<1, R=1$.

6. 把下列各函数在指定的圆环域内展开成洛朗级数.

(1) $-\sum\limits_{n=-1}^{\infty}(z-1)^n(0<|z-1|<1)$, $\sum\limits_{n=2}^{\infty}(-1)^n\cdot\dfrac{1}{(z-2)^n}(1<|z-2|<+\infty)$,

$-\sum\limits_{n=0}^{\infty}\dfrac{z^n}{2^{n+1}}-\sum\limits_{n=0}^{\infty}\dfrac{1}{z^{n+1}}(1<|z|<2)$;

(2) $z^3 e^{\frac{1}{z}}=\sum\limits_{n=0}^{\infty}\dfrac{1}{n!\ z^{n-3}}$, $0<|z|<+\infty$;

(3) $z^2\cos\dfrac{1}{z}=\sum\limits_{n=0}^{\infty}\dfrac{(-1)^n}{(2n)!\ z^{2n-2}}$, $0<|z|<+\infty$.

7. (1) $2\pi\mathrm{i}$; (2) $-6\pi\mathrm{i}$.

习 题 4

1. (1) $z=0$ 是一阶极点,$z=\pm\mathrm{i}$ 都是三阶极点;(2) $z=0$ 为二阶极点;(3) $z=1$ 为二阶极点,$z=-1$为一阶极点;(4) $z=0$ 为可去奇点;(5) $z=1$ 为本性奇点.

2. 此结论不对,应用$\dfrac{1}{z(z-1)^2}=\sum\limits_{n=0}^{\infty}(-1)^n(z-1)^{n-2}(0<|z-1|<1)$讨论.

3. (1) $\mathrm{Res}[f(z),0]=-\dfrac{1}{2}$, $\mathrm{Res}[f(z),2]=\dfrac{3}{2}$; (2) $\mathrm{Res}[f(z),1]=0$;

(3) $\mathrm{Res}[f(z),0]=-\dfrac{1}{6}$; (4) $\mathrm{Res}[f(z),k\pi]=\dfrac{(-1)^k}{k\pi}$, $k\neq 0$, $\mathrm{Res}[f(z),0]=0$.

4. (1) $2\pi\mathrm{i}$; (2) 0; (3) $-\dfrac{\pi\mathrm{i}}{3}$.

5. (1) $z=\infty$是可去奇点,$\mathrm{Res}[f(z),\infty]=0$; (2) $z=\infty$是本性奇点,$\mathrm{Res}[f(z),\infty]=0$.

6. (1) $2\pi\mathrm{i}$; (2) $-\dfrac{1}{121}\pi\mathrm{i}$(提示:计算 $\mathrm{Res}[f(z),\infty]$).

7. (1) $\dfrac{2\pi}{\sqrt{3}}$; (2) π; (3) $-\dfrac{\pi}{5}$; (4) $\dfrac{\pi}{16}$; (5) $\pi e^{-1}\cos 2$; (6) $\dfrac{\pi}{e}$.

习 题 5

2. (1) $e^{-\alpha|t|}=\dfrac{1}{2\pi}\int_{-\infty}^{+\infty}\dfrac{2\alpha}{\alpha^2+\omega^2}e^{\mathrm{j}\omega t}\,d\omega$, $\int_0^{+\infty}\dfrac{\cos\omega t}{\alpha^2+\omega^2}d\omega=\dfrac{\pi}{2\alpha}e^{-\alpha|t|}$;

(2) $f(t)=\frac{1}{2\pi}\int_{-\infty}^{+\infty}\frac{-2j(1-\cos\omega)}{\omega}e^{j\omega t}d\omega, t\neq 0, t\neq \pm 1$,

$$\int_0^{+\infty}\frac{1-\cos\omega}{\omega}\sin\omega t\,d\omega=\begin{cases}\frac{\pi}{2}f(t), & t\neq 0, t\neq\pm 1,\\ -\frac{\pi}{4}, & t=-1,\\ 0, & t=0,\\ \frac{\pi}{4}, & t=1.\end{cases}$$

3. (1) $F(\omega)=\frac{E(1-e^{-j\omega\tau})}{j\omega}$; (2) $F(\omega)=\frac{4}{\omega^2}\left(\sin\frac{\omega}{2}\right)^2$;

(3) $F(\omega)=\frac{1}{3-j\omega}$; (4) $\frac{2\alpha}{\omega^2+\alpha^2}$.

4. (1) 1; (2) 4; (3) $-\frac{\sqrt{2}}{2}$; (4) 2.

6. (1) $f(t)=\frac{1}{2}[u(1+t)+u(1-t)-1]$; (2) $f(t)=\frac{1}{2\pi}+\frac{1}{\pi}\cos\omega_0 t$.

7. (1) $F(\omega)=2\cos\omega t_0$; (2) $F(\omega)=\frac{\pi}{2j}[\delta(\omega-3)-\delta(\omega+3)-\delta(\omega-1)+\delta(\omega+1)]$;

(3) $F(\omega)=\frac{\sqrt{2}}{2}\pi\left\{\frac{1}{j}[\delta(\omega-2)-\delta(\omega+2)]+[\delta(\omega-2)+\delta(\omega+2)]\right\}$;

(4) $F(\omega)=\pi h\delta(\omega)+\sum_{n=1}^{\infty}\frac{jh}{n}\left[\delta\left(\omega-\frac{2n\pi}{T}\right)-\delta\left(\omega+\frac{2n\pi}{T}\right)\right]$.

9. 求下列函数的 Fourier 变换

(1) $\frac{j\omega}{-\omega^2+\omega_0^2}+\frac{\pi}{2}[\delta(w-w_0)-\delta(w_0+w_0)]$;

(2) $\frac{\omega_0}{-\omega^2+\omega_0^2}+\frac{\pi}{2j}[\delta(\omega-\omega_0)-\delta(\omega+\omega_0)]$;

(3) $e^{-j(\omega-\omega_0)t_0}\left[\frac{1}{j(\omega-\omega_0)}+\pi\delta(\omega-\omega_0)\right]$.

习 题 6

1. (1) $F(s)=\frac{9s}{9s^2+1}$, $\mathrm{Re}(s)>0$; (2) $F(s)=\frac{1}{s-2}$, $\mathrm{Re}(s)>2$;

(3) $F(s)=\frac{1}{s^2+4}$, $\mathrm{Re}(s)>0$; (4) $F(s)=\frac{1}{2s}+\frac{1}{2}\frac{s}{s^2+4}$, $\mathrm{Re}(s)>0$;

2. (1) $F(s)=\frac{1}{s-1}(1-e^{1-s})$; (2) $F(s)=\frac{1}{s+2}+5e^{-s}$; (3) $F(s)=1-\frac{s}{s^2+1}$.

3. (1) $\frac{2(1+s+s^2)}{s^3}$; (2) $\frac{6-3s}{s^2+9}$; (3) $\frac{2(2s^2-6s+5)}{(s-1)^3}$; (4) $\frac{1}{s}-\frac{1}{(s+1)^2}$;

(5) $\frac{2}{(s+3)^2+4}$; (6) $\frac{s+2}{(s+2)^2+9}$; (7) $\frac{n!}{(s-a)^{n+1}}$; (8) $\frac{s}{(s^2+a^2)^2}$;

(9) $\frac{s^2-9}{(s^2+9)^2}$; (10) $\frac{1}{s}e^{-\frac{3}{2}s}$; (11) $\sqrt{\frac{\pi}{s-a}}$.

4. (1) $F(s)=\dfrac{4(s+3)}{[s^2+6s+13]^2}$； (2) $F(s)=\dfrac{6s^2+24s+26}{s^2[s^2+6s+13]^2}$；

(3) $F(s)=\dfrac{4(s+3)}{s[s^2+6s+13]^2}$； (4) $f(t)=\dfrac{e^t-e^{-t}}{t}$.

5. (1) $F(s)=\arctan\dfrac{a}{s}$； (2) $F(s)=\arctan\dfrac{3}{s+2}$；

(3) $F(s)=\dfrac{1}{s}\arctan\dfrac{3}{s+2}$； (4) $f(t)=\dfrac{1}{4}t(e^t-e^{-t})$.

6. (1) $\ln\dfrac{3}{2}$； (2) arctan2； (3) $\dfrac{1}{2}\ln\dfrac{b^2+n^2}{a^2+m^2}$； (4) $\dfrac{2}{13}$； (5) $\dfrac{3}{25}$； (6) $\dfrac{\pi}{2}$.

7. (1) $f(t)=\dfrac{\sin 3t}{3}$； (2) $f(t)=\dfrac{t^4}{4!}$；

(3) $f(t)=\dfrac{t^3}{3!}e^{-3t}$； (4) $f(t)=e^{-4t}$；

(5) $f(t)=\cos 4t+\dfrac{\sin 4t}{4}$； (6) $f(t)=\dfrac{e^{-3t}}{4}+\dfrac{3e^t}{4}$；

(7) $f(t)=e^{-2t}\left[2\cos 3t+\dfrac{1}{3}\sin 3t\right]$； (8) $f(t)=\dfrac{1}{10}(e^t+e^{-t})-\dfrac{1}{5}\cos 2t$.

8. (1) $F(s)=\dfrac{A}{s}\tanh\dfrac{\tau s}{2}$； (2) $F(s)=\dfrac{1}{2s}\left(1+\coth\dfrac{s}{2}\right)$.

10. (1) $f(t)=\dfrac{1}{3}\sin 3t$； (2) $f(t)=\dfrac{a-c}{a-b}e^{at}+\dfrac{b-c}{b-a}e^{bt}$；

(3) $f(t)=\dfrac{c-a}{(b-a)^2}e^{-at}+\left[\dfrac{b-c}{b-a}t+\dfrac{a-c}{(b-a)^2}\right]e^{-bt}$；

(4) $f(t)=\dfrac{1}{2a}(\sin at+at\cos at)$； (5) $f(t)=\dfrac{1}{a^4}(\cos at-1)+\dfrac{1}{2a^2}t^2$；

(6) $f(t)=\dfrac{1}{(a-b)(a-c)}e^{at}+\dfrac{1}{(b-a)(b-c)}e^{bt}+\dfrac{1}{(c-a)(c-b)}e^{ct}$；

(7) $f(t)=\dfrac{1}{2a^3}(\sinh at-\sin at)$； (8) $f(t)=2e^t(1-t)-1$；

(9) $f(t)=\sinh t-t$； (10) $f(t)=\dfrac{1}{3}(\cos t-\cos 2t)$

11. (1) $f(t)=\dfrac{1}{54}(\sin 3t-3t\cos 3t)$； (2) $f(t)=\delta(t)+3e^{3t}$；

(3) $f(t)=\dfrac{3}{2}-2e^{-t}+\dfrac{1}{2}e^{-2t}$； (4) $f(t)=\sin t-\dfrac{1}{\sqrt{2}}\sin\sqrt{2}t$；

(5) $f(t)=\dfrac{1}{9}e^{-\frac{1}{3}t}\left(\cos\dfrac{2}{3}t+\sin\dfrac{2}{3}t\right)$； (6) $f(t)=\dfrac{2(1-\cosh t)}{t}$；

(7) $f(t)=\dfrac{1}{2}e^{-t}[\sin t+t(\sin t-\cos t)]$； (8) $f(t)=\dfrac{1}{2}e^{-2t}(\sin t-t\cos t)$；

(9) $f(t)=\dfrac{1}{6}e^{-2t}(\sin 3t+3t\cos 3t)$； (10) $f(t)=3e^{-t}-11e^{-2t}+10e^{-3t}$；

(11) $f(t)=\dfrac{1}{3}e^{-t}[2-2\cos\sqrt{3}t+\sqrt{3}\sin\sqrt{3}t]$；

(12) $f(t)=\frac{1}{4}e^{-t}+\frac{1}{4}e^{-3t}[-1+6t-12t^2]$;

(13) $f(t)=\begin{cases} t, & t<2, \\ 2(t-1), & t\geqslant 2; \end{cases}$ (14) $f(t)=\delta'(t)+2\delta(t)+2e^{-t}-e^{-2t}$.

12. (1) t; (2) $\frac{m!\ n!}{(m+n+1)!}t^{m+n+1}$; (3) $t-1+e^{-t}$; (4) $\frac{a}{b^2-a^2}(\cos at-\cos bt)$;

(5) $\begin{cases} 0, & t<a, \\ \int_a^t f(t-\tau)\mathrm{d}\tau, & t\geqslant a; \end{cases}$ (6) $\begin{cases} 0 & t<a, \\ f(t-a) & t\geqslant a. \end{cases}$

14. (1) $y(t)=-\frac{1}{2}e^{-t}+\frac{1}{2}e^{t}$; (2) $y(t)=-2e^{-2t}+4e^{-t}+te^{-t}$;

(3) $y(t)=-e^{-2t}+e^{-t}+\left[\frac{1}{2}e^{-2(t-1)}-e^{-(t-1)}+\frac{1}{2}\right]u(t-1)$;

(4) $y(t)=(2\sin t-t\cos t)e^{-t}$; (5) $y(t)=-\frac{3}{20}e^{t}-\frac{13}{20}e^{-t}-\frac{1}{2}\sin t-\frac{1}{5}\cos 2t$;

(6) $y(t)=e^{-t}[c_1\cos t+(c_1+c_2)\sin t]+f(t)*(e^{-t}\sin t)$;

(7) $y(t)=e^{t}\left(1-t+\frac{3}{2}t^2+\frac{1}{24}t^4\right)$; (8) $y(t)=\frac{1}{6\sqrt{3}}(\sin\sqrt{3}t-\sqrt{3}t\cos\sqrt{3}t)$;

(9) $y(t)=e^{-\varepsilon t}\left(\frac{1}{2\varepsilon\omega}\cos\sqrt{\omega^2-\varepsilon^2}\,t+\frac{1}{2\omega\sqrt{\omega^2-\varepsilon^2}}\sin\sqrt{\omega^2-\varepsilon^2}\,t\right)-\frac{1}{2\varepsilon\omega}\cos\omega t$;

(10) $y(t)=\frac{1}{\sinh 1}\sinh t$.

15. (1) $y(t)=a\left[t^{\alpha}+\frac{\Gamma(\alpha+1)}{\Gamma(\alpha+3)}t^{\alpha+2}\right]$; (2) $y(t)=-e^{-t}+2e^{-2t}$.

16. (1) $y(t)=1+\frac{1}{2}t^2$; (2) $y(t)=\sin t+c\cos t$, c 是任意常数.

17. (1) $\begin{cases} x(t)=\frac{2}{5}e^{3t}-\frac{2}{5}e^{-2t}, \\ y(t)=\frac{4}{5}e^{3t}+\frac{1}{5}e^{-2t}-e^{t}; \end{cases}$

(2) $\boldsymbol{x}(t)=e^{\boldsymbol{A}t}\boldsymbol{x}_0+\int_0^t e^{\boldsymbol{A}(t-\tau)}\boldsymbol{f}(\tau)\mathrm{d}\tau$,其中,$e^{\boldsymbol{A}t}=L^{-1}[(s\boldsymbol{I}-\boldsymbol{A})^{-1}]$.

参 考 文 献

南京工学院数学教研室. 2004. 工程数学:积分变换. 3 版. 北京:高等教育出版社.
邱关源,罗先觉. 2006. 电路. 5 版. 北京:高等教育出版社.
王宝祥. 2010. 信号与系统. 3 版. 北京:电子工业出版社.
西安交通大学高等数学教研室. 1996. 工程数学·复变函数. 4 版. 北京:高等教育出版社.
余家荣. 2000. 复变函数. 3 版. 北京:高等教育出版社.

附　　录

附表　Fourier 变换简表

$f(t)$		$F(\omega)$	
函　数	图　像	频　谱	图　像
指数衰减函数 $f(t)=\begin{cases}0, & t<0,\\ e^{-\alpha t}, & t\geqslant 0\end{cases}$	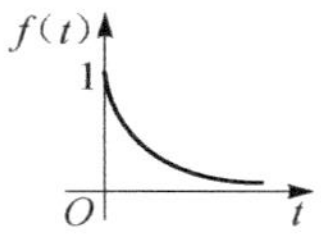	$\dfrac{1}{\alpha+j\omega}$	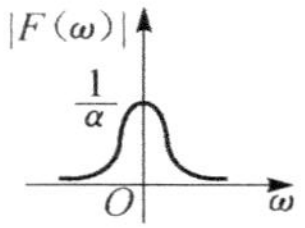
矩形脉冲函数 $f(t)=\begin{cases}E, & \|t\|\leqslant\dfrac{\tau}{2},\\ 0, & \text{其他}\end{cases}$	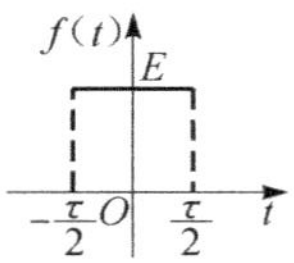	$2E\dfrac{\sin\dfrac{\omega\tau}{2}}{\omega}$	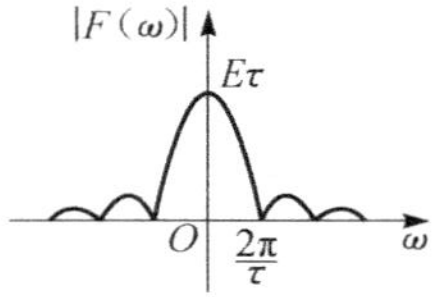
三角脉冲函数 $f(t)=\begin{cases}\dfrac{2A}{\tau}(\dfrac{\tau}{2}+t), & -\dfrac{\tau}{2}\leqslant t<0,\\ \dfrac{2A}{\tau}(\dfrac{\tau}{2}-t), & 0\leqslant t<\dfrac{\tau}{2}\end{cases}$	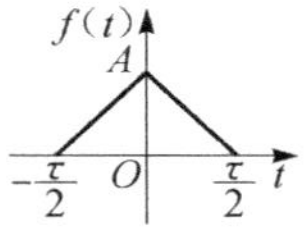	$\dfrac{4A}{\tau\omega^2}\left(1-\cos\dfrac{\omega\tau}{2}\right)$	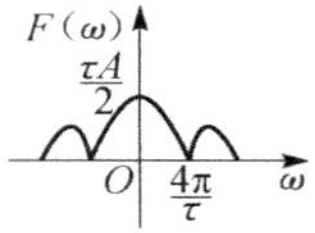

续表

$f(t)$		$F(\omega)$	
函 数	图 像	频 谱	图 像
钟状脉冲函数 $f(t)=Ae^{-\beta t^2}\ (\beta>0)$	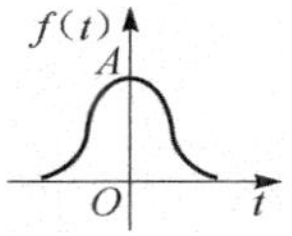	$\sqrt{\frac{\pi}{\beta}}Ae^{-\frac{\omega^2}{4\beta}}$	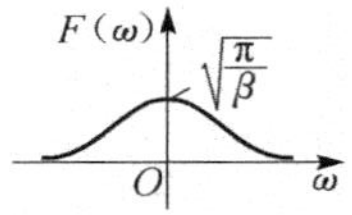
Fourier 积分核函数 $f(t)=\frac{\sin\omega_0 t}{\pi t}$	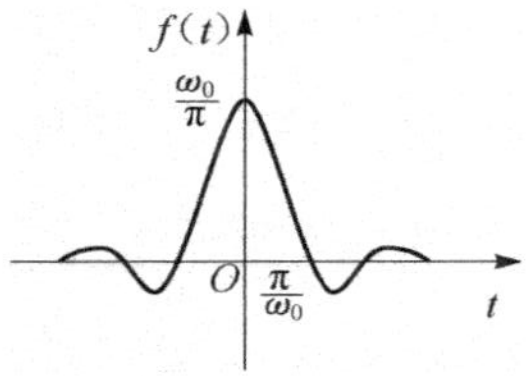	$F(\omega)=\begin{cases}1, & \lvert\omega\rvert\leqslant\omega_0,\\ 0, & \text{其他}\end{cases}$	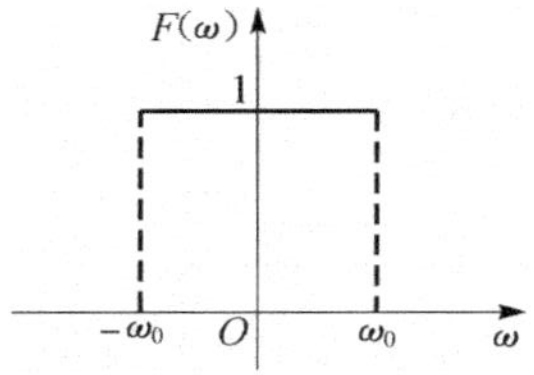
单位钟状脉冲（Gauss 函数） $f(t)=\frac{1}{\sqrt{2\pi}\sigma}e^{-\frac{t^2}{2\sigma^2}}$	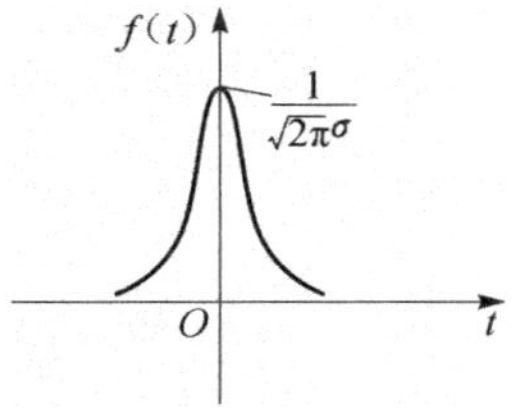	$e^{-\frac{\sigma^2\omega^2}{2}}$	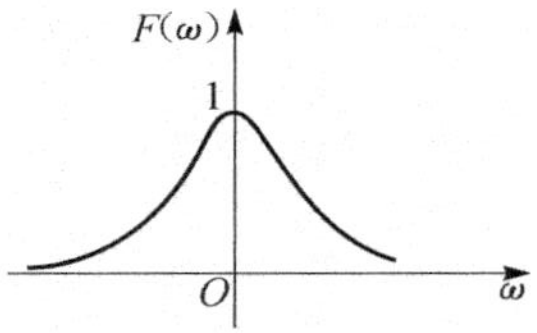
单位脉冲函数 $f(t)=\delta(t)$	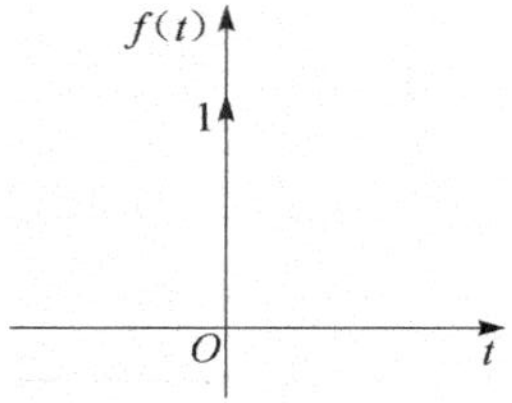	1	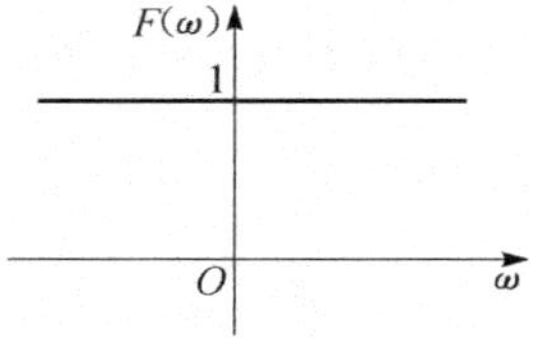

续表

$f(t)$		$F(\omega)$	
函 数	图 像	频 谱	图 像
周期脉冲(抽样脉冲函数) $f(t)=\sum\limits_{n=-\infty}^{\infty}\delta(t-nT)$	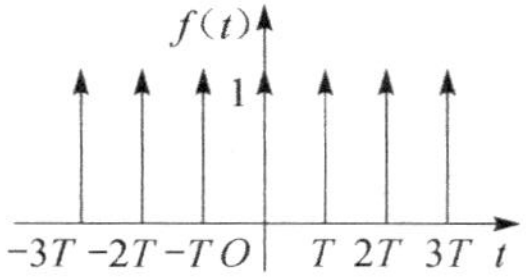	$\frac{2\pi}{T}\sum\limits_{n=-\infty}^{\infty}\delta(\omega-\frac{2n\pi}{T})$	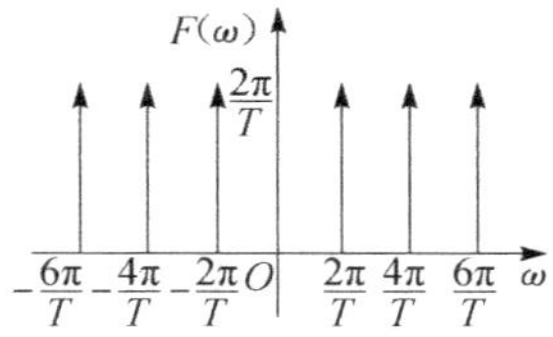
矩形射频脉冲 $f(t)=\begin{cases}E\cos\omega_0 t, & \lvert t\rvert\leqslant\frac{\tau}{2},\\ 0, & \lvert t\rvert>\frac{\tau}{2}\end{cases}$	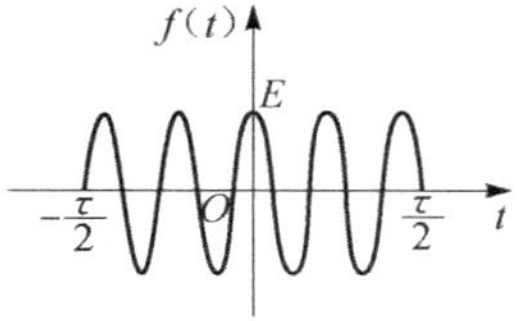	$\frac{E\tau}{2}\left[\frac{\sin(\omega-\omega_0)\frac{\tau}{2}}{(\omega-\omega_0)\frac{\tau}{2}}+\frac{\sin(\omega+\omega_0)\frac{\tau}{2}}{(\omega+\omega_0)\frac{\tau}{2}}\right]$	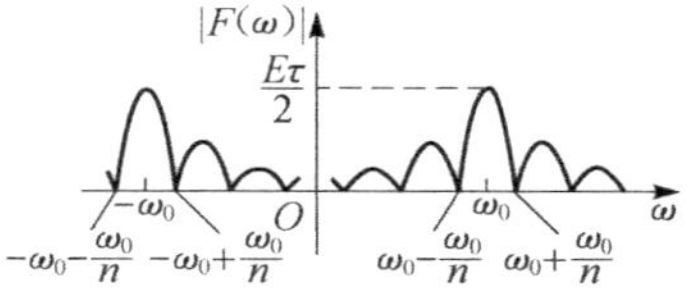
$f(t)=\cos\omega_0 t$	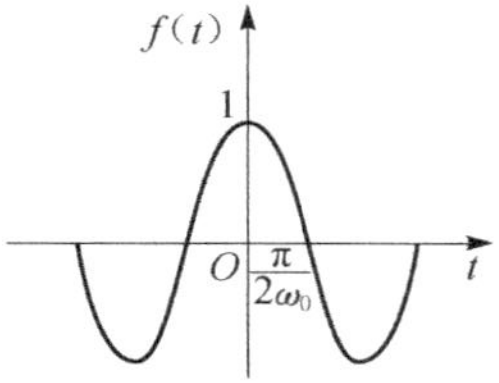	$\pi[\delta(\omega-\omega_0)+\delta(\omega+\omega_0)]$	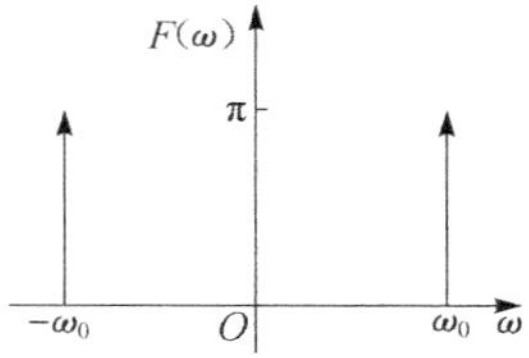
$f(t)=\sin\omega_0 t$	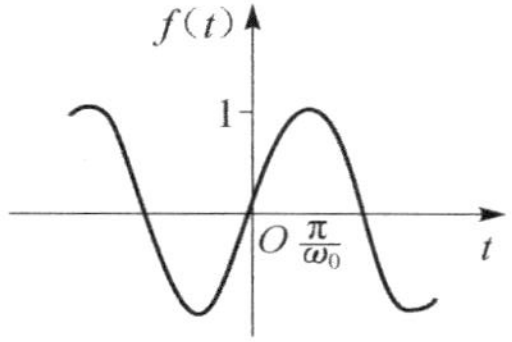	$\mathrm{j}\pi[\delta(\omega+\omega_0)-\delta(\omega-\omega_0)]$	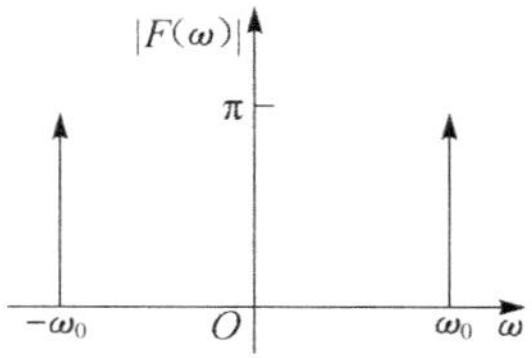

续表

$f(t)$		$F(\omega)$	
函 数	图 像	频 谱	图 像
单位阶跃函数 $u(t)=\begin{cases}0, & t<0,\\ 1, & t>0\end{cases}$	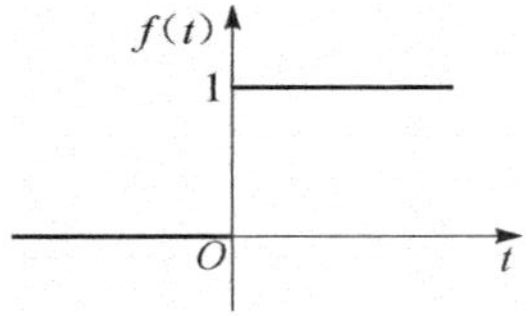	$\frac{1}{\mathrm{j}\omega}+\pi\delta(\omega)$	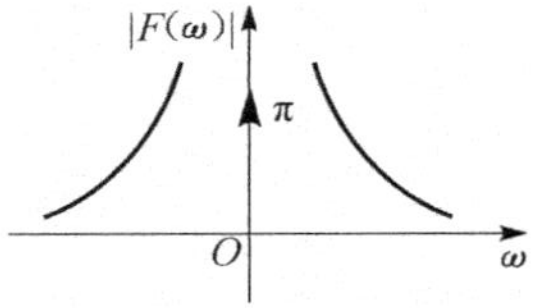
符号函数 $\mathrm{sgn}(t)=\begin{cases}-1, & t<0,\\ 1, & t>0\end{cases}$	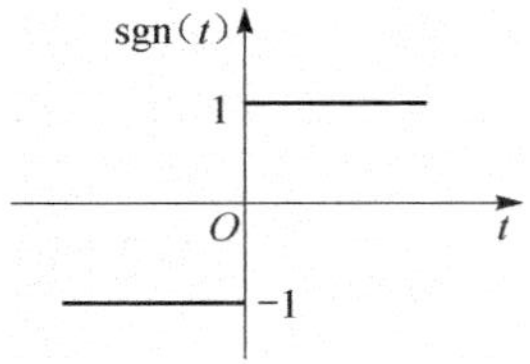	$\frac{2}{\mathrm{j}\omega}$	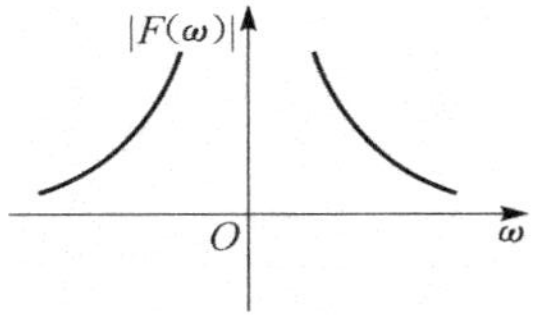
$u(t-t_0)$		$\frac{1}{\mathrm{j}\omega}\mathrm{e}^{-\mathrm{j}\omega t_0}+\pi\delta(\omega)$	
$t\cdot u(t)$		$-\frac{1}{\omega^2}+\pi\mathrm{j}\delta'(\omega)$	
$t^n u(t)$		$\frac{n!}{(\mathrm{j}\omega)^{n+1}}+\pi\mathrm{j}^n\delta^{(n)}(\omega)$	
$u(t)\sin\omega_0 t$		$\frac{\omega_0}{\omega_0^2-\omega^2}+\frac{\pi}{2\mathrm{j}}[\delta(\omega-\omega_0)+\delta(\omega+\omega_0)]$	

续表

$f(t)$	$F(\omega)$
$u(t)\cos\omega_0 t$	$\frac{j\omega}{\omega_0^2-\omega^2}+\frac{\pi}{2}[\delta(\omega-\omega_0)+\delta(\omega+\omega_0)]$
$u(t)e^{j\omega_0 t}$	$\frac{1}{j(\omega-\omega_0)}+\pi\delta(\omega-\omega_0)$
$u(t-t_0)e^{j\omega_0 t}$	$\frac{1}{j(\omega-\omega_0)}e^{-j(\omega-\omega_0)t_0}+\pi\delta(\omega-\omega_0)$
$u(t)e^{j\omega_0 t}\cdot t^n$	$\frac{n!}{[j(\omega-\omega_0)]^{n+1}}+\pi j^n\delta^{(n)}(\omega-\omega_0)$
$e^{-\alpha\|t\|}$ $(\mathrm{Re}(\alpha)>0)$	$\frac{2\alpha}{\omega^2+\alpha^2}$
$\delta(t-t_0)$	$e^{-j\omega t_0}$
$\delta'(t)$	$j\omega$
$\delta^{(n)}(t)$	$(j\omega)^n$
$\delta^{(n)}(t-t_0)$	$(j\omega)^n e^{-j\omega t_0}$
1	$2\pi\delta(\omega)$
t	$2\pi j\delta'(\omega)$
t^n	$2\pi j^n\delta^{(n)}(\omega)$

续表

$f(t)$	$F(\omega)$
$e^{j\omega_0 t}$	$2\pi\delta(\omega-\omega_0)$
$t^n e^{j\omega_0 t}$	$2\pi j^n\delta^{(n)}(\omega-\omega_0)$
$\frac{1}{a^2+t^2}$, $\mathrm{Re}(a)<0$	$-\frac{\pi}{a}e^{a\|\omega\|}$
$\frac{t}{(a^2+t^2)^2}$, $\mathrm{Re}(a)<0$	$\frac{j\omega\pi}{2a}e^{a\|\omega\|}$
$\frac{e^{j\omega_0 t}}{a^2+t^2}$, $\mathrm{Re}(a)<0$, ω_0 实数	$-\frac{\pi}{a}e^{a\|\omega-\omega_0\|}$
$\frac{\cos\omega_0 t}{a^2+t^2}$, $\mathrm{Re}(a)<0$, ω_0 实数	$-\frac{\pi}{2a}[e^{a\|\omega-\omega_0\|}+e^{a\|\omega+\omega_0\|}]$
$\frac{\sin\omega_0 t}{a^2+t^2}$, $\mathrm{Re}(a)<0$, ω_0 实数	$-\frac{\pi}{2aj}[e^{a\|\omega-\omega_0\|}-e^{a\|\omega+\omega_0\|}]$
$\frac{\sinh at}{\sinh \pi t}$, $-\pi<a<\pi$	$\frac{\sin a}{\cosh\omega+\cos a}$
$\frac{\sinh at}{\cosh \pi t}$, $-\pi<a<\pi$	$-2j\frac{\sin\frac{a}{2}\sinh\frac{\omega}{2}}{\cosh\omega+\cos a}$
$\frac{\cosh at}{\cosh \pi t}$, $-\pi<a<\pi$	$2\frac{\cos\frac{a}{2}\cosh\frac{\omega}{2}}{\cosh\omega+\cos a}$

续表

$f(t)$	$F(\omega)$
$\frac{1}{\cosh at}$	$\frac{\pi}{a}\cdot\frac{1}{\cosh\frac{\pi\omega}{2a}}$
$\sin at^2$	$\sqrt{\frac{\pi}{a}}\cos\left(\frac{\omega^2}{4a}+\frac{\pi}{4}\right)$
$\cos at^2$	$\sqrt{\frac{\pi}{a}}\cos\left(\frac{\omega^2}{4a}-\frac{\pi}{4}\right)$
$\frac{\sin\omega_0 t}{t}$	$\begin{cases}\pi, & \lvert\omega\rvert\leqslant\omega_0,\\ 0, & \lvert\omega\rvert>\omega_0\end{cases}$
$\frac{\sin^2\omega_0 t}{t^2}$	$\begin{cases}\pi\left(\omega_0-\frac{\lvert\omega\rvert}{2}\right), & \lvert\omega\rvert\leqslant 2\omega_0,\\ 0, & \lvert\omega\rvert>2\omega_0\end{cases}$
$\frac{\sin\omega_0 t}{\sqrt{\lvert t\rvert}}$	$\mathrm{j}\sqrt{\frac{\pi}{2}}\left(\frac{1}{\sqrt{\lvert\omega+\omega_0\rvert}}-\frac{1}{\sqrt{\lvert\omega-\omega_0\rvert}}\right)$
$\frac{\cos\omega_0 t}{\sqrt{\lvert t\rvert}}$	$\sqrt{\frac{\pi}{2}}\left(\frac{1}{\sqrt{\lvert\omega+\omega_0\rvert}}+\frac{1}{\sqrt{\lvert\omega-\omega_0\rvert}}\right)$
$\frac{1}{\sqrt{\lvert t\rvert}}$	$\sqrt{\frac{2\pi}{\lvert\omega\rvert}}$
e^{-at^2}, $\mathrm{Re}(a)>0$	$\sqrt{\frac{\pi}{a}}\mathrm{e}^{-\frac{\omega^2}{4a}}$
$\lvert t\rvert$	$-\frac{2}{\omega^2}$
$\frac{1}{\lvert t\rvert}$	$\frac{\sqrt{2\pi}}{\lvert\omega\rvert}$